Zu diesem Buch

Wohl jeder Mensch macht irgendwann in seinem Leben die Erfahrung, dass er Energie und Selbstvertrauen verloren hat, dass er nicht mehr lieben kann, dass es ihm an Schlaf und Appetit mangelt, dass er überempfindlich und ängstlich reagiert: untrügliche Zeichen dafür, dass er an einer Depression leidet, dass aus der Lust am Leben eine Last des Lebens geworden ist.

Ebenso kompetent wie verständlich behandelt der Psychiater Dr. F. Flach alle wichtigen Fragen zum Thema Depression, Ursachen und Wirkungen, Möglichkeiten der Therapie und des Umgangs mit depressiven Mitmenschen.

Vor allem aber erreicht es Flach, dem Betroffenen selbst die Scheu und die Ratlosigkeit seinen ungewohnten Reaktionen gegenüber zu nehmen und ihm Mut zum Weiterleben zu machen.

Der Autor

Dr. Frederic F. Flach ist Professor für Psychiatrie am Medical College der Cornell University und frei praktizierender Psychiater in New York.

Frederic F. Flach

Depression
als
Lebenschance

**Seelische Krisen
und wie man sie nutzt**

Deutsch von
Nils Th. Lindquist

Rowohlt Taschenbuch Verlag

Meinen Kindern,
die meine Brücke sind
zu der sich wandelnden Welt

Vollständig überarbeitete und erweiterte Neuausgabe
Übersetzung der neuen Textteile und
Redaktion der Ausgabe Brigitte Nölleke

4. Auflage Juli 2004

Veröffentlicht im Rowohlt Taschenbuch Verlag,
Reinbek bei Hamburg, Dezember 2000
Copyright © 1975 / 2000 by Rowohlt Verlag GmbH,
Reinbek bei Hamburg
Die Originalausgabe erschien unter dem Titel
«The Secret Strength of Depression»
im Verlag Hatherleigh Press, New York
Copyright © 1995 Frederic F. Flach
Umschlaggestaltung Henning Dencks
Satz Minion & Frutiger PostScript, PageOne
Gesamtherstellung Clausen & Bosse, Leck
Printed in Germany
ISBN 3 499 61111 2

Inhalt

Vorwort zur überarbeiteten Neuauflage **7**

Danksagung **12**

Kapitel 1 **Das Wesen der Depression
oder: Die gesunde Reaktion 13**

Kapitel 2 **Eine Gelegenheit zur Veränderung
oder: Mach das Beste aus deiner
Depression! 24**

Kapitel 3 **Die Falle
oder: Wie man sich selbst ein Bein
stellt 34**

Kapitel 4 **Woran erkennt man Depressionen?
oder: Ich bin immer so müde 46**

Kapitel 5 **Angst
oder: Die Tarnkappe 57**

Kapitel 6 **Psychotherapie
oder: Ich brauche jemanden,
der mir hilft 71**

Kapitel 7 **Antidepressive Medikamente
oder: Die leise Revolution 105**

Kapitel 8 **Verlust und Verlangen
oder: Sex als Barometer 124**

Kapitel 9   **Unterdrückte Aggressionen**
            oder: Die Unfähigkeit, sich zu wehren   **137**

Kapitel 10 **Schuldgefühle**
            oder: Der Schuld-Macher   **154**

Kapitel 11 **Erfolg**
            oder: Am Ziel – was nun?   **166**

Kapitel 12 **Abhängigkeit**
            oder: Das empfindliche Gleichgewicht   **176**

Kapitel 13 **Adoleszenz**
            oder: Die schwierige Zeit der Ablösung   **188**

Kapitel 14 **Depression im Alter**
            oder: Kein Grund zu resignieren   **199**

Kapitel 15 **Das depressogene Milieu**
            oder: Überleben auf Kosten anderer   **212**

Kapitel 16 **Der deprimierte Mitmensch**
            oder: Ein anderer Knigge   **227**

Kapitel 17 **Die Anatomie der Melancholie**
            oder: Gehirne in der Mangel   **237**

Kapitel 18 **Biologische Grundlagen**
            oder: Der depressive Körper   **249**

Kapitel 19 **Ein Anti-Depressions-Programm**
            oder: Vorbeugen ist besser als heilen   **260**

Literaturverzeichnis   **280**

Vorwort zur überarbeiteten Neuauflage

1974, also vor über fünfundzwanzig Jahren, erschien in den USA die erste Auflage von ‹Depression als Lebenschance›, 1986 folgte eine weitere Auflage, während die deutsche Ausgabe 1997 ihr 150. Tausend erreichte. Ich habe dieses Buch geschrieben, weil ich all diejenigen, die unter Depressionen leiden, ermutigen möchte, ihren Zustand zu erkennen und zu akzeptieren – nicht als ein Grund zur Scham, sondern als ein Anlass zur Hoffnung. Denn depressiv zu sein bedeutet nicht zwangsläufig, krank zu sein. Krank wird erst, wer nicht zugeben will, dass er depressiv ist, wer immer tiefer in seine Depression hineingerät, bis ihm alles über den Kopf zu wachsen droht; wer eine depressive Phase nicht nach einer angemessenen Zeit aus eigener Kraft überwindet und außerstande ist, aus der erfolgreichen Bewältigung einer depressiven Phase zu lernen und gereift daraus hervorzugehen.

Ich werde oft gefragt, warum ich im Titel meines Buches die Depression als eine «Lebenschance» bezeichne. Damit meine ich, dass jemand, der mit depressiven Verstimmungen sinnvoll umgehen kann, die Chance zur Einsicht und zu persönlichem Wachstum erhält. Die Erfahrung, eine schmerzhafte und leidvolle Periode erfolgreich gemeistert zu haben, erzeugt bei den Betroffenen ein Gefühl der Stärke und des Vertrauens in die eigenen Fähigkeiten. Zudem wirkt eine Depression bei entscheidenden Veränderungen im Leben wie ein Katalysator. Sie zwingt uns, unsere Gefühle und Motive zu erforschen und der Situation, in der wir uns befinden, ins Auge zu blicken. Für Menschen, die zum Beispiel einen Verlust betrauern, bildet die Depression ein Ventil für den Schmerz, der mit dem Ende einer Beziehung verbunden ist. Anderen signalisiert sie, dass in ihrem Leben irgendetwas nicht in Ordnung ist – sei es in ihrer Ehe oder am Arbeitsplatz –, sie spornt zum Handeln an, wo man sonst über ein Gefühl des Unbehagens hinweggegangen wäre oder so lange gezögert hätte, bis weit Schlimmeres daraus entstanden wäre. Es ist auf jeden Fall besser, mit einer Depression auf Stresssituationen zu reagieren, als sich vorzumachen, dass sie einem nichts anhaben können. Es ist gesünder, seelisches Leid zu erfahren, als es in Körpersprache zu übersetzen und einer schweren Krankheit wie dem Krebs zu erliegen oder an einem Herzinfarkt zu sterben.

Depressive Phasen sind in einem gesunden Leben unvermeidbar. Das Geheimnis, sie erfolgreich zu überstehen, besteht in einer Eigenschaft, die ich «Flexibilität» genannt habe. Mein Konzept der Flexibilität habe ich erstmals 1976 in ‹Choices› (wieder veröffentlicht unter dem Titel ‹Putting the pieces together›) formuliert. Ausführlich dargestellt ist es in meinem 1988 erschienenen Buch ‹Resilience› (‹Gesund durch Lebenskrisen›, 1992). Der Flexibilitäts-Hypothese liegt ein Konzept zugrunde, das von dem herkömmlichen Verständnis von Krankheit und Gesundheit abweicht. Es geht davon aus, dass die vielfältigen Stresssituationen, denen wir im Laufe unseres Lebens ausgesetzt sind – Unfälle, Krankheiten, der Tod eines geliebten Menschen, überraschender beruflicher Erfolg und die damit verbundenen tief greifenden Veränderungen, aber auch der normale Eintritt in einen neuen Lebensabschnitt –, zwangsläufig einen Zusammenbruch unserer psychischen, sozialen und körperlichen Verfassung bewirken. Ein solcher Zusammenbruch wird oft von traurigen Gefühlen begleitet und als Depression wahrgenommen. Er trägt entscheidend dazu bei, dass wir uns auf die veränderte Situation einstellen und den Herausforderungen, die auf uns zukommen, begegnen können. Bei einem gesunden Menschen folgt auf den Zusammenbruch ein Prozess der Reintegration, in dessen Verlauf er eine neue, veränderte und komplexere Stufe seines seelischen Gleichgewichts erreicht.

Nach diesem Konzept erscheint die Depression in einem völlig neuen Licht: Wer depressiv ist, ist nicht gleich krank. Von einer Krankheit kann man erst sprechen, wenn jemand nicht in der Lage ist, mit seinen Depressionen fertig zu werden und sie zu überwinden. Das kann von folgenden drei Bedingungen abhängen.

1. *Mangel an psychischer Flexibilität*: Das ist der Fall, wenn ein Mensch zu starr und zu unflexibel ist und wenig bis gar keinen

Zugang zu seinem Inneren hat. Oft ängstigen und beschämen ihn seine Depressionen so sehr, dass er immer niedergedrückter wird und nicht selten vor lauter Panik wie gelähmt ist. In solchen Fällen kann die Psychotherapie eine ausgezeichnete Hilfe sein.

2. *Mangel an physischer Flexibilität*: Wenn jemand eine Phase mit verstärktem Stress durchmacht, kann es in seinem Körper zu einem Abbau von chemischen Botenstoffen wie Serotonin oder Noradrenalin kommen, die für die Weitergabe von Informationen zwischen den Nervenzellen zuständig sind. Das hat zur Folge, dass dieser Mensch schon bei den geringsten Widrigkeiten des Alltags aus dem Takt geraten kann, mit denen er unter normalen Umständen spielend fertig geworden wäre. Hier ist eine Behandlung mit Antidepressiva angezeigt. Sie sorgen dafür, dass die Botenstoffe wieder ihr normales Niveau erreichen, und verbessern so die biologische Flexibilität. Dadurch fällt es den Betroffenen leichter, sich mit den Ursachen ihrer Depression auseinander zu setzen.

3. *Mangel an einem unterstützenden Umfeld*: Flexibilität wird im Umgang mit Freunden und nahe stehenden Menschen gefördert. Wer einsam ist, keine Freunde hat, vielleicht zu Hause oder im Beruf einer Umgebung ausgesetzt ist, die negativen Einfluss auf seinen Heilungsprozess ausübt, indem sie seine Hoffnungslosigkeit verstärkt und seine Selbstachtung noch weiter untergräbt – bei diesen Menschen besteht die Krankheit eigentlich in ihrem sozialen Umfeld. Ihre Genesung hängt davon ab, ob sie es schaffen, ihre äußere Lebenssituation zu verändern.

Die Auffassung, Depression sei eine Krankheit, trifft auch heute noch bei vielen Psychiatern auf Zustimmung, denen es in erster Linie darauf ankommt, die verschiedenen Formen der Gemütsstörungen präzise zu definieren, damit sie genauere Diagnosen stellen können. Als hilfreich erweisen sich solche diagnostischen Formulierungen – wie «Major Depression», «unipolare Depression», «Dysthymie», «bipolare Störung» –, wenn es darum geht, sich für ein bestimmtes Antidepressivum oder ein anderes Mittel, das die Stimmung beeinflusst, zu entscheiden. Jemand, der unter einer unipolaren Depression leidet, spricht zum Beispiel sehr gut auf Antidepressiva an, bei Patienten jedoch, die die Symptome einer bipolaren (beziehungsweise manisch-depressiven) Störung zeigen, reichen diese Mittel zur Linderung ihrer Beschwerden nicht aus. Um ihre Stimmungslage zu stabilisieren, muss der Arzt oft zusätzlich Lithium oder ein krampflösendes Medikament verabreichen. Diagnostische Begriffe erleichtern die Verständigung zwischen den Ärzten, und in Kombination mit einem computerlesbaren Schlüssel vereinfachen sie die Abrechnung mit den Krankenkassen. Auch in der Forschung haben sich solche Unterscheidungen als nützlich erwiesen, weil man durch sie auf mögliche genetische Faktoren bei bestimmten Formen der Depression aufmerksam geworden ist – obwohl nach wie vor ungeklärt ist, welchen Einfluss diese genetischen Faktoren auf die Depression selbst oder besser gesagt auf die biologische Fähigkeit der Flexibilität ausüben.

Dass sich meine Fachkollegen zurzeit eher für diagnostische Fragen interessieren, hat jedoch auch schwerwiegende Nachteile. Das Vokabular des traditionellen diagnostischen Modells löst bei den betroffenen Patienten oft Bestürzung und Verlegenheit aus. Es verhindert, dass sie das, was sie erleben, wirklich verstehen, und verstärkt ihre Abneigung zuzugeben, dass sie depressiv sind und Hilfe brauchen. Hinzu kommt, dass sich dieses Modell in Zeiten knapper Kassen sehr zum Nachteil der depressiven Patienten auswirken kann, wenn es um die Entscheidung geht, welche Therapie für sie infrage kommt. Bei einer Untersuchung, die 1974 in den USA durchgeführt wurde, stellte sich heraus, dass fast die Hälfte der befragten praktizierenden Psychiater noch *nie* ein Antidepressivum verordnet hatte, obwohl zu der Zeit das erste Mittel dieser Art, das Imipramin (Tofranil), bereits seit gut fünfzehn Jahren auf dem Markt war! Heute sieht es so aus, dass die Mehrzahl der Patienten, bei denen man eine Depression diagnostiziert hat, die Behandlung mit Antidepressiva geradezu aufgedrängt bekommt. In vielen Fällen mag das sicher angemessen sein, gleichzeitig verdeutlicht diese Tatsache aber auch, dass die beiden anderen Aspekte der Flexibilität, die psychische Verfassung und das soziale Umfeld, in der Therapie vernachlässigt werden. Diese Tendenz hat zugenommen, obwohl es wissenschaftlich erwiesen ist, dass depressive Beschwerden oft ebenso wirksam durch eine Psychotherapie gelindert werden können wie durch die Einnahme von Antidepressiva – wobei die besten Ergebnisse offenbar mit einer Kombination beider Behandlungsformen erzielt werden.

Ich hoffe, dass diese überarbeitete Neuauflage von ‹ *Depression als Lebenschance*› wieder möglichst viele der Millionen Menschen erreicht, die depressiv sind oder es eines Tages werden – nicht nur, um ihnen zu helfen, ihre Depression zu überwinden, sondern auch um sie auf die positive Rolle hinzuweisen, die Depressionen in ihrem Leben spielen können. Offen bleiben muss, warum das Leben uns Menschen überhaupt solche leidvollen Erfahrungen abverlangt. Ebenso gut könnten wir fragen, warum ein Mensch liebt und sich für seine Umwelt interessiert. Da ich die menschliche Natur nicht erfunden habe, kann ich auf solche Fragen auch keine Antworten geben. Akzeptieren wir einfach, dass es so ist – bis wir eines Tages vielleicht Genaueres wissen.

Frederic Flach, M. D.

Danksagung

Jedes Buch wird nicht einmal, sondern mehrfach geschrieben. In meinem Fall schulde ich tiefen Dank folgenden Lektoren, deren Ratschläge und Hinweise mein Buch entscheidend mitgeprägt haben: Grace Bechtold, Bantam Books, für ihren begeisterten und unaufhörlichen Einsatz, Beatrice Rosenfeld, J. B. Lippincott Company, für ihre genauen und sorgfältigen Recherchen und Wilhelmina Marvel für ihre kreativen und einleuchtenden Ideen und editorischen Hinweise während der Niederschrift. Ebenfalls möchte ich Dr. Oscar Diethelm, em. Professor für Psychiatrie am Medical College der Cornell University, Ithaca, N. Y., danken, dass er mein Manuskript auf seine historische und wissenschaftliche Zuverlässigkeit hin überprüft und die Abhandlung aus dem 17. Jahrhundert über die Melancholie, verfasst von meinem Namensvetter Fridericus Flacht, im Archiv der Universität Basel gefunden hat.

Alle in diesem Buch genannten Personen sind Patienten, die ich als praktizierender Psychiater und Lehrer seit über 20 Jahren behandelt habe. Ihre Namen und bestimmte Einzelheiten ihrer Lebensumstände sind geändert worden, um die Anonymität zu wahren.

Kapitel 1

Das Wesen der Depression
oder: Die gesunde Reaktion

Es gibt einen heftigen Wind, Mistral genannt, der über Südfrankreich weht: eine trockene, kühle Luftströmung, die eine plötzliche Zunahme der Fälle von Depression mit sich bringt. In Bayern weht zur Zeit der Schneeschmelze ein warmer Wind von den Alpen nordwärts: der Föhn. Wenn er über München hereinbricht, steigt für mehrere Tage die Selbstmordquote. Weihnachten ist für viele Menschen mit einer Stimmung verstärkter Traurigkeit und Einsamkeit verbunden. Ebenso ist der Frühling eine Jahreszeit, in der es oft zu Depressionen kommt. Häufig sind auch die – als Jahrestag-Reaktionen bekannten – deprimierten Stimmungen, die immer um dieselbe Jahreszeit auftreten, in der man früher einmal besonders belastende Situationen durchzustehen hatte: «Genau in diesem Monat vor zwei Jahren starb mein Vater.» Oder: «Letztes Jahr um diese Zeit machte ich den schlimmsten Teil meiner Scheidung durch.»

Dennoch ist die Depression nicht auf bestimmte Zeitpunkte und bestimmte Orte beschränkt. Sie ist vielmehr die Reaktion auf einen Stress. *Die Depression ist eine Stimmung, die jedermann zu jeder Zeit befallen kann.* Es ist anzunehmen, dass zumindest die Hälfte der erwachsenen Bevölkerung in den USA irgendwann einmal depressiv gewesen ist.[1] Es gibt sogar Schätzungen, nach denen in jedem gegebenen Augenblick annähernd acht Millionen Amerikaner wegen Depressionen unmittelbar der therapeutischen Hilfe bedürfen. Allerdings sind sich die meisten unter ihnen dessen gar nicht bewusst.

Weshalb so viele Menschen ihre Depression nicht erkennen, liegt mit daran, dass dieser Zustand oft mit dem normalen Unglücklichsein

---

1) Ähnliche Zahlen berichten Untersuchungen aus allen Industrieländern. (Anm. z. dt. Übers.)

verwechselt wird. Im Leben eines jeden gibt es Situationen, die ihn unglücklich machen. Aber unglücklich sein heißt traurig oder unzufrieden sein, wenn irgendetwas nicht im Lot ist, wobei man durchaus den Überblick behält. Deprimiert zu sein hingegen ist eine Stimmung, die die emotionale Verfassung eines Menschen grundlegend beeinflusst und die bestimmt, wie er sich selbst und seine Umgebung erfährt und wahrnimmt. «Wenn meine Frau und ich mal Streit haben, dann bin ich unglücklich darüber. Ich mag das nicht. Aber es gehört nun mal zum Leben dazu. Nach kurzer Zeit vertragen wir uns wieder. Vielleicht bedrückt es mich etwas, aber ich kann ruhig schlafen und bin trotz allem guter Dinge. Aber wenn ich deprimiert bin, dann sieht die Sache ganz anders aus. Es tut überall weh. Es ist beinahe etwas Körperliches. Ich kann abends nicht einschlafen, und ich kann die Nacht nicht durchschlafen. Selbst wenn ich zuweilen guter Laune bin, überfällt mich diese Stimmung dennoch fast jeden Tag. Sie färbt alles, was ich denke, sehe und tue. Wenn meine Frau und ich dann Streit haben, erscheint mir unsere Ehe hoffnungslos. Oder wenn ich ein geschäftliches Problem habe, auf das ich normalerweise nur mit einer gewissen Spannung und Frustration reagieren würde, das ich aber prompt und angemessen erledigen würde, komme ich mir wirklich wie ein kümmerlicher Geschäftsmann vor und ringe um mein Selbstvertrauen, statt den Schwierigkeiten ins Auge zu blicken und sie zu nehmen, wie sie sind.»

Dass es so schwer ist, eine Depression als solche zu erkennen, ist wesentlich durch die weit verbreiteten falschen Auffassungen über das Wesen der Depression bedingt. Viele, die von sich behaupten, sie seien deprimiert, meinen damit gar nicht, dass sie wirklich im klinischen Sinne depressiv sind, denn sie glauben, dass die echte Depression eine schwere seelische Krankheit ist. In ihrer Angst vor den Konsequenzen einer solchen Krankheit halten sie die Depression ausschließlich für einen äußerst schlimmen Zustand, der vielleicht Teil des manisch-depressiven Zyklus ist oder der den Menschen so hilflos macht, dass er in eine Klinik eingewiesen werden muss. Aber solche dramatischen Fälle von Depression bilden nur einen kleinen Ausschnitt aus der Gesamtheit depressiver Menschen. Die Mehrheit von ihnen erlebt vergleichsweise milde Formen dieses Zustands, der – obwohl gefährlich – leicht zu ignorieren ist. Folglich fällt es den meisten Betroffenen schwer, sich mit ernst zu nehmenden Berichten über die Melancholie zu identifizieren. Und daher ist die Depression für sie etwas, das nur jemand anderem widerfährt.

Außerdem sehen es viele immer noch als ein Zeichen von Schwäche an, wenn jemand in einer Stresssituation depressiv ist und folglich die Depression als die Ursache von Schwierigkeiten. Das heißt: Viele von uns würden lieber die Zeichen der Depression ignorieren, statt anzuerkennen, *dass die Depression die einzig gesunde Reaktion auf manche Situationen des Lebens ist.*

Wenn man depressiv wird, so ist dies eine allgemeine psychobiologische Reaktion auf Stress. Im Laufe des Lebens muss jeder Mensch mit einer Vielzahl von Stresssituationen fertig werden. Da der Mensch eine psychobiologische Einheit ist, wobei jeder Gedanke und jedes Gefühl eine entsprechende Veränderung in der Chemie des Nervensystems hervorruft, wird er sowohl auf physischer als auch auf psychischer Ebene auf Stress reagieren und ihn bewältigen. So mag eine heftige Virusinfektion eine Phase seelischer Depression auslösen, während der Tod eines geliebten Menschen Depressionen hervorrufen kann, die physische Komponenten aufweisen. Da der Mensch darüber hinaus ein soziales Wesen ist, wird seine Reaktion seine Umgebung beeinflussen und wiederum durch die Reaktion der Umwelt beeinflusst werden.

Stimmungsschwankungen von Tag zu Tag lassen sich als leichte Episoden der Depression auffassen. Fast jeder kennt Augenblicke, in denen er ein Gefühl der Sinnlosigkeit erlebt, empfindlicher ist als sonst und leicht zu Tränen neigt. Zu den charakteristischen Zeichen der Depression gehören eine Verdüsterung der Laune, Schlafstörungen, ein Verlust der Selbstachtung und des Überblicks. Andere mit der Depression verbundene Veränderungen sind etwa Müdigkeit, Energieverlust, der Wunsch, das Zusammensein mit anderen zu vermeiden, verringertes sexuelles Verlangen und eine verringerte Befriedigungsfähigkeit, geringer Appetit und Gewichtsverlust, Überempfindlichkeit, Furchtsamkeit und Reizbarkeit sowie körperliche

Beschwerden ohne irgendeinen diagnostizierbaren Grund. Selten treten alle diese Beschwerden gemeinsam auf. Häufiger überwiegt das eine oder andere Symptom, zum Beispiel sexuelle Schwierigkeiten. Als die psychiatrische Ambulanz einer großen Universitätsklinik in den USA eine Sprechstunde für Sex-Therapie einrichtete, stieg die Zahl der Ratsuchenden von bisher einigen hundert im Monat auf 2000 im Monat allein für die Sex-Therapie. Bei den meisten dieser Patienten wurde festgestellt, dass sie in unterschiedlichem Maß an Depressionen litten.

Viele Menschen erkennen deshalb nicht, dass sie depressiv sind, weil sie nicht bereit sind, die ein oder zwei Anzeichen der Depression, die sie bemerkt haben, mit der allgemeinen Veränderung ihrer Stimmung in Verbindung zu bringen. Weil sie nicht gerade vorhaben, aus dem Fenster zu springen oder eine Überdosis Schlaftabletten zu nehmen, können sie nicht erkennen, dass sie vielleicht ebenso unter Depressionen leiden wie andere, die in einer schweren und akuten Reaktion auf Stress Wochen voller Angst und Mutlosigkeit erleben und an ihrem paradoxen Bemühen, es zu schaffen und zugleich doch nicht zu schaffen, zerbrechen.

Die depressiven Reaktionen lassen sich grob gesehen in zwei Formen unterteilen: eine *akute*, augenblickliche, und eine länger währende oder *chronische*. Die akute Depression ist eine kurzlebige, intensive, qualvolle, direkt erfahrene Stimmungsveränderung, von der sich der Einzelne für gewöhnlich innerhalb eines angemessenen Zeitraums wieder erholen kann. Sie kann Wochen und sogar Monate andauern, aber in der Regel entsprechen die Intensität und die Dauer der Reaktion dem Charakter der sie verursachenden Ereignisse. Es wäre zwar eindeutig unangebracht, nach zwei oder drei abgewiesenen Stellungsbewerbungen schwer depressiv zu werden, doch eine sechs Monate oder länger währende Phase der Depression im Anschluss an eine Scheidung ist ganz natürlich.

Eine akute depressive Reaktion kann verhältnismäßig leicht verlaufen: ein paar Stunden der Traurigkeit, ein vorübergehendes Gefühl, zurückgewiesen worden zu sein, ein oder zwei Tage der Enttäuschung. Sie kann andererseits außerordentlich intensiv verlaufen, wenn der Stress, der sie hervorruft, schwerwiegend ist und wenn die Person, die ihn erlebt, gerade diesem Stress gegenüber besonders empfindlich ist. Eine zweiundvierzigjährige Frau wurde akut depressiv, nachdem ihre Mutter und ihr achtzehnjähriger Sohn bei einem Verkehrsunfall umgekommen waren. Sie war völlig außer sich. Sie konnte nicht schlafen, weigerte sich zu essen und sprach mit niemandem. Oft hatte sie den Wunsch, selbst zu sterben. Mit ärztlicher Hilfe arbeitete sie sich innerhalb einiger Monate aus der intensiveren Phase ihrer Reaktion heraus, indem sie allmählich lernte, mit dem grausamen Geschehen fertig zu werden. Ihre akute Reaktion, so qualvoll und zerrüttend sie auch gewesen war, bewahrte sie davor, chronisch und hoffnungslos depressiv zu werden.

Akute depressive Phasen dienen als Ventil für starke Gefühle und sind insofern eine durchaus notwendige und wünschenswerte Form, auf gewisse schwerwiegende Veränderungen im Leben, etwa auf Verluste zu reagieren. Manche Ereignisse – eine Kündigung, der Tod eines Ehepartners, die schwere Krankheit eines Kindes – stellen für die meisten Menschen eindeutig eine Gefährdung dar. Auch das Ende einer Liebesbeziehung oder Ehe ist geeignet, eine Depression auszulösen, besonders wenn das Element der persönlichen Zurückweisung hinzukommt. Die Verdoppelung der Scheidungsquote in den USA in den letzten Jahrzehnten zum Beispiel hat bewirkt, dass zerrüttete Familienverhältnisse ein weit verbreiteter Auslöser von Depressionen bei den Kindern wie bei den Eltern sind. Das Ausmaß, mit dem der Einzelne auf einen bestimmten Verlust reagiert, wird durch seine Persönlichkeit bestimmt. Manche Menschen werden infolge ihrer Kindheitserfahrungen durch Verluste stärker in Mitleidenschaft gezogen, etwa wenn jemand schon als Kind durch Tod oder Scheidung einen oder beide Elternteile verloren hat.

Neben dem Verlust als Auslöser für eine Depression kann auch eine größere Zahl von Stresssituationen, die innerhalb eines gewissen Zeitraums auftreten, fast bei jedem eine depressive Reaktion hervorrufen, wie der Psychiater Eugene Paykel und andere nachgewiesen haben. Auch braucht es sich bei diesen Ereignissen nicht ausschließlich um Unglücksfälle zu handeln. Wenn jemand zum Bei-

17

spiel eine wichtige berufliche Beförderung erhält und dadurch versetzt wird, eine größere Summe an der Börse verliert, und wenn dann noch sein einziges Kind Abitur macht und sich all dies innerhalb weniger Monate ereignet, dann nimmt es nicht wunder, wenn er etwas depressiv wird: Es ist dies eine natürliche Reaktion auf die sich häufenden Belastungen, auch wenn sie wahrscheinlich für ihn selbst ebenso verwunderlich ist wie für die anderen, da die meisten dieser Veränderungen allgemein als günstig angesehen werden.

Mit anderen Worten: Eine Serie von wichtigen Veränderungen – sei es zum Guten oder zum Schlechten –, wenn diese nur auf eine entsprechend kurze Zeitspanne zusammengedrängt sind, kann bei den meisten Menschen eine Depression hervorrufen. Die Folgen eines solchen Verhaltens für eine Gesellschaft wie die unsrige, in der es so viel Zerstörung von Lebensformen und Lebenswerten gibt, lassen sich ohne weiteres ausmalen.

Der Mensch kann nicht umhin, auf Stress psychobiologisch zu reagieren. Eine zu starke Reaktion ist ebenso problematisch wie eine zu geringe. Wenn jemand bei einer kritischen Belastung überhaupt keine Reaktion zeigt, dann muss man annehmen, dass er die Depression abblockt. Er setzt sich damit der Gefahr aus, dass Monate später eine verzögerte Reaktion eintritt oder dass er sich die heimtückischere Form der chronischen Depression zuzieht. Die chronische Depression ist mitunter auch die Nachwirkung einer akuten Depression, mit der erfolgreich fertig zu werden der Betreffende nicht genügend Energie oder Einsicht aufbrachte.

Im Gegensatz zur akuten Depression, die dem Menschen eine Gelegenheit zur Einsicht bietet, *beeinträchtigt ihn die chronische Depression fast immer und bringt Komplikationen in sein Leben, die schwer korrigierbar und zuweilen irreversibel sein können.* Der Stimmungswandel bewirkt eine dauernde Antriebslähmung, so als wäre das Nervensystem andauernd kurzgeschlossen, wodurch seine verstümmelnde Wirkung sich immer wieder verstärkt. Die Anzeichen der chronischen Depression ähneln denen der akuten Depression: geringe Selbstachtung, gesteigerte persönliche Empfindlichkeit, Schlaflosigkeit, Rückzug auf sich selbst, geringe Toleranz für Kritik,

Schwierigkeiten bei Entscheidungen, die Neigung, Angelegenheiten aufzuschieben. Der Betroffene versucht, die Depression wegzurationalisieren: «Ich arbeite zu schwer», stellte ein vierunddreißigjähriger Geschäftsführer fest. «Bei drei Kindern im Hause habe ich keine Zeit für mich selbst. Das ist's, warum ich die ganze Zeit müde bin.» Es besteht die Tendenz, die Ursachen für den Antriebs- und Energieverlust auf die unmittelbare Umgebung zu projizieren. Ältere Menschen werden eine solche langsame, schleichende Persönlichkeitsveränderung als einen Teil des «Älterwerdens» ansehen, als gehörten Gefühle der Sinnlosigkeit und der Lähmung notwendig zum Altern.

Mitunter ist die chronische Depression schwer zu diagnostizieren, einmal weil sie seit langem besteht und subtiler ist als die akute Depression und zum anderen weil sie eher zum Temperament oder zur Persönlichkeit des Betreffenden zu gehören, denn eine Stimmung zu sein scheint. «Er ist ein Pessimist, ein geborener Schwarzseher», sagte eine Frau, als sie ihren deprimierten Vater schilderte. Bei manchen Menschen kann der einzige Hinweis auf eine chronische Depression eine dauernde oder wiederholt auftretende Nervosität und Spannung sein, die auch durch leichte Beruhigungsmittel oder Erholung nicht zu lindern ist. Im Urlaub, fern von den üblichen Zwängen, empfindet der akut Depressive häufig eine anhaltende Besserung seiner Stimmung. Der chronisch Depressive hingegen fühlt sich fern von zu Hause mitunter sogar schlechter, und selbst wenn er einen leichten Stimmungswandel zum Positiven hin verspürt, wird er schnell wieder in seine Depression zurückfallen, sobald er in seinen gewohnten Lebensbereich zurückkehrt. Das Entscheidende an der chronischen Depression ist ihre Hartnäckigkeit: Sie geht nicht von selbst vorüber.

Der genaue Zeitpunkt, zu dem eine chronische Depression eingesetzt haben mag, ist schwer zu bestimmen. Anders als die akute Depression ist die chronische Form im Denken des Betreffenden meist von ihren Ursachen losgelöst. Gefühle, die zur Zeit der mit Stress verbundenen Ereignisse hätten erlebt werden müssen, wurden geleugnet, abgeblockt. Manche Leute begehen sogar den Irrtum, «stolz» darauf zu sein, wie scheinbar ruhig sie mit einem bestimmten Unglück fertig geworden sind. Die Bedeutung der ursächlichen Ereignisse kann also unbemerkt bleiben, weil der Betreffende im nämlichen Augenblick nicht genügend durch sie beunruhigt wurde.

Ein anschauliches Beispiel dafür bietet ein vierundzwanzigjähriger Mann, der deprimiert war, weil er glaubte, er habe bei seinen Berufsentscheidungen schwerwiegende Fehler gemacht. Er hatte mit dem Ziel studiert, Meeresbiologe zu werden, hatte aber dann, sechs Monate vor seiner Promotion, die Universität verlassen, um eine Stelle als Lehrer an einer Privatschule anzunehmen. Binnen weniger Monate gab er abermals seine Arbeit auf und kehrte diesmal zu seinen Eltern nach Hause zurück. Meistens war er schweigsam und mürrisch. Er und seine Familie verbrachten Stunden damit, immer wieder Pläne für seine Zukunft zu machen, gelangten aber nie zu einer endgültigen Lösung.

Niemand erkannte nämlich, dass der junge Mann schon, bevor er sein Studium aufgab, echt depressiv gewesen und dass der ursprüngliche Auslöser seiner Depression eine erlittene Zurückweisung war. Seine Freundin, mit der er seit mehreren Jahren zusammen gewesen war, hatte einige Zeit vorher die Beziehung abrupt abgebrochen. Er war mit der Ablehnung scheinbar spielend fertig geworden. Zwischen diesem Ereignis und dem Abbruch seiner Examensvorbereitungen lag eine Verzögerung von beinahe einem Jahr.

Eine solche Verzögerung zwischen der für die Depression verantwortlichen Veränderung und dem ersten Anzeichen eines Stimmungswandels ist bei der chronischen Depression üblich. Da dieser Stimmungswandel nicht als das erkannt wird, was er ist, können andere, durch die Depression *verursachte* Probleme in den Vordergrund treten. Eheschwierigkeiten, finanzielle Sorgen, sexuelle Frustrationen und viele andere Konflikte sind nicht selten durch den Einfluss dieser chronischen Stimmung auf den von ihr befallenen Menschen bedingt. Psychiater können die Tatsache bestätigen, dass weitaus mehr Zeit aufgewandt werden muss, um die von einem chronisch Depressiven aufgrund seiner Depression entstandenen Schwierigkeiten zu beheben, als die Ursachen der Depression selbst zu behandeln.

Was in Wirklichkeit Komplikationen der chronischen Depression sind, wird mitunter als eine Anhäufung von Problemen erlebt, die scheinbar aus dem Nichts entsprungen sind. Millionen Männer und Frauen machen sich zwar Sorgen um ihr Geschlechtsleben, sind sich aber des subtilen Zusammenspiels zwischen Stimmung und Sexualität nicht bewusst. Ehekonflikte rühren oft von Schwierigkeiten der Kommunikation her, die durch eine unerkannte Depression verursacht sind und so quälend werden können, dass sie die Partner an den Rand der Scheidung treiben. Die Depression zerstört für gewöhnlich die Kommunikation. Da der depressive Mensch überempfindlich ist, kann er zum Beispiel Schweigen fälschlich als Zurückweisung und mangelnde Liebe auffassen. Da er sich zurückzieht, können andere ihn hinwiederum so missverstehen, als wiese er sie zurück. Er fühlt sich allein gelassen. «Wären wir nicht alle besser dran», denkt er vielleicht, nach dem Beispiel des Journalisten aus Graham Greenes Roman ‹ Der stille Amerikaner ›, «wenn wir nicht versuchen würden zu verstehen, sondern wenn wir die Tatsache akzeptieren würden, dass kein Mensch je einen anderen verstehen wird, keine Frau ihren Mann, kein Liebender seine Geliebte, und auch kein Vater und keine Mutter ihr Kind? Vielleicht ist dies der Grund, warum die Menschen Gott erfunden haben, ein Wesen, das fähig wäre zu verstehen.»

Es gibt eine Situation, in der die chronische Depression heilsam sein kann – aber nur dann, wenn sie richtig erkannt und behandelt wird –, nämlich wenn diese hartnäckige Stimmung dem Betreffenden als *Warnung* dient und ihm sagt, dass er in seiner Familie oder an seinem Arbeitsplatz einem stetigen oder immer wiederkehrenden Einfluss ausgesetzt ist, der dauernd seine Selbstachtung untergräbt. Die Frau, die mit einem Mann verheiratet ist, der sie beim geringsten Anlass kritisiert und ihre Arbeit für die Familie herabsetzt, der Vizepräsident eines Unternehmens, dessen Präsident kurzsichtig, ausbeuterisch und wenig vertrauenswürdig ist, der heranwachsende Sohn oder die Tochter von Eltern, deren Verhalten von blinder Willkür diktiert ist – sie alle können chronisch depressiv sein, solange sie in dieser Umgebung bleiben und eine solche Geringschätzung, wenngleich passiv oder unbewusst, akzeptieren, ohne den Versuch zu machen, das ungleiche Verhältnis zu korrigieren.

Warum werden manche Menschen chronisch depressiv, statt sich offen und direkt, in Form einer akuten Depression, mit dem Stress auseinander zu setzen? Der akut depressive Mensch ist für gewöhnlich jemand, der im Alltag besseren Zugang zu seinen Emotionen und Gefühlen hat und sie effektiver auszudrücken weiß. Der chronisch depressive Mensch besitzt diese Fähigkeit nicht. Der akut depressive Mensch ist flexibler, und daher ist es weniger wahrscheinlich, dass er in seiner depressiven Stimmung gefangen bleiben wird. Es ist auch möglich, dass wichtige biochemische Faktoren bestimmen, ob eine depressive Reaktion binnen einer angemessenen Frist abgebaut oder chronisch wird. Durch Untersuchungen der neurophysiologischen Vorgänge im Gehirn wurde zum Beispiel nachgewiesen, dass beim depressiven Menschen meist Veränderungen im Stoffwechsel jener als biogene Amine bezeichneten Substanzen stattfinden, welche die Übermittlung von Impulsen durch das Nervensystem beeinflussen. Andere Studien beweisen, dass depressive Patienten Veränderungen im Hormon- und Mineralstoffwechsel, etwa im Kalziumstoffwechsel, zeigen, die sich erst dann zurückbilden, wenn die Depression weicht.

Doch ganz gleich, ob jemand akut oder chronisch depressiv wird, ist die Depression dennoch anderen Arten der Reaktion auf Stress, etwa den psychosomatischen Störungen, vorzuziehen. Indem sich nämlich der depressive Mensch aus der Depression herausarbeitet – ob aus eigener Kraft oder mit Hilfe neuerer psychotherapeutischer Methoden, wenn angezeigt, kombiniert mit neuen antidepressiven Medikamenten –, gewinnt er Einsichten, die entscheidend seine Fähigkeit stärken, seine Zukunft selbst zu meistern.

Dagegen bieten die psychosomatischen Krankheiten schlechtere Aussichten auf Heilung. Der Stress ist bekanntlich eine Hauptursache für die Entstehung sowohl von kardiovaskulären Krankheiten, wie etwa Hypertonie, als auch von Asthma, Kolitis, Magengeschwüren und anderen Krankheitsbildern. Wenn man einen Herzanfall oder ein Magengeschwür hat, so ist dies sozial akzeptabel. Es zeigt irgendwie, dass man ein hart arbeitender, erfolgsorientierter Mensch ist. Selbst wenn jemand dadurch gezwungen ist, aus Rücksicht auf seine Gesundheit einen Gang zurückzuschalten, werden die anderen dies insofern als vernünftig ansehen, als es für sein körperliches Wohlergehen notwendig ist. Deprimiert zu sein ist hingegen nicht sozial akzeptabel.

Hinzu kommt, dass eine Depression fast immer reversibel ist, während der Patient, der den über Herzanfall und Magengeschwür führenden Weg der Bewältigung von Stress eingeschlagen hat, sich gleichwohl mit der Tatsache abfinden muss, dass diese Krankheiten häufig irreversible körperliche Schäden nach sich ziehen. Der Ulkus-Patient, der auf Stress mit psychosomatischen Symptomen reagiert, kann plötzlich verbluten oder am Ende mit einem Loch im Magen oder gar nach einem chirurgischen Eingriff nur noch mit einem drittel Magen dastehen. Dennoch würden die meisten von uns – könnten wir wählen – unwillkürlich ein körperliches Leiden einer Depression vorziehen. Diese weit verbreitete Einstellung veranlasst Millionen Menschen, vor ihren Depressionen die Augen zu verschließen und nichts dagegen zu unternehmen.

Es ist Zeit, dass wir die Allgegenwart und die Ansteckungsgefahr der Depression erkennen. Sie ist genauso ein Problem der Sozialhygiene wie einst das Gelbfieber oder die Pocken. Und wir müssen endlich begreifen, dass Depressionen nicht nur eine ganz normale, gesunde Art der Reaktion auf Stress sind – eine Reaktion, die mitunter das Eingreifen des Arztes erfordert –, sondern dass sie auch, wenn wir sie nur anerkennen, Millionen Menschen die einmalige Lebenschance bieten, sich neu zu definieren: Seit langem schwelende destruktive Konflikte bei sich selbst und in ihrer Umwelt zu lösen.

Kapitel 2

Eine Gelegenheit zur Veränderung oder: Mach das Beste aus deiner Depression!

Jede Begebenheit oder jede Veränderung im Leben eines Menschen, die diesen zwingt, einige Steine aus seinem Gebäude – aus welchen Gründen auch immer – herauszubrechen, muss für ihn schmerzhaft sein. Die Erfahrung einer akuten Depression ist für den Menschen nicht nur eine Gelegenheit, mehr über sich selbst zu lernen, sondern auch mehr er selbst zu werden.

Die Depression bietet die Chance zur Einsicht, darüber hinaus kann der «Zusammenbruch» den Prozess der Neuordnung des Lebens nach heftigem Stress – zum Beispiel nach einem Verlust – beschleunigen. Deprimiert zu sein – das ist eine unvermeidliche Begleiterscheinung, wenn man etwas hingeben muss: einen Menschen, eine berufliche Position, ein Stück von sich selbst. Je stärker die Bindung, je tiefer sie mit der Selbstachtung und den Abhängigkeitsbedürfnissen des Betreffenden verwoben ist, desto heftiger wird die Reaktion sein.

Die wohl bekannteste Situation, in der ein solches Hingeben mit Depressionen einhergeht, ist die Reaktion auf den Tod eines geliebten Menschen oder Abbruch einer Liebesbeziehung. Sigmund Freud unterscheidet in seiner Abhandlung ‹ *Trauer und Melancholie* › zwischen dem Schmerz und der Depression. Wenn ein geliebter Mensch stirbt, ist nach seiner Auffassung die normale Reaktion Schmerz, die abnormale Reaktion Depression. Der Unterschied, so meint Freud, sei durch die Art der Beziehung bedingt, die vorher zwischen den beiden Menschen bestanden habe. Vor allem sei ausschlaggebend, ob gegenüber dem Verstorbenen irgendwelche unbewussten feindseligen Gefühle und Schuldgefühle bestanden hätten.

Diese Unterscheidung hat sich als irreführend erwiesen. Es ist sachdienlicher, den Schmerz als eine Form der akuten Depression anzusehen, die sich dann zu einer komplizierteren Störung auswächst, wenn der Betreffende den Verlust als so schmerzhaft empfindet, dass er nicht ohne ärztliche Hilfe mit seinen heftigen Gefühlen fertig werden kann. Weit schlimmer ist dagegen die Unfähigkeit zu trauern, die Unfähigkeit, zum Zeitpunkt des Verlustes überhaupt eine Depression durchzumachen. Versagt es sich der Betreffende, deprimiert zu sein, so treibt er die Reaktion gewissermaßen «unter die Oberfläche», von wo aus sie in aller Stille sein künftiges Leben beeinflussen wird.

Unsere Gesellschaft begünstigt nicht gerade das Erleben und den Ausdruck von Gefühlen. Im Gegenteil: Der Einzelne ist gehalten, seine Emotionen, häufig sogar vor sich selbst, zu verbergen. Unter welchem Stress er auch stehen mag: Solange er nicht körperlich krank ist, wird von ihm erwartet, dass er weiterhin gut funktioniert. Daher die Vorliebe für Stresssymptome wie Herzkranzgefäßerkrankungen oder Verdauungsstörungen, die es dem Einzelnen erlauben, abhängig und mehr oder minder unmündig zu werden, ohne Missachtung oder Kritik gewärtigen zu müssen.

Doch gerade derjenige, der bei einem empfindlichen Verlust nicht mit emotionalem Schmerz reagieren kann, ist in Gefahr, später von einer schleichenden, bösartigen chronischen Depression befallen zu werden, die sich nicht selten mit körperlichen Beschwerden tarnt. Wenn die Situation es rechtfertigt, wenn das Sichgehenlassen eine Notwendigkeit ist, dann ist es viel besser, einfach zusammenzubrechen. Die akute Depression bietet dazu die Möglichkeit.

Alois S. war vierzig, als sein Vater plötzlich an einem Herzinfarkt starb. Nachdem der erste Schock vorüber war, stellte er fest, dass er am liebsten allein war, dass er nachts oft aufwachte, dass er in Erinnerungen wühlte, dass er oft weinen musste. Seine Frau, für die Alois stets ein Muster an Stabilität gewesen war, erschrak vor der Offenheit seiner Gefühle. Als Wochen darüber hingingen, wurde sie ihm gegenüber immer kritischer. «Hast du jetzt nicht genug geweint?», hielt sie ihm vor, worauf Alois antwortete: «Wie viel ist genug?»

Ja, wie viel ist genug? Alois brauchte fast sechs Monate, um sich völlig von der Wirkung, die der Tod seines Vaters auf ihn gehabt hatte, zu erholen. Während dieser Zeit erlebte er immer wieder Phasen akuter Depression. Immer wieder stellten sich Spannungen und Anfälle von Traurigkeit ein, die von ein paar Stunden bis zu mehreren Tagen anhielten. Zu solchen Zeiten fiel es ihm schwer, sich zu konzentrieren und den Kontakt mit seinen Freunden und seiner Familie aufrechtzuerhalten. Da er unsicher war, ob die Kritik seiner Frau ob der Hartnäckigkeit seines Schmerzes vielleicht doch berechtigt sei, sprach er sich bei seinem Pfarrer aus. Schon bald wusste er, dass seine depressiven Gefühle ganz normal waren, und es gelang ihm, sich durch diese Gespräche von seinen Schuld- und Unzulänglichkeitsgefühlen zu befreien, wobei er gleichzeitig erkannte, dass die Unfähigkeit seiner Frau, sich in seine Stimmung hineinzuversetzen, aus ihrer eigenen Angst vor Gefühlen herrührte. Sobald er sich dieses Zusammenhangs bewusst war, konnte er seine eigenen Emotionen akzeptieren und seiner Frau helfen, sich mit ihrer Neigung, jede Gefühlsbekundung als ein Zeichen von «Schwäche» anzusehen, auseinander zu setzen.

Außerdem überdachte er noch einmal die Beziehung zu seinem Vater, wie sein Vater wirklich gewesen war, was seine Stärken gewesen waren und worin sein Vater ihn enttäuscht hatte. Er prüfte sich, was es für ihn selbst bedeutete, Vater zu sein. Allmählich ließ seine Trauer nach, und schließlich bezeichnete er sich als «besser zusammengesetzt, als ich es je vorher war».

In einer sich wandelnden Gesellschaft wie der unsrigen, in der Veränderungen rasch und meist ohne Vorwarnung eintreten, sind die Möglichkeiten, einen Verlust zu erleiden, besonders zahlreich. Psychiater, die den kulturellen Einfluss auf verschiedene emotionale Zustände untersucht haben, stellten fest, dass offene Depressionen häufiger in engmaschigen und hoch organisierten Gesellschaften auftreten, in denen die Wertsysteme leicht identifizierbar und die Mittel und Wege, Depressionen zu vermeiden, selten und schwer zu finden sind. Diese Studien zeigten auch, dass eine Gesellschaft im Übergang sich durch ein äußerst hohes Vorkommen von verdeckten Depressionen auszeichnet. Gründe dafür sind die große Unsicherheit hinsichtlich verbindlicher Wertsysteme (und zwar in solch hohem Maß, dass der Einzelne kaum weiß, wo er einen Maßstab für seine Selbstachtung finden soll) sowie die zahllosen Veränderungen der Umwelt, die dem Einzelnen in relativ kurzen Zeitabständen widerfahren. Die Depression bleibt häufig verdeckt, weil dem Mitglied einer so locker strukturierten Gesellschaft sich viele andere Möglichkeiten bieten, auf die Belastungen des Lebens zu reagieren, als deprimiert zu werden – Möglichkeiten, die vom antisozialen Verhalten über die Abhängigkeit von Drogen oder Alkohol bis hin zur relativ einfachen Lösung von Kommunikationsschwierigkeiten durch die Beendigung einer Beziehung, etwa durch Scheidung, reichen.

Jede Art der Veränderung, wenn es nur um etwas oder um jemanden geht, das oder der für den Betreffenden eine gewisse Bedeutung hat, wirkt in der Regel wie ein Katalysator für die Depression. Der Prozess des Erwachsenwerdens und Älterwerdens bedingt eine Reihe von Veränderungen. Jede Übergangsphase des Lebens, von der Kindheit über die Ehe bis zum Greisenalter, fordert ein gewisses Maß an Loslösung, an Hingeben. Soll es dem Menschen gelingen, von einer Phase zur nächsten fortzuschreiten, dann muss er fähig sein, eine Depression direkt und sinnvoll zu erfahren und auszuleben.

Auch Kinder können depressiv sein. Ihr Stimmungswechsel offenbart sich vor allem in ihrem Verhalten. Mit dem Beginn der Adoleszenz wird der junge Mensch sich erstmals wirklich seines inneren Gefühlslebens bewusst und kann die Depression als solche erkennen und empfinden. Für den Heranwachsenden ist es ein ganz normaler Zustand, deprimiert zu sein. Er erfährt sich zum ersten Mal als Individuum und als Mensch, der seinen Einfluss auf andere Menschen und sein Verhältnis zu ihnen selbst bestimmt. Dies ist für ihn eine Zeit der Trennung, der ersten wirklichen Trennung zwischen ihm und seinen Eltern. Der Vierzehnjährige hat jetzt das Bedürfnis, sich von seinem Elternhaus zu lösen, allein zu sein, mit anderen Gleichaltrigen zusammen zu sein. Gleichwohl bleibt seine Bindung an die Familie bestehen, und er hat mehr oder minder starke Schuldgefühle, weil er sie scheinbar ablehnt.

Die heutige Welt ist für den Heranwachsenden besonders schwierig. Der Psychiater Peter Blos bezeichnet die Jugend als den Puls der

Gesellschaft. Wenn diese heute voller Unsicherheit und Unruhe ist, so spiegelt dies den Zustand einer Gesellschaft wider, die ähnlich gestört und aus den Fugen geraten ist. In Amerika und Westeuropa wird es dem Heranwachsenden besonders schwer gemacht, mit seinen Depressionen fertig zu werden. Angesichts der herrschenden Normenvielfalt und der sensorischen Überreizung zum Beispiel durch Videoclips werden viele irregeleitet, enttäuscht oder dazu verführt, ihre Not durch Sex, Drogen, Alkohol und Apathie zu beschwichtigen. Der Jugendliche, der zeitweilig eine offene Depression durchmacht, stellt kein Problem für sich selbst oder die Gesellschaft dar. Probleme schaffen diejenigen, die Trauer oder Enttäuschung nicht ertragen können, die keinen Zugang zu ihren Gefühlen haben und wenig Verständnis für das aufbringen, was ihnen widerfährt. Wahrscheinlich werden sie ihre Depression unterdrücken und sie durch negative Verhaltensformen wie die Schulflucht der so genannten Drop-outs oder das leichtfertige Inkaufnehmen einer unerwünschten Schwangerschaft ersetzen.

Ein weiteres Beispiel für einen entscheidenden Übergang, der oft mit Depressionen einhergeht, ist die Eheschließung. Auch wenn die Partner sich bereits lange kennen und seit einiger Zeit zusammenleben, fordert die Ehe tief greifende Veränderungen der Einstellung und der eigenen Erwartungen. Es geht nun nicht mehr bloß um einen Mann und eine Frau, die sich lieben und miteinander ihre Zeit verbringen. Zu den alltäglichen Dingen des Zusammenlebens in ungewohnten Rollen kommt jetzt noch die Notwendigkeit hinzu, ein neues Verhältnis zu Freunden und Verwandten zu finden. Aber auch die wirtschaftlichen Bedingungen haben sich verändert. So nimmt es nicht wunder, dass das Aufgeben der alten Freiheit – auch wenn diese Freiheit nur darin bestand, dass die Tür nach draußen, bildlich gesprochen, jederzeit offen stand – und das Eingehen einer neuen, dauerhafteren Bindung von einer mehr oder minder starken akuten Depression begleitet sein können. Wenn unverhofft eine akute depressive Stimmung eintritt und wenn sie falsch gedeutet oder, wie jeder praktische Arzt bestätigen kann, durch das Erscheinungsbild verschiedener psychosomatischer Störungen, etwa Kopfschmerzen,

Harnleiterentzündungen, Müdigkeit, verschleiert wird, dann ist sie geeignet, die Basis der neuen Beziehung zu untergraben.

Das Bewusstwerden eines selbstschädigenden Verhaltensmusters und das Bemühen, dieses zu verändern, können mitunter akute Depressionen auslösen. Oft kommt in diesem Verhaltensmuster selbst eine tiefer liegende, unerkannte Depression zum Ausdruck. Der Fall von Robert D., einem fünfzigjährigen, seit zwanzig Jahren verheirateten Ingenieur, der akut depressiv wurde, illustriert, wie eine solche akute Reaktion den Einzelnen auf seine missliche Lage aufmerksam machen und ihn zwingen kann, sich mit ihr auseinander zu setzen. Vor drei Jahren waren beunruhigende Dinge geschehen. Seine Mutter war gestorben. Die Firma, für die er arbeitete, hatte mehrere Regierungsaufträge verloren, und infolgedessen war er entlassen worden.

Mit einigen früheren Kollegen gründete er eine eigene Beraterfirma, die unter harter Konkurrenz um ihre Existenz zu kämpfen hatte. Da er seine Frau nicht beunruhigen wollte, verheimlichte er ihr das Ausmaß seiner finanziellen Krise. Immer wenn gewisse persönliche Ausgaben, etwa das Schulgeld für die beiden Kinder, zu bestreiten waren, borgte er das Geld, während er seiner Frau erzählte, dass sein neues Unternehmen gut floriere.

Er selbst arbeitete zwar unter Hochdruck, um seine neue Firma aus der Flaute zu ziehen, doch schlief er zunehmend schlechter und erwachte um drei Uhr morgens voller Angst und Sorgen. Telefongespräche mit künftigen Kunden schob er auf die lange Bank. Seine Büroarbeit blieb liegen. Inzwischen baute er vor seiner Frau emsig ein Gespinst von Täuschungen auf, um, wie er hoffte, nicht ihre Achtung zu verlieren.

Plötzlich aber brach sein System zusammen. Die Banken, von denen er geborgt hatte, forderten die sofortige Rückzahlung der Kredite. Er konnte seiner Frau die Situation nicht länger verhehlen. Naturgemäß war sie durch sein Geständnis schockiert, sodass er mehrere Tage lang mit dem Gedanken des Selbstmords spielte. «Ich kann ihr nie wieder ins Gesicht sehen. Sie wird mir nie wieder vertrauen», dachte er. Sein selbstschädigendes Verhalten, dessen Ursachen der

Tod seiner Mutter und seine Entlassung gewesen waren, wurde nun durch Ereignisse unterbrochen, die eine schmerzhafte akute Depression auslösten.

In seiner Verzweiflung vertraute er sich einem nahen Freund an, der ihm vorschlug, den Rat eines Psychiaters einzuholen. Widerstrebend fand er sich bereit, einen Psychiater aufzusuchen, der ihm erst einmal Antidepressiva verordnete und dann daranging, mit ihm zusammen die bedeutsamen, mit seiner Depression zusammenhängenden Fragen durchzuarbeiten. Er war durch seine Entlassung verletzt und verärgert worden, konnte aber mit diesen Gefühlen nicht fertig werden, weil er sie weitgehend blockiert hatte. Außerdem litt er an Schuldgefühlen, weil er seinen Arbeitsplatz verloren hatte, als wäre dies ein persönliches Versagen gewesen. Aus Unsicherheit hatte er befürchtet, dass seine Frau die Achtung vor ihm verlieren würde. Daher nahm er zu einer Reihe von Lügen Zuflucht, um ihr seine Schwierigkeiten zu verheimlichen. Während ein Teil seines Selbst versuchte, die neue Firma in Schwung zu bringen, arbeitete ein anderer Teil ihm entgegen und machte seine Bemühungen zunichte.

Nach sechs Wochen Behandlung fühlte er sich bereits viel besser. In mehreren Sitzungen gemeinsam mit seiner Frau gelang es schließlich, das gegenseitige Vertrauen wiederherzustellen und eine neue Basis für ihr Zusammenleben zu schaffen. Robert D. war nicht nur erleichtert, weil die Tatsachen nun offen zutage lagen, sondern er schlief auch besser, war energischer und verlor seinen Hang, sich Sorgen zu machen und alle Angelegenheiten aufzuschieben. Er staunte, wie seine Schaffenskraft zunahm. Als er anfing, sich im Geschäftsleben aggressiver durchzusetzen, erhielten er und seine Partner mehrere größere Aufträge, die das Überleben ihrer Firma sicherten.

Robert D. war mit Vorbehalten an die therapeutische Behandlung herangegangen, erstens, weil er immer noch Psychotherapie und Psychoanalyse gleichsetzte, das heißt, dass es Zeit und Geld kosten würde, ihm zu helfen, und zweitens, weil er an ihrem Wert zweifelte: «Was kann eine Therapie mir schon nützen, wo meine Probleme doch ganz real sind? Eine Therapie kann schließlich keine Aufträge beschaffen oder die Achtung meiner Frau vor mir wiederherstellen.» Dank der Therapie und des Nachlassens seiner Depression aber gelang es ihm, eben diese beiden Ziele zu verwirklichen.

Die akute Depression bietet also eine echte Möglichkeit, eine seit langem bestehende, seit Jahren ihre subversive Wirkung ausübende unerkannte Depression aufzulösen. So erkannte eine fünfundfünfzigjährige Frau erst, als sie während einer schweren rheumatischen Erkrankung ihrer Tochter akut depressiv wurde, dass sie bereits seit längerem an einer chronischen Depression litt. Bis zu diesem Zeitpunkt hatte sie sich nie für depressiv gehalten. Ihre Überempfindlichkeit, ihr geringes sexuelles Interesse und ihre Neigung zu sozialem Rückzug wurden von ihr selbst wie auch von ihrer Familie als «Persönlichkeitsmerkmale» eingestuft und nicht als Zeichen einer zugrunde liegenden Depression gesehen. Wie viele andere bewältigte sie das normale Pensum an Stress und Belastung, indem sie Konflikten aus dem Weg ging und, wenn es einmal härter kam, ihre Frustrationen mit ein paar Gläschen Schnaps hinunterspülte. Erst durch die Krankheit ihrer Tochter, die zum Auslöser ihrer akuten Depression wurde und sie einen Therapeuten aufsuchen ließ, erkannte sie, wie sehr ihre chronische Verstimmtheit sie an einem erfüllten Leben gehindert hatte.

Darüber hinaus haben depressive Episoden aber noch eine weitere, komplexere Funktion. Nachdem sie behoben sind, können sie dem Einzelnen eine Gelegenheit bieten, mehr Persönlichkeit zu entwickeln, sensibler, kreativer, effektiver zu werden. Die Depression schwächt die Lebenskraft. Eine solche Stimmung macht es schwierig, wenn nicht unmöglich, Problemlösungen ins Auge zu fassen. Und doch werden die meisten kreativen Menschen – ob man nun das Wort «Kreativität» im engeren künstlerischen Sinn auffasst oder darunter allgemein die Fähigkeit versteht, die Dinge in einem neuen Licht zu sehen und originelle, eigene Vorstellungen zu entwickeln – bestätigen können, dass sie wichtige Phasen akuter Depression durchgemacht haben, aus denen sie stets zu erhöhter Kreativität gelangten.

Warum ist dies so? Warum kann eine Phase, in der man deprimiert und hoffnungslos ist, das Vorspiel zu einer Steigerung der Kreativität sein? Die Antwort liegt im Wesen der Kreativität selbst. Um überhaupt kreativ zu sein, muss der Mensch fähig sein, alte, festgefahrene Überzeugungen aufzugeben, welche die Neubeurteilung einer Situation blockieren. Vor vierzig Jahren war man zum Beispiel der Meinung, die Weiblichkeit einer Frau hänge davon ab, dass sie früh heiratete und mehrere Kinder hatte. Neuerdings ist man der Ansicht, Frauen sollten sich für ein akademisches Studium und/oder eine Karriere entscheiden, selbst wenn dies den Verzicht auf Ehe und Familienleben bedeuten könnte. In jedem Fall steht die Frau unter einem ungeheuren Druck, dem jeweiligen Vorurteil zu gehorchen, das gerade im Schwange ist. Die Unfähigkeit, sich von solchen Einflüssen zu befreien, aber hemmt ihre Entscheidung über ihre Zukunft und hindert sie daran, mit Phantasie und Selbsterkenntnis jeweils den Lebensweg einzuschlagen, für den sie die beste Eignung mitbringt.

Die beiden Vertreter der modernen behavioristischen Psychologie, der Russe I. P. Pawlow und der Amerikaner B. F. Skinner, haben darauf hingewiesen, dass der Mensch durch Familie und Gesellschaft in verschiedenen Dimensionen unabdingbar konditioniert wird. Diese Konditionierung hilft mit, eine integrierte Persönlichkeitsstruktur zu formen. Gleichzeitig aber können auf diese Weise viele unzweckmäßige, archaische und sogar destruktive Verhaltensmuster Wurzeln schlagen. Je starrer und nachhaltiger die Konditionierung, desto rigider ist der Charakter – besonders wenn beim Betreffenden auch noch eine gewisse Unsicherheit hinzukommt. Je unbeweglicher der Charakter, desto weniger Elastizität und Phantasie bringt der Betreffende auf, um sich neuen, unerwarteten Situationen anzupassen. Die akute Depression ist ein notwendiges Mittel, um den Menschen von den Fesseln einer solchen Konditionierung zu befreien und die vitalen Elemente seiner Kreativität freizusetzen. Diesen Sachverhalt konnten wir im Verlauf der psychotherapeutischen Behandlung, in der auf Phasen der Depression tiefere Einsicht und erhöhte Flexibilität folgen, immer wieder beobachten.

In seinem Buch ‹ *Der göttliche Funke* › bezeichnet Arthur Koestler die Psychotherapie als einen künstlich eingeleiteten Regenerationsprozess, der auf dem fundamentalen Prinzip: *Reculer pour mieux sauter* – einen Schritt zurücktreten, um besser vorwärts springen zu können – beruht. Koestler schreibt:

«Wir konnten feststellen, wie diese Gesetzmäßigkeit sich auf der Ebene der menschlichen Kreativität wiederholt: Der Wissenschaftler, der vor einer unerwarteten Situation steht – Keplers Abweichung um acht Bogenminuten, Einsteins Paradoxon vom Licht-Reisenden – muß in eine ‹dunkle Nacht der Seele› eintauchen, bevor er wieder ins Helle gelangt. Die Geschichte der Wissenschaften und Künste ist eine Folge immer wiederkehrender Krisen und schmerzhafter Herausforderungen, die eine zeitweilige Desintegration der traditionellen Formen von Denken und Wahrnehmung ... (und) eine neue Unschuld des Auges nach sich ziehen; worauf die Befreiung von den Schranken der kreativen Potenzen und ihre Reintegration in eine neue Synthese folgen.»

Kapitel 3

Die Falle
oder: Wie man sich selbst
ein Bein stellt

Ich bin 33 Jahre alt, und ich habe das Gefühl, mein Leben ist vorbei», stellte Walter B. fest. «Verheiratet mit einer Frau, der jede Ausrede recht ist, um nicht mit mir zu schlafen. An eine Arbeit gefesselt, die ich hasse, weil sie weit unter meinen Fähigkeiten liegt. Das Einzige, was mir wirklich Freude macht, ist das Zusammensein mit meinen Kindern. Ich sitze in einer Falle.»

Walter B. war depressiv. Fast drei Jahre lang hatte er es in einer unbefriedigenden Lebenssituation ausgehalten, bis er eines Morgens, nach Wochen der Müdigkeit und Reizbarkeit, spontan seinen Vorgesetzten im Büro anrief und fristlos kündigte. Tags zuvor war er wegen eines geringfügigen Fehlers getadelt worden, der ihm bei der Zusammenstellung irgendwelcher Absatzdaten unterlaufen war. In den folgenden Wochen wurde er immer abwesender, schweigsamer und mürrischer. Seine Frau bestand darauf, sie würde ihn verlassen, wenn er nicht einen Psychiater aufsuchte.

Schleichend und mit unerbittlicher Präzision hatte Walter B. sich eine für ihn maßgerechte Falle gebaut, die schließlich sein Leben sinnlos machte. Obgleich begabt und einst einer der besten Studenten seines Fachbereichs, hatte er in den letzten zehn Jahren seine berufliche Karriere dreimal abgebrochen. Zuerst scheiterte er als Gerichtsreferendar, weil er angeblich nichts lernte. Dann arbeitete er mehrere Jahre bei einer Bank, kündigte aber, weil es ihn «langweilte» und er nicht schnell genug vorwärts kam. Schließlich gab er seine Stellung bei einer Werbeagentur auf, weil er sich nicht genügend geachtet fühlte. Jedes Mal machte er nicht sich selbst, sondern seine Umgebung für seine Unzufriedenheit verantwortlich. Nun, da er arbeitslos war, war seine berufliche Falle – klapp – zugeschnappt.

Da ihm diese berufliche Falle noch nicht genügte, hatte Walter B. sich auch eine persönliche Falle gestellt. Trotz seines starken Bedürfnisses nach Gefühlswärme und Anerkennung heiratete er eine Frau, deren Grundeinstellung kritisch und abweisend war. Anfangs fühlte er sich durch ihren scharfen, analytischen Verstand angezogen und war von ihrer Energie beeindruckt. Er traf, wie es ihm schien, eine rationale Entscheidung, verleugnete dabei aber handfeste emotionale Bedürfnisse, die in dieser Beziehung, wie abzusehen war, nicht befriedigt werden sollten.

Seine berufliche Richtungslosigkeit und seine ungeschickte Wahl des Ehepartners lagen letztlich begründet in einer Phase geringer Selbstachtung, die kurz nach seinem Abitur eingesetzt hatte. Um diese Zeit war er heftig in ein Mädchen verliebt gewesen, welches das Verhältnis aber schließlich abbrach und ihn tief verletzt und mit dem Gefühl, abgelehnt worden zu sein, zurückließ. Statt damals akut deprimiert zu werden, unterdrückte er seine Gefühle rasch und tat vor sich selbst so, als mache ihm das alles gar nichts aus. Während er ursprünglich daran gedacht hatte, Zeitungswissenschaft und Politik zu studieren, meinte er nun plötzlich, dass diese Laufbahn ihm nicht genügend Prestige und Geld einbringen würde. Er entschied sich daher für das Jurastudium und erhielt auch einen Studienplatz. In seiner Freizeit vermied er es, sich emotional zu stark zu engagieren, da dies, wie er meinte, nur dazu führen würde, seine Gefühle zu verletzen. In seinen Beziehungen zu Mädchen war er zurückhaltend und verschlossen.

Der Verzicht auf seine eigentlichen Berufsinteressen aus finanziellen und Prestigegründen sowie die Verleugnung seiner emotionalen Bedürfnisse, durch die er sich gegen den Schmerz einer weiteren Zurückweisung absichern wollte – das waren die ersten Schritte zum Aufbau von Walter B.s Falle.

Walter B. können wir als den Prototyp für Millionen von Männern und Frauen bezeichnen, die sich emsig ihre Fallen bauen und die unverzüglich von akuter Angst und Hoffnungslosigkeit überwältigt werden, sobald sie erkennen, dass die Falle zugeschnappt ist.

Wie und warum Menschen sich selbst eine Falle stellen

Die Konstruktion solcher Fallen erfolgt meist nach dem gleichen Grundmuster. Am Anfang steht das Unvermögen des Einzelnen, mit einem Stress oder einer Reihe von Belastungen fertig zu werden. Statt angemessen darauf zu reagieren und sich durch die Schwierigkeiten hindurchzuarbeiten, verleugnet er seine Gefühle, verdrängt sie aus dem Bewusstsein und verheimlicht sie vor sich selbst durch die Herausbildung von Mechanismen, die ihn vor zukünftigem Schmerz schützen sollen. So projizierte zum Beispiel Walter B., statt sich seine eigene Mitschuld an seinen beruflichen Problemen klarzumachen, die Schuld an diesen Schwierigkeiten auf seine Umgebung. Indem er leugnete, wie wichtig Gefühlswärme und Sexualität für ihn in seinen Beziehungen zu Frauen waren, brachte er es fertig, eine Frau zu heiraten, die ihm beides vorenthielt.

Viele Menschen handeln, wenn sie sich eine solche Falle bauen, wie unter einem Zwang. Eine der geläufigsten Fallen-Situationen entsteht dadurch, dass viele Männer und Frauen sich bemühen, in ihrer eigenen Ehe jene Art des Familienlebens zu reproduzieren, die sie als Kinder kennen gelernt haben. Und dies geschieht völlig unabhängig von ihrer Einstellung gegenüber ihrer eigenen Erziehung. Ein Beispiel: Ein junger Mann wächst in einer Familie auf, in welcher der Vater die starke, dominierende Figur ist, während sich die Mutter still, unbeteiligt und irgendwie zurückgezogen verhält. Er empfindet die Mutter als unfähig und den Vater als rücksichtslos. So steht für ihn fest, dass er niemals in eine ähnliche Situation geraten wird – und heiratet schließlich eine starke und unabhängige Frau, nur um festzustellen, dass er nun in einen pausenlosen Machtkampf um die Vorherrschaft verwickelt ist. Oder er heiratet eine scheinbar recht selbstbewusste Frau, nur um nach einigen Jahren festzustellen, dass sie genau wie seine Mutter ist, dass ihr Initiative und gesundes Selbstvertrauen fehlen.

In beiden Fällen, ob er nun versucht, ins entgegengesetzte Extrem zu verfallen, oder ob er unabsichtlich die charakterlichen Eigenheiten seiner künftigen Frau übersieht, gelingt es ihm, sich eine Falle zu stellen. Die Ursache solchen Verhaltens aber liegt in der Art der Beziehung, die seine Eltern zueinander hatten.

Ein anderer Weg, sich eine Falle zu stellen, besteht darin, *die Umwelt zur Verstärkung und Bestätigung innerer Konflikte und Hemmungen zu benutzen.* Infolge einer ungewöhnlich repressiven Kindheit und Jugend, in der Initiative und Kreativität wenig gefördert und Konformität verlangt wurden, kann ein junger Mann zum Beispiel erheblich in seiner Fähigkeit gehemmt sein, seine Energien zu mobilisieren und seine natürliche Aggressivität nach außen, auf selbstgewählte Ziele zu lenken. Da er sich gleichzeitig vor seinem Drang nach Unabhängigkeit fürchtet und nicht in der Lage ist, seinen Gefühlen freien Lauf zu lassen, kann er auf Stresssituationen nicht prompt und angemessen reagieren. Seine Anpassung an das Leben ist überwiegend passiv: Er lässt sich leicht durch andere kontrollieren.

Da es ihm nicht gelingt, eine Lebensform zu finden, bei der sein eigentliches Bedürfnis nach Freiheit und Initiative gefördert würde, entscheidet er sich vielmehr für eine Umgebung, die ihn in seiner geringen Selbstachtung bestärkt. Dann projiziert er auf diese Umgebung jene Hemmungen, die zuvor verinnerlicht wurden. Er wird zum Beispiel eine Position im mittleren Management eines großen Industriekonzerns erreichen, wo seine Entscheidungsbefugnis sehr eng ist und wo er, um nicht lächerlich gemacht und kritisiert zu werden, lieber darauf verzichtet, Initiative zu entwickeln.

Die reale, äußere Falle bestätigt nunmehr die innere Falle. Der Kreislauf ist geschlossen. Die Entscheidungsmöglichkeiten, die dem Betreffenden noch offen stehen, werden immer mehr eingeschränkt.

Wenn er sich nun – aufgrund einer durch eine besondere Stresssituation bedingten Veränderung seines seelischen Gleichgewichts – mit einem Teil seiner Persönlichkeit dieser Falle bewusst wird, dann kann es passieren, dass er schließlich unmittelbar zu leiden beginnt. Die Menschen haben eine starke Neigung, innere Hemmungen und Entbehrungen erneut zu bestätigen, indem sie sich äußere Fallen bauen und dann in diesen in einem unglücklichen Gleichgewicht leben, bis irgendetwas geschieht, das genügt, um ihnen die Augen für ihr Dilemma zu öffnen. Beim Bau solcher Fallen wählen sie den fal-

37

schen Menschen für die Ehe oder für ein Liebesverhältnis. Sie setzen ihr Vertrauen auf Freunde und Geschäftskollegen, die sich als nicht vertrauenswürdig erweisen. Sie gehen besonders unverantwortlich mit Geld um und entscheiden sich für Berufe, die ihnen lauter Enttäuschungen bringen und ihre persönliche Erfüllung zwangsläufig blockieren.

Waltraut R., 29, unverheiratet, arbeitete bei einer großen Wochenzeitschrift als Redakteurin und war für die Schlussredaktion von Artikeln zuständig. Obgleich sie vom mündlichen Abitur befreit worden war, hatte sie stets ein Gefühl der Unzulänglichkeit. «Ich sehe wirklich nicht ein, welchen Sinn es hat, wenn Mädchen Karriere machen», hatte ihr Vater gern behauptet. «Kein Mann kann dir das Wasser reichen, Waltraut», sagte ihre Mutter immer wieder, doch dann fügte sie hinzu: «Sei nicht zu aggressiv, sonst kriegst du nie einen Mann.»

Waltraut R. selbst hielt sich für eine gute Schülerin, meinte aber, keine besonderen Talente zu haben. «Ich habe nicht die Energie, um zu studieren. Ich weiß echt nicht, was ich tun soll.» In dieser Stimmung nahm sie den erstbesten Job an, der sich ihr nach dem Abitur bot, nämlich bei der Zeitung, bei der sie nun, nach sieben Jahren, noch immer arbeitete. Ihre Arbeit hinderte sie daran, eigene Artikel zu schreiben, denn zumeist war sie mit einer besseren Form von Korrekturlesen beschäftigt. Sie erhielt ein relativ geringes Gehalt, das kaum ausreichte, um ihre Ausgaben zu decken.

Zudem wurde ihre Zeit sehr stark beansprucht, sodass ihr weder Freiheit noch Energie verblieben, um Eigenes zu verfassen, und sie war auch zu kaputt, um sich aktiv um eine andere Stellung zu bemühen. Sie saß in einer Falle, die sie stets aufs Neue in ihrer geringen Selbstachtung bestätigte und immer wieder den inneren Konflikt schürte, der sie überhaupt erst in diese Falle geführt hatte.

Solche Fallen bauen sich ebenso oft – und mit gleicher Wirkung – Menschen, die über alle äußeren Zeichen des sozialen und materiellen Erfolgs verfügen. Adam B. ist armer Leute Kind. Seine Familie stammt aus Dortmund. Sein Vater war arbeitsloser Alkoholiker, seine Mutter arbeitete als Stenotypistin. Adam war ein ungewöhnlich aufgeweckter Schüler, zeichnete sich immer wieder durch seine schulischen Leistungen aus und absolvierte als Klassenbester eine Fachhochschule. «Verflucht noch mal», sagte er sich, «bevor ich dreißig bin, habe ich eine Million verdient.» Und das tat er denn auch.

Zusammen mit zwei anderen Männern gründete er eine Kette von Computersoftware-Läden, die bereits nach kurzer Zeit sehr gut florierten. Er arbeitete elf Stunden täglich und auch an den Wochenenden. Er wurde in zahlreiche Aufsichtsräte berufen und aufgefordert, sich am öffentlichen Leben seiner Stadt zu beteiligen, wozu er stets bereit war. Tatsächlich konnte er nicht nein sagen, da jede neue Einladung ihm wiederum Gelegenheit bot, mit wohlhabenden und prominenten Leuten zusammenzutreffen.

Mit 37 verlor er allmählich das Interesse an den verschiedenen Unternehmen, die er aufgebaut hatte. «Ich möchte da raus», sagte er öfter zu seiner Frau Ruth, «aber ich weiß nicht, wie. Es ist niemand da, der die Sache weiterführen könnte, wenn ich aussteige.» Ruth hingegen hatte aus Einsamkeit und aufgrund gesellschaftlicher Minderwertigkeitsgefühle angefangen zu trinken. Sie war mit Adam zusammen in Dortmund aufgewachsen und hatte sich bei ihren neuen Freunden nie recht wohl gefühlt. Sie mied die vielen Empfänge, sooft sie nur konnte.

Sie hatten zwei Kinder, von denen das älteste, ein Junge von elf Jahren, in der Schule als leistungsschwach galt. Er war sehr aufgeweckt, erreichte aber wegen seines krankhaft verminderten Selbstvertrauens und seiner zumeist apathischen Haltung kaum das Klassenziel.

Adam B.s Haus in dem besten Viertel der Stadt war zu einer Falle geworden. Er hatte sie sich mit eigener Hand zurechtgezimmert, indem er immer nur vorwärts und vorwärts hetzte, um sich auf jede neue Aufstiegschance zu stürzen, die sich ergab. Wo anfangs sein Entschluss war, «nie mehr so arm wie meine Eltern zu sein», hatte er nun das zwanghafte Bedürfnis, mehr Geld und Prestige anzusammeln, als ein Dutzend Menschen ihr Leben lang benötigen würden. Adam erkannte dies – unter Qualen –, wusste aber nicht, was er dagegen tun sollte.

Für gewöhnlich werden solche Fallen von Menschen aufgebaut,

die chronisch depressiv sind oder denen es an innerer Freiheit fehlt – die das entbehren, was der verstorbene Psychologe Abraham Maslow «Selbstverwirklichung» nannte. Seiner Auffassung nach sollte der Erwachsene in der Lage sein, sich solche Ziele zu setzen und sie spontan zu verfolgen, die seinem Wertsystem entsprechen, seine charakterlichen Bedürfnisse widerspiegeln und zugleich in seiner jeweiligen Umwelt erreichbar sind, selbst wenn dazu die Überwindung von Hindernissen notwendig ist. Der Psychoanalytiker Lawrence Kubie hat einmal gesagt, dass die reife Persönlichkeit, die ihre Gefühle und Fähigkeiten kenne, zwischen legitimen Alternativen wählen und diese gegeneinander abwägen könne und in der Lage sei, lohnende Ziele frei zu verfolgen. Einer zwanghaften oder phobischen Persönlichkeit sei die Möglichkeit einer solchen Freiheit unbekannt. Sie müsse sich vielmehr immer wieder das Letzte an «Willenskraft» abverlangen, um innere Widerstände und Ängste zu überwinden. Doch nur von einem kleinen Teil der erwachsenen Bevölkerung kann man sagen, dass sie sich selbst verwirklicht. Die anderen sind eher anfällig für das Spiel, sich selbst Fallen zu stellen.

So ist unsere Gesellschaft buchstäblich zu einer Gesellschaft der Fallen geworden. Millionen Menschen haben das Gefühl, dass, wohin sie sich wenden, die Wege zur sexuellen Erfüllung, zur Selbstachtung, zur Zufriedenheit am Arbeitsplatz, zur finanziellen Sicherheit, Chancengleichheit, Menschenwürde und zu einem sinnvollen Leben versperrt sind. Dennoch wird ihnen pausenlos vorgeführt, dass es eine soziale und wirtschaftliche Mobilität gibt, die anscheinend irgendwo und irgendwie die Erfüllung dieser Bedürfnisse verspricht. Eine im raschen Wandel befindliche Gesellschaft ist eine Gesellschaft von Menschen, die sich schmerzlich ihrer unerfüllten Ambitionen bewusst sind. Das Ehepaar der oberen Mittelschicht in Hamburg leidet vielleicht ebenso sehr unter dem Mangel an sexueller und emotionaler Erfüllung in ihrer Ehe wie die Arbeiterfamilie im Ruhrgebiet unter der Luftverschmutzung und den beschränkten Wirtschafts- und Bildungschancen. Von außen gesehen ist die Form der Entbehrung in beiden Fällen verschieden. Auch das Milieu spielt bei der Wahrnehmung dieser Entbehrung jeweils eine verschiedene Rolle.

Gleichwohl sind das Ehepaar der oberen Mittelschicht und die Arbeiterfamilie in ähnlichen Fallen gefangen – ihren steigenden Erwartungen, denen nur wenige sichtbare Zeichen einer Erfüllung gegenüberstehen.

Eine der gefährlichsten Fallen besteht darin, dass man sich weigert, die Depression anzuerkennen und ihrer Botschaft gemäß zu handeln. Die Weigerung des Einzelnen wird durch soziale Wertungen verstärkt, die diesen Widerstand gegen die Einsicht fördern. Wie sehen diese Wertungen aus?

In manchen Schichten unserer Gesellschaft gilt es durchaus als angemessen, sich in sinnlosen sexuellen Affären zu verzetteln, im Rahmen der Gesetze andere finanziell zu übervorteilen und selbstschädigende Verhaltensformen an den Tag zu legen, solange diese nicht direkt zum Selbstmord oder zur physischen Schädigung anderer führen, anstatt sich ein paar schlaflose Nächte lang mit dem manchmal schmerzhaften Gedanken zu befassen, wer man eigentlich ist und was für ein Leben man führt. Unsere Gesellschaft findet nichts dabei, wenn man Drogen wie Alkohol, Amphetamine und Barbiturate benutzt, um seinen Schmerz zu betäuben. Ungeachtet der offiziellen Bemühungen, solchen Drogenmissbrauch einzuschränken, weist das stetige Anwachsen eindeutig darauf hin, dass es in der Gesellschaft Faktoren gibt, welche die Verwendung solcher Mittel insgeheim begünstigen, um so das Bewusstsein zu blockieren und die Auseinandersetzung mit Depressionen zu vermeiden.

Es verschafft uns Erleichterung, wenn wir projizieren, wenn wir anderen die Schuld geben. Dies ist einer der beliebtesten Mechanismen, mit deren Hilfe wir die Auseinandersetzung mit der Depression und die Gewinnung von Einsicht vermeiden – besonders wenn wir die Schuld einem nahe stehenden Menschen oder großen, leicht identifizierbaren Gruppen zuschieben, die sich als Zielscheibe solcher Projektion eignen: etwa der Regierungspartei oder der Opposition, den Arbeitgebern oder den Arbeitern, der Jugend oder den Erwachsenen, den Männern oder den Frauen. Leugnen wir unsere eigenen Probleme und schieben wir die Schuld einem anderen zu, so ist dies nicht nur eine zeitweilig wirksame Methode, Depressionen hinauszuzögern, es kann auch ein hervorragend geeignetes Mittel sein, um unsere wirklichen Probleme zu verschleiern und unsere ursprüngliche Falle weiter auszubauen.

Johanna C. ist eine dreiundvierzigjährige geschiedene Frau, die als Innenarchitektin für ein Warenhaus in Frankfurt arbeitet. Seit sieben Jahren lebt sie allein mit ihren beiden Kindern, einem Jungen von inzwischen siebzehn Jahren und einer Tochter von vierzehn. In den elf vorangegangenen Ehejahren hatte es zwischen ihr und ihrem Mann Alfred kaum Meinungsverschiedenheiten gegeben. Ihre sexuelle Beziehung war für sie wie auch für ihn recht unbefriedigend gewesen, aber sie hatten sich nie darüber ausgesprochen. Insgeheim warfen sie einander Lieblosigkeit vor. Sie unternahmen aber keinen Versuch, ihr Verhältnis zu ergründen oder zu verbessern.

Sie hatten sich gemeinsam eine gewisse gesellschaftliche Position verschafft und waren in ihrem Wohnort sehr geachtet. Finanziell waren sie gesichert. Sie waren die typische erfolgreiche bundesdeutsche Mittelschichtfamilie. Plötzlich verlangte Alfred die Scheidung. Johanna war schockiert. Sie verfiel in eine akute Depression. Nach einigen schlaflosen Nächten entdeckte sie, dass ein oder zwei Glas Martini vor dem Zubettgehen ihre Spannung linderten.

Drei Monate nach der Scheidung heiratete Alfred seine Sekretärin. «Wir haben viel Gemeinsames», erzählte er einem Freund, «und was für ein Leben im Bett!» Die Ehe dauerte achtzehn Monate. Inzwischen trank Johanna mehr und mehr, da ihr die Einsamkeit zu schaffen machte. Hin und wieder traf sie Verabredungen, schlief auch mit Männern, die sie zum Essen ausführten. Als ihr klar wurde, dass solche Erlebnisse ihr nur Depressionen und Ekelgefühle eintrugen, spülte sie diese rasch mit ein paar Martinis hinunter, bevor sie zu einer neuen Verabredung ging. «Ich liebe meine Freiheit. Das ist eine große Überraschung für mich. Alfred war einfach ein Scheusal. Das ist mir heute klar.»

Als ihr Sohn in der letzten Klasse aus dem Gymnasium davonlief, rief sie Alfred an: «Er ist *dein* Sohn. Bitte unternimm doch etwas.» Aber Alfred war gerade zum dritten Mal verheiratet und hatte mit seiner Arbeit alle Hände voll zu tun. «Der Junge hat seit fast einem Jahr keinen Kontakt zu mir», dachte er. «Außerdem ist das sein eigenes Problem. Die Kinder laufen heutzutage ja alle aus der Schule davon.»

Johanna C. und ihre Familie können wir als Opfer der «Verleugnungsfalle» bezeichnen. Während ihrer Ehe waren sie jeder Aussprache über schmerzliche Probleme ausgewichen. Als Johannas Falle schließlich zuschnappte, behandelte sie ihre Depression mit Alkohol, während ihr Mann die seinige zu bekämpfen suchte, indem er sich flugs neue Fallen bastelte. Sie gestatteten es sich nicht, die durch die Situation gerechtfertigte Depression anzuerkennen und zu verstehen. Hätten sie dies getan, dann hätten sie vielleicht früher den Grund ihrer Schwierigkeiten erkannt. Mit Hilfe dieser Einsicht wären sie aus ihrer emotionalen und sexuellen Sackgasse hinausgelangt, zumindest hätten sie ihre Ehe unter vernünftigeren Bedingungen beenden und wenigstens ihre Beziehung zu den Kindern intakt halten können.

Wie man aus einer Falle wieder herauskommt

Wird man sich bewusst, dass man in einer Falle lebt – sei diese nun durch die Umwelt aufgenötigt oder aus eigener Initiative geschaffen –, so löst dies eine Phase akuter Depression aus. *Das Bewusstsein, in einer selbst erstellten Falle zu sitzen, ist der erste unter einer Reihe von Schritten, die zur Einsicht führen,* und es wird zumeist als ein Erkennen des äußeren Gefüges dieser Falle erlebt – Arbeitsplatz, Ehe, soziale Situation –, in welchem die Hauptursache für Hoffnungslosigkeit und Spannungen gesehen wird. «Ich habe die falsche Frau geheiratet.» Oder: «Mein Mann hat sich geändert. Ich kann nicht mehr mit ihm leben.» Oder: «Ich bin zweimal bei der Beförderung übergangen worden, und es wird für mich kein drittes Mal geben.»

Auch der nächste Schritt auf dem Weg zur Einsicht ruft akute Depressionen hervor, wenn nämlich der Einzelne erkennt, wie wirkungsvoll er beim Aufbau seiner Falle mit seiner Umwelt zusammengearbeitet hat.

«Ich hatte eben meinen Abschluss als Wirtschaftsprüfer gemacht», sagte ein achtunddreißigjähriger Mann in der Sprechstunde. «Ich wollte nicht heiraten, aber Susanne drängte darauf. Wir hatten nicht genug Geld, aber sie verdiente mit. Dass wir uns so durchschlagen mussten, gab mir ein Gefühl der Unterlegenheit, und sie hat es mich nie vergessen lassen.

Als die Kinder kamen, verdiente ich praktisch genug, damit sie zu Hause bleiben konnte. Wir hatten eine nette Wohnung, gute, gesellige Kontakte, jede Menge Freunde. Auch mit dem Sex klappte es. Was mich allerdings immer wieder nervös machte, das war die Art, wie sie auf mich losgehen konnte, wenn sie wütend war. Sie gab mir das Gefühl, als trüge ich immer die Schuld, wenn irgend etwas schief ging.

Ich erinnere mich, wie wir uns einmal mit Freunden in einem Lokal verabredet hatten. Ich war zeitig dort, und auch Carola und Johann waren pünktlich. 45 Minuten später tauchte Susanne auf, in heller Wut: ‹Warum hast du mich warten lassen?›, schrie sie mich an. ‹Du hast mir doch gesagt, wir treffen uns im ,Blockhaus‘ und nicht in ,Meyers Weinstube‘. Zum Glück habe ich bei dir im Büro angerufen und erfuhr so, was du deinem Kollegen gesagt hast. Zumindest erwarte ich, dass du dich entschuldigst.› Ich weiß, dass ich ihr den Treffpunkt richtig gesagt habe, aber bis auf den heutigen Tag fühle ich mich schuldig.

Aber irgendwie brauchte ich Susanne, und sie wusste das. Auch dass ich glaubte, ich würde ohne sie zusammenbrechen oder dergleichen. Ich habe nie wirklich eine Mutter gehabt. Als ich vier war, ließen meine Eltern sich scheiden, und mein Vater erzog mich zusammen mit einer Haushälterin. Meine Mutter heiratete einen anderen, und ich sah sie nur noch hin und wieder.

Wir sind jetzt fünfzehn Jahre verheiratet. Vorigen Sommer wurde ich echt depressiv – ich konnte mich nicht konzentrieren, war drei Wochen krankgeschrieben, dachte fast an Selbstmord. Irgendwie riss ich mich zusammen und machte weiter, aber damals erkannte ich, dass ich mit Susanne in einer Falle sitze. Ich kann nicht wütend auf sie werden. Wenn sie auf mich losgeht, dann kann ich mich nicht wehren. Sie geht auf mich los wie eine Hyäne. Ich glaube, wenn wir uns scheiden ließen, dann würde sich manches lösen, aber ich glaube nicht mal, dass ich dies fertig brächte. Ich brauche sie einfach.

Dieses Jahr war ich wieder ziemlich deprimiert, aber jetzt weiß ich, dass es nicht nur daher kommt, weil Susanne sich mir gegenüber so verhält. Eher hängt es damit zusammen, dass ich nicht damit fertig werde ... dass ich es sogar fördere ... vor allem, dass ich jemanden wie Susanne überhaupt geheiratet habe, eine Frau, auf deren Stärke ich mich verlassen zu können glaubte.»

Ein dritter Schritt aus der Falle ist die Veränderung der Umwelt: Man will eine andere Stellung suchen, sich scheiden lassen, gemeinsam mit dem Ehepartner eine neue und bessere Beziehung schaffen. Gleichzeitig muss aber ein inneres Verlangen nach Freiheit von jenen Konflikten und Hemmungen bestehen, die überhaupt zum Aufbau der Falle führten und sie jahrelang aufrechterhielten. Jeder dieser Aspekte – die körperliche Entfernung aus der Falle, die Veränderung der Umwelt oder die Änderung der Verhaltens- und Gefühlsmuster, die zum Bau der Falle führten – ist unausweichlich mit der Erfahrung einer akuten Depression verbunden. Einer der wichtigsten Gründe, warum so wenige Menschen sich aus inneren oder äußeren Fallen befreien können, ist ihr natürlicher – wenngleich unglückseliger – Widerstand gegen die schmerzliche Erfahrung der akuten Depression. Immer wieder erlebt der Psychiater, wie seine Patienten in akute Depressionen verfallen, sobald sie versuchen, ein fest verwurzeltes Verhaltensmuster aufzubrechen, das ihrem Lebensglück im Wege steht.

Mit anderen Worten: Die akute Depression öffnet dem Einzelnen die Augen für die Tatsache, dass er in einer Falle sitzt. Sie wird aktiviert durch jeden Versuch, sich dieser Falle zu entziehen, und sie ist ein wesentlicher Bestandteil jenes Prozesses der Persönlichkeitsveränderung, durch den der Einzelne sich von der Notwendigkeit zu befreien sucht, neue Fallen zu bauen.

Anzuerkennen, dass man depressiv ist, ist der erste Schritt aus der Falle und der erste Schritt zur Befreiung von chronischer Depression. Daher ist es wichtig, die verschiedenen Formen zu kennen, in denen die Depression auftreten kann.

Kapitel 4

Woran erkennt man Depressionen? oder: Ich bin immer so müde

Den meisten Menschen fällt es schwer, sich einzugestehen, dass sie depressiv sind. Untersuchungen zufolge liegt zwischen dem für eine Depression verantwortlichen Ereignis und dem Zeitpunkt, zu dem der Patient erkennt, dass er eine Depression durchmacht, ein zeitlicher Abstand von etwa drei Jahren.

Dagegen fällt es anscheinend nicht schwer, Phasen der Depression als Bestandteil der *condition humaine* anzuerkennen. Die meisten Menschen, so meint Thoreau, «führen ein Leben in stiller Verzweiflung». Dass des Menschen Leben wie ein Pendel zwischen Langeweile und Kummer schwanke, schreibt Schopenhauer. Sartre und andere Existenzphilosophen betonen, dass der Mensch das Bewusstsein der Hoffnungslosigkeit durchmachen und die Leere und Qual des Lebens erfahren müsse, um fähig zu werden, seine Zukunft selbst zu bestimmen.

Depressive Stimmungen werden nicht selten unterdrückt oder abgeblockt, weil die meisten von uns ein Gefühl der Euphorie möglichst lange aufrechterhalten möchten. Also wird die Depression, da sie schmerzhaft ist, geleugnet.

Ein Stimmungstief kann eine allgemeine Verlangsamung im Denken und Handeln des depressiven Menschen verursachen. Diese Veränderung kann zu falschen Schlüssen verleiten, denn tatsächlich ist die Depression ein ungemein aktiver Prozess und daher so schmerzhaft. Selbst wenn sich der depressive Mensch vielleicht von geselligen Kontakten zurückzieht und eine mehr oder minder ausgeprägte Antriebslähmung erlebt, ist diese Reaktion eher die *Folge* der Depression denn ihre Ursache. Unter der Oberfläche, und bisweilen außerhalb der bewussten Kenntnis des Betreffenden, wogt eine höchst turbulente Mischung aus Angst und Schmerz. Mit den richtigen Fragen, den richtigen Bemerkungen, vermag der Arzt sie leicht aufzuspüren. So nimmt es auch nicht wunder, dass Müdigkeit ein übliches Symptom der Depression ist. Die Überwachheit des Nervensystems kann zur Erschöpfung führen. Was der depressive Mensch daher am wenigsten braucht, sind Stimulanzien, die das zentrale Nervensystem angreifen, wie etwa die Amphetamine.

Weil aber diese innere Pein zuweilen unerträglich werden kann, besteht die ganz natürliche Neigung, durch allgemein zugängliche Drogen, seien es «Schnellmacher», «Beruhiger» oder Alkohol, zeitweilig Linderung zu suchen. Auch ist man geneigt, Depressionen durch «antidepressive» Verhaltensformen wie sinnloses Geldausgeben, sexuelle Promiskuität oder zwanghafte Überarbeitung abzuwenden – Verhaltensformen, die schließlich die tiefer liegenden depressiven Konflikte verstärken. Da die Depression selbst ein zusätzlicher Stress ist, auf den der Mensch reagiert, kann diese seine Reaktion viele Formen annehmen, von Überdruss und Langeweile bis hin zu überwältigender Panik.

Wohl eine der üblichsten Verhaltensweisen des Depressiven besteht darin, den eigenen Zustand nur undeutlich wahrzunehmen, die Auseinandersetzung mit ihm hinauszuschieben, ungeheure Rationalisierungen anzustellen und die Bedeutung der Anzeichen zu leugnen: «Ich kann abends nicht einschlafen und wache schon um vier oder fünf Uhr morgens auf. Deshalb bin ich auch so müde und interessiere mich nicht für das, was ich tue. Könnte ich nur schlafen, dann würde ich mich viel besser fühlen. Depressiv? Aber ich doch nicht!»

Die meisten von uns erkennen die Depression nicht, weil sie nicht wissen, nach welchen Anzeichen sie Ausschau halten sollen. Es gibt gewisse grundlegende Veränderungen, die mit der Depression einhergehen, die sich aber nicht alle in jedem Fall einstellen. Keine zwei Menschen zeigen alle einzelnen Gefühls- und Verhaltensänderungen gleichzeitig oder gar in derselben Weise.

Erstens ist die Depression stets mit Schlafstörungen verbunden. Die meisten depressiven Menschen werden eine Unterbrechung ihrer Schlafgewohnheiten feststellen. Vielleicht brauchen sie länger, um einzuschlafen, neigen zu häufigem Erwachen während der Nacht, schlafen leichter und sind meist lange vor ihrer normalen Aufstehzeit wach. Die Stunden des Wachens – vor dem Einschlafen und nach dem morgendlichen Erwachen – werden damit zugebracht, über Probleme und Notwendigkeiten zu grübeln. Unbewusst fürchten sie sich vor dem Zubettgehen und finden daher jeden Vorwand, um noch länger aufzubleiben, ebenso wie sie sich vor dem vor ihnen liegenden Tag fürchten. Jeder, der unter starken oder seit langem währenden Schlafstörungen leidet, sollte daher die Möglichkeit in Betracht ziehen, dass er depressiv ist.

Das zweite wichtige Anzeichen der Depression ist ein Nachlassen des sexuellen Verlangens und der Befriedigungsfähigkeit. Dies kann in unserer Gesellschaft, die dem sexuellen Leistungssport besonderen Wert beimisst, besonders peinlich sein. Eine solche Veränderung kann zwar darauf hindeuten, dass die Konflikte, welche die Depression hervorgerufen haben, sexueller Natur sind, öfter kommt darin eine allgemeine Abnahme der Energie oder eine Umleitung der Energie in das Bemühen, die herabgeminderte Stimmung zu überwinden, zum Ausdruck. Bei einem Schwinden des sexuellen Interesses sollte man stets fragen, ob eine Depression vorliegt.

Eng verwandt mit der Abnahme des Sexualtriebs sind drittens Appetitverlust sowie eine Minderung des normalen Vergnügens beim Essen. Dies wiederum führt zu erheblichem Gewichtsverlust. Der Betreffende bemerkt vielleicht nicht einmal, dass er weniger als üblich isst, bis er feststellt, dass seine Kleider eine Nummer zu groß sind und dass die Waage eine Gewichtsabnahme von fünf oder zehn Pfund zeigt.

Schließlich gibt es noch viertens die subjektive Erfahrung der Depression, die Art, wie der Einzelne das, was er fühlt, wahrnimmt: «Mir tut innen alles weh.» – «Mir ist die meiste Zeit nach Weinen zumute, aber ich kann nicht.» – «Ich muss immer weinen. Ich kann mich einfach nicht beherrschen.» – «Ich bin ganz einfach unglücklich.» – «Ich habe an allem, womit ich mich bisher beschäftigt habe, das Interesse verloren.» – «Ich habe höllische Angst.» – «Ich langweile mich.» – «Ich kann keine Entscheidung treffen.» – «Ich kann mich nicht richtig konzentrieren.» – «Ich habe überhaupt keine Hoffnung mehr.»

Viele erleben ihre depressive Stimmung einfach als Mangel an Selbstvertrauen. Zwischen Stimmung und Selbstachtung besteht ein enger Zusammenhang. Menschen, die sich für «Versager», für «wertlos», «unnütz», «unwürdig» halten, sind in Wirklichkeit oft deprimiert.

Ist sich der Einzelne der Probleme, welche die Depression ausgelöst haben, bewusst, dann neigt er mitunter dazu, grüblerisch bei ihnen zu verweilen. «Mutter starb vor fünf Monaten. Sie geht mir nicht aus dem Sinn.» – «Ich fühle mich bei der Arbeit eingekreist – von meinem Kollegen und von meinem Vorgesetzten.» – «Meine Ehe ist kaputt.» – «Seit der Scheidung bin ich so furchtbar einsam.» – «Warum zum Teufel können wir uns nicht verständigen?»

Der depressive Mensch hat oft das Gefühl, unter Druck zu stehen und in einer Falle zu sitzen. Er sieht keinen Ausweg aus seiner Sackgasse. Es gibt für ihn keine Lösungen. Seine Stimmung schwankt zwischen Apathie und Verzweiflung.

Schlaflosigkeit, Nachlassen des Sexualtriebs, Appetitverlust, geringe Selbstachtung und ein innerer Stimmungswandel, der von Langeweile bis zu offener Hoffnungslosigkeit reicht: Dies sind die wichtigsten Anzeichen der Depression. Es ist, als wäre der Strom biologischer Energie, der normalerweise zwischen dem Einzelnen und seiner Umwelt fließt, unterbrochen, während innere Erregung und Schmerz sein Nervensystem aufwühlen. Vorwiegend mit seinem eigenen Kummer beschäftigt, selbstbezogen, unempfänglich für äußere Reize, anscheinend gleichgültig gegenüber den Bedürfnissen anderer – man sieht ohne weiteres, warum der depressive Mensch anfangs wohl Anteilnahme, dann aber Ungeduld, Ärger und schließlich regelrechte Ablehnung (die er am meisten fürchtet) bei denjenigen hervorruft, mit denen er zusammen ist, die aber nicht verstehen, was er erlebt.

Es gibt eine besondere Gruppe von Menschen, die nicht erkennen, dass sie depressiv sind, weil sie dazu neigen, dem Stress der Depression mit Gegenreaktionen zu begegnen. Statt abzunehmen, überfressen sie sich. Statt dass ihr sexuelles Interesse abnähme, suchen sie beinahe zwanghaft das sexuelle Erleben. Statt an Schlaflosigkeit leiden sie eher an einer Art Schlafkrankheit, zum Teil wegen ihrer Müdigkeit, vor allem aber, weil dies eine Möglichkeit ist, sich von einer Umwelt zurückzuziehen, die sie als unerträglich empfinden.

Daneben gibt es noch weitere Veränderungen, die durch das Depressivsein bedingt sind und uns wichtige Hinweise geben können. Dazu gehören Schwierigkeiten bei Entscheidungen, die sonst mühelos getroffen wurden, Mangel an Konzentration sowie eine ausgeprägte Neigung, alles aufzuschieben. Dem depressiven Menschen fällt manchmal selbst das Lesen und Schreiben schwer, aber dies wird häufig als ein Nachlassen der Interessen wegrationalisiert. Er zaudert, wenn es gilt, Pläne zu machen oder Verpflichtungen einzugehen, und er schiebt alles auf – sei es die Verabredung zum Wochenende, die Reparatur des Lichtschalters oder die Suche nach einem neuen Job. Auch dies wird häufig wegrationalisiert: «Ich würde es ja tun, wenn ich mehr Zeit hätte.» Oder: «Ich bin im Grunde eben faul.»

Für gewöhnlich besteht ein Bedürfnis, dem Kontakt mit anderen auszuweichen, und dies selbst bei Leuten, die normalerweise gesellig und unternehmungslustig sind. Diese Abneigung gegen soziale Kontakte ist kein echtes Bedürfnis, allein zu sein. Im Gegenteil: Der depressive Mensch ist oft geradezu quälend einsam und fürchtet, von anderen zurückgewiesen zu werden. Vielmehr kommt darin eine Angst vor zwischenmenschlichen Kontakten zum Ausdruck, die teilweise durch das innere Leiden und das sehr feine Gespür für unvorsichtige oder unfreundliche Bemerkungen bedingt ist. Daneben ist der Rückzug nach innen auch eine Folge der allgemeinen Schwächung der nach außen gerichteten Energie und der Fähigkeit des Betreffenden, anderen etwas von sich zu geben.

Aufgrund einer veränderten Zeitwahrnehmung erscheint der Ablauf der Ereignisse verlangsamt. Für den depressiven Menschen ist die Bergson'sche Vorstellung von der unbeständigen Zeit eine Realität. Er kann den Eindruck haben, langsamer zu sein als sonst, und dies ungeachtet seiner inneren Erregung. Folglich glaubt er die Lösung von Problemen, von der ihn tatsächlich nur Tage oder Wochen trennen, in eine unbestimmbar ferne Zukunft entrückt. «Es gibt keinen Weg zurück, keinen nach vorn. Ich fühle mich hilflos. Die Stunden und Tage schleppen sich dahin. Ich halte es nicht aus», so beschrieb eine Frau ihre Hoffnungslosigkeit.

Gewiss wird ein Mensch eher fähig sein, diese verschiedenen subjektiven Veränderungen zu einem einheitlichen Bild zusammenzufügen und sich einzugestehen, dass er depressiv ist, wenn seine Depression eine akute ist und besonders, wenn die auslösenden Ereignisse für ihn leicht einzusehen sind. Schwieriger ist es, eine Depression zu entdecken, wenn sie Bestandteil von seit langem eingefahrenen Verhaltensmustern ist, ja sogar mit Persönlichkeitsmerkmalen verwechselt wird («So bin ich eben, negativ, ein Pessimist»), und wenn die Ursachen einer solchen Stimmung der Einsicht nicht zugänglich sind. Um festzustellen, ob jemand depressiv ist, müssen wir daher über Fragen wie «Wie fühle ich mich?» und «Wie hat mein Verhalten sich verändert?» hinausgehen und uns außerdem fragen: «Bin ich die Sorte Mensch, der depressiv werden könnte?» und: «In welcher Umgebung lebe und arbeite ich?»

Der Einzelne sollte sich fragen: «Habe ich in den letzten Jahren irgendetwas erlebt, das eine Depression auslösen könnte? Bin ich von jemandem, den ich geliebt habe, zurückgewiesen worden? Ist jemand gestorben? Ist an meinem Arbeitsplatz etwas passiert, das mein Selbstvertrauen erschüttert hat?»

Es gibt gewisse Ereignisse, die ohne weiteres ein gewisses Maß an Depression verursachen mögen, zum Beispiel wichtige Veränderungen der allgemeinen Lebenssituation zum Guten oder zum Schlechten: eine Beförderung, eine Scheidung, der Tod eines Elternteils oder eines Kindes, die Trennung von zu Hause in der Jugend, die Pensionierung, eine schwere Krankheit, finanzielle Einbußen, eine Hochzeit, die Geburt eines Kindes. Wenn die Reaktion auf solche Ereignisse unverzüglich und mit angemessener Stärke eintritt, dann ist die Depression – als akute – nicht schwer festzustellen. Doch wenn sie langsam einsetzt und sich über eine Reihe von Monaten oder Jahren steigert, dann sind Antriebslähmung, Schlaflosigkeit, Müdigkeit, Rückzug und Unzugänglichkeit schwerlich mit der Ursache dieser

Symptome in Verbindung zu bringen und folglich schwerer zu erklären.

Martha W. war einundsechzig Jahre alt, als ihr Mann starb. In den dreißig Jahren ihrer Ehe hatten sie in einem sehr innigen Verhältnis miteinander gelebt. Sie hatten keine Kinder. Martha W. arbeitete als Sekretärin des Leiters einer großen Konservenfabrik und lebte nach dem Tode ihres Mannes weiterhin in derselben Wohnung, die sie beide zu seinen Lebzeiten bewohnt hatten.

Ihr Mann starb im Juni. Es fiel ihr damals schwer zu weinen. Sie teilte ihren Schmerz niemandem mit. Stattdessen suchte sie in der Arbeit Vergessen. Im Spätsommer nahm sie einen zweiwöchigen Urlaub, doch als sie feststellen musste, dass sie sich langweilte und unruhig war, brach sie ihn kurzerhand ab und kehrte an ihren Arbeitsplatz zurück. Die folgenden Weihnachtsfeiertage waren für sie besonders schwierig. Sie fühlte sich einsam, wachte nachts oft auf und vermisste ihren Mann im Bett neben sich. Im Herbst und im frühen Winter hatte sie an sich bereits eine Müdigkeit bemerkt, die stetig zunahm, die sie aber auf ihr Alter und auf das Wetter zurückführte.

Anfang Februar, einige Tage vor dem Geburtstag ihres Mannes, fand sie morgens nur schwer aus dem Bett. Mehrmals kam sie zu spät zur Arbeit, was bei dieser sehr pünktlichen Frau ganz ungewöhnlich war. Im Dienst begann sie ihre Aufgaben immer mehr zu vernachlässigen. Bei mehreren Gelegenheiten tadelte ihr normalerweise umgänglicher, nun aber ungeduldig werdender Chef ärgerlich ihre Langsamkeit und ihre scheinbare Verantwortungslosigkeit. Obgleich sie sich im «Unrecht» wusste, fühlte sie sich durch seine Kritik tief verletzt. Eines Tages reichte sie spontan ihr Kündigungsschreiben ein.

Glücklicherweise wurde diese nicht akzeptiert. Vielmehr bestand ihr Arbeitgeber darauf, dass sie sich mit ihrem Hausarzt über ihren Gesundheitszustand ausspräche. Zuerst war sie versucht, seine Empfehlung als eine Einmischung in ihr Privatleben zurückzuweisen. Gleichzeitig aber spürte sie seine echte Anteilnahme und beschloss, seinen Rat zu befolgen.

Ihr Arzt erkannte bald, dass sie depressiv war. Er verschrieb ihr antidepressive Medikamente und verabredete mit ihr eine zweimal wöchentlich stattfindende, halbstündige Aussprache, bei der er sie ermunterte, sich zu ihren angestauten Gefühlen über den Verlust ihres Mannes zu bekennen und sie offen zu zeigen. Dabei kam ein gewisses Schuldgefühl zum Vorschein. Sie hatte, wie sie glaubte, ihren Mann nicht energisch genug zur jährlichen Vorsorgeuntersuchung gedrängt. «Hätte ich dies getan, dann wäre sein Krebs vielleicht eher entdeckt worden, und er könnte heute noch leben.»

Binnen vier Wochen war sie wieder voller Lebensmut und Energie, wenngleich sie immer noch leichte Anfälle von Müdigkeit hatte, als wäre sie von einer langen Krankheit genesen. Wie man es von ihr gewohnt war, verrichtete sie wieder ausgezeichnet ihre Arbeit und hatte Freude daran.

In Martha W.s Fall verhinderte die langsame Entwicklung ihrer Depression – hier eine unzureichend verarbeitete Trauerreaktion –, dass sie sich direkt auf emotionaler Ebene mit ihrem Verlust auseinander setzte. Sie konnte die Desintegration ihres Verhaltens nicht mit dem Tod ihres Mannes und ihrer Reaktion darauf in Verbindung bringen, da zwischen dem kausalen Ereignis und dem Auftreten ihrer Depression ein zu langer Zeitabstand lag. Es war ihr nicht eingefallen, sie könnte depressiv sein, bis ihr dies von ihrem Arzt ausdrücklich versichert wurde. Verwundert stellte sie fest, wie schnell das Ausleben ihrer Gefühle und die lindernde Wirkung der antidepressiven Medikamente ihre normale Gemütslage wiederherstellen konnten.

Um ihre Anfälligkeit für Depressionen zu beurteilen, hätte Martha W. noch einen weiteren wichtigen Hinweis berücksichtigen können: nämlich die Art der Persönlichkeit, die sie war. Denn der Charakter des Einzelnen ist ganz entscheidend bei der Frage, ob er unter gewissen Umständen deprimiert werden kann.

Die für Depressionen anfällige Persönlichkeit reagiert sehr empfindlich auf Verluste. Einschlägige Untersuchungen zeigen eindeutig, dass ein Mensch, der während der Jahre seiner charakterlichen Prägung einen einschneidenden Verlust erlitten hat, etwa durch den Tod eines Elternteils oder eines anderen wichtigen Familienmit-

53

glieds, eine erhöhte Anfälligkeit für Depressionen aufweist. Zum Charakterbild des anfälligen Menschen gehört auch, dass er gewissenhaft und verantwortungsbewusst ist und eine hohe persönliche Moral hat. Er bekommt leicht – berechtigte oder unberechtigte – Schuldgefühle, ganz gleich, ob er diese bewusst erkennt oder nicht. In normaler Gemütslage kann er ehrgeizig und energisch sein und auch im Wettbewerb seinen Mann stehen.

Trotz einer gewissen Neigung, sich in sich selbst zu vertiefen, nimmt er doch Rücksicht auf die Gefühle anderer – manchmal sogar zu sehr und ist mitunter übermäßig vorsichtig, um deren Gefühle nicht ungewollt zu verletzen. Er hat ein starkes Bedürfnis, geliebt und geachtet zu werden. Er neigt dazu, sich tief und manchmal überschwänglich zu engagieren, und ist von denen, die er liebt, sehr abhängig. Er ist wenig flexibel, und es fällt ihm schwer, sich Grenzen zu setzen. Er ist höchst empfindlich gegen alles, was in seinen oder in den Augen anderer seine Selbstachtung herabmindern könnte. Wird er zurückgewiesen, so ist dies eine besonders schmerzhafte Erfahrung für ihn. Sein Bedürfnis nach Selbstkontrolle ist ausgeprägt, doch paradoxerweise verletzt es ihn, von anderen beherrscht zu werden, ohne dass er diese Tatsache immer einsähe. Auch hat er das Bedürfnis, die Kontrolle über seine Umwelt zu behalten, um damit seine Unsicherheit auszugleichen und um seelische Verletzungen zu vermeiden. Er kann starke Ängste entwickeln, wenn diese Kontrolle gefährdet ist.

Es fällt ihm schwer, mit seinen feindseligen Gefühlen richtig umzugehen. Zuweilen wird sein Ärger ihm selbst nicht einmal bewusst. Er hat Schwierigkeiten, seine Emotionen zu seiner Verteidigung einzusetzen, selbst wo dies gerechtfertigt und notwendig wäre. Die Geduld, für gewöhnlich eine Tugend, ist bei ihm häufig eine Schwäche. In einem Arbeitsverhältnis oder in einer Ehe, wo seine feindseligen Gefühle immer wieder – in offener oder verdeckter Form – provoziert werden, oder in einem Milieu, in dem normalerweise Ärger unterdrückt wird, kann er sein emotionales Gleichgewicht auf die Dauer nur schwer aufrechterhalten.

Einen weiteren Hinweis auf eine mögliche Depression gibt die Art des Zusammenspiels – der Interaktion – zwischen dem Einzelnen und seiner Umwelt. Eine wichtige Frage lautet: *«Wie ist das psychologische Klima beschaffen, in dem ich lebe?»* In manchen Familien wird die freie Äußerung von Gedanken und Gefühlen einfach nicht geduldet; in anderen lässt man dauernd seinem Zorn, seiner Missbilligung oder seinem Hass freien Lauf. Bei der Arbeit mit depressiven Patienten stellt der Therapeut häufig fest, dass es in der Familie des Patienten an Kommunikation und an Rücksichtnahme auf die ganz alltäglichen Empfindlichkeiten des anderen fehlt.

Ähnlich kann auch das Milieu einer Organisation die Motivation und die Selbstachtung ihrer Mitglieder bestärken – oder aber diese sabotieren, indem sie durch einen zerstörerischen Wettbewerb den Egoismus fördert und die offene Kommunikation erstickt. Der Einzelne, der in einer solchen Umgebung arbeitet, kann manchmal nur unter großen Schwierigkeiten seine Identität bewahren. Vielleicht wird er unsicher und scheut davor zurück, Verantwortung zu übernehmen: «Wenn der Laden gut läuft und Profit abwirft, dann ist es das Verdienst der Organisation. Wenn etwas schief geht, dann ist es ausschließlich meine Schuld!» Auf diese Weise kann die Initiative des Einzelnen völlig gelähmt werden, er behält seine Meinung für sich, verzichtet darauf, neue Ideen vorzutragen, tut nur das Nötigste, um seine Stellung zu halten, und verstärkt mit alldem die demoralisierende Atmosphäre innerhalb der gesamten Organisation. Familien oder Firmen, auf die dies zutrifft, können wir als depressogen bezeichnen, das heißt, sie sind geeignet, bei den meisten ihrer Mitglieder Depressionen hervorzurufen.

Gewisse Berufe wirken anscheinend besonders depressogen, so zum Beispiel der Arztberuf. Die Ärzte haben unter allen Berufsgruppen die höchste Rate an Selbstmorden, Scheidungen und psychosomatischen Erkrankungen. Die Manager großer Firmen bilden eine weitere Gruppe, in der stressbedingte Phänomene wie Alkoholismus, kardiovaskuläre Krankheiten und andere psychosomatische Störungen weit verbreitet sind. Aus diesen Statistiken dürfen wir folgern, dass solchen Erscheinungen unerkannte und unbehandelte Depressionen zugrunde liegen.

Um Depressionen zu erkennen, müssen wir daher *fünf zentrale Fragen* stellen:

1. Erkenne ich bei mir eines oder mehrere der Hauptanzeichen einer Depression (Schlaflosigkeit oder ein zu großes Schlafbedürfnis, Appetitverlust oder die Neigung, zu viel zu essen, eine deutliche Abnahme oder Zunahme der Libido, ein gemindertes Selbstwertgefühl, Müdigkeit, Mangel an Energie, anhaltende Nervosität und Anspannung, Stimmungstiefs)?

2. Haben in meinem Leben während der letzten Jahre irgendwelche wichtige Veränderungen zum Guten oder zum Schlechten stattgefunden, die geeignet wären, eine Depression auszulösen?

3. Bin ich die Art Persönlichkeit, die für Depressionen anfällig ist?

4. Erkenne ich bei mir irgendein selbstschädigendes Verhaltensmuster, hinter dem sich eine Depression verbergen könnte, zum Beispiel Alkohol- oder Drogenmissbrauch, Spielsucht, Leistungsabfall oder ein provozierendes, aufreizendes Verhalten anderen gegenüber?

5. Hat die Umgebung, in der ich lebe und arbeite, einen deprimierenden und entmutigenden Einfluss auf mich?

Auch nach einer solchen Selbsterforschung ist es manchmal schwer, eine vorhandene Depression festzustellen, weil sie sich hinter der jeweils besonderen Art und Weise verbirgt, wie jeder Einzelne auf Stress – auch auf den Stress der Depression selbst – reagiert.

Kapitel 5

Angst
oder: Die Tarnkappe

Es ist zwar wichtig, die Depression als mögliche Reaktion auf Stress zu begreifen, doch ebenso wichtig ist es, sich klarzumachen, dass *die Depression selbst ein Stress ist*, auf den der Einzelne notwendig reagieren muss. Eine leichte Depression, die vorübergehend die Konzentration beeinträchtigt und eine gewisse Entschlusslosigkeit bewirkt, wird von manch einem vielleicht gar nicht als solche bemerkt. Andere Persönlichkeitstypen hingegen werden dasselbe Maß an Depression als höchst schmerzhaft und beunruhigend erfahren. An dem Grad der Reaktion des Einzelnen lässt sich also meist schwer ablesen, *wie stark* die Depression ist, denn verschiedene Menschen reagieren auf eine gleich starke oder gleich leichte Depression unterschiedlich.

Ein aufschlussreiches Beispiel ist der Fall von Wilhelm A., beeidigter Kursmakler bei einer Wertpapierbörse. Sein Arbeitsplatz war der Börsensaal, in dem die Papiere gehandelt werden. Er stand dauernd im Kreuzfeuer von Angebot und Nachfrage und musste die Kursschwankungen der verschiedenen Wertpapiere exakt registrieren. Er war gewissenhaft, ehrgeizig und neigte zum Perfektionismus.

Infolge familiärer Schwierigkeiten verfiel er in eine leichte Depression. Nach mehreren schlaflosen Nächten, in denen die Klagen seiner Frau über ihrer beider Zusammenleben ihn beschäftigten, fiel es ihm immer schwerer, wie gewohnt seiner Arbeit nachzugehen. Er ängstigte sich, dass ihm womöglich ein größerer Fehler unterlaufen könnte, bei dem es um mehrere Millionen Mark ginge. Diese Furcht verstärkte seine Depression, bis er sich schließlich, ernsthaft in seinem Antrieb gelähmt, für mehrere Wochen von der Arbeit beurlauben lassen musste.

In dieser Zeit kamen ihm Befürchtungen, seine Firma könnte jemand anderen finden, der seinen Platz einnehmen würde. Er hatte gehofft, im nächsten Jahr in den Börsenvorstand berufen zu werden. Nun, da er plötzlich diese Möglichkeit in die Ferne rücken sah, wurde er wegen seiner angeblichen Unfähigkeit immer wütender auf sich selbst. Seine Unruhe steigerte sich immer mehr. Oft wanderte er ziellos in der Wohnung hin und her und ängstigte damit sich und seine Familie noch zusätzlich.

Was in diesem Fall als eine geringfügige depressive Reaktion begonnen hatte, entwickelte sich rasch zu einem Albtraum – nicht wegen der Intensität der Depression, sondern wegen Wilhelm A.s ehrgeizigem und unflexiblem Charakter. Da er das zwanghafte Bedürfnis hatte, stets und jederzeit Spitzenleistungen zu erbringen, reagierte er auf seine Depression mit Panik.

Wie die Depression, so ist auch die Panik eine psychobiologische Reaktion auf Stress. In wissenschaftlichen Untersuchungen konnte nachgewiesen werden, dass ein erhöhter Ausstoß von Kortikosteroiden, das sind Hormone, die als Reaktion auf Stress in den Nebennieren produziert werden, in den Blutkreislauf von Patienten erfolgt war, die wegen schwerer Depressionen in eine Klinik eingewiesen worden waren. Doch dieser erhöhte Steroid-Spiegel ist vermutlich nicht durch die Depression selbst bedingt, sondern durch den Stress, den es bedeutet depressiv zu sein, denn der abnorm hohe Ausstoß geht meist innerhalb der ersten acht bis zehn Tage, also lange bevor die Depression selbst behoben ist, auf das normale Maß zurück. Diese biologische Veränderung könnte eher auf das Nachlassen der Panik zurückzuführen sein, die die Patienten während der Ereignisse empfinden mochten, die schließlich zur Hospitalisierung führten.

Wie jemand auf seine Depression reagiert, hängt also weitgehend von seiner Persönlichkeit und weiter von seinem Milieu ab. Manche Menschen sind so konditioniert, dass sie sich mit ihrem Deprimiertsein abfinden, andere neigen dazu, sich dagegen aufzulehnen und sich unnachsichtig immer härter anzuspornen. Vergleichen wir dazu die beiden folgenden Fälle:

Alice L. war Studentin im zweiten Semester, als sie sich hoffnungslos in einen jungen Mann verliebte, der sich aber offenbar erheblich weniger für sie interessierte. Zu der Zeit litt sie zum ersten Mal an Depressionen. Sie betrieb ihr Studium immer lustloser, verbummelte Semesterarbeiten, und es fiel ihr immer schwerer, sich bei Seminardiskussionen zu konzentrieren. Obgleich sie normalerweise lebhaft und gern diskutierte, wurde sie nun schweigsam und mürrisch. Sie begann Kurse zu schwänzen und verbrachte die meiste Zeit auf ihrem Zimmer, wo sie über ihre Lage nachgrübelte. Hin und wieder dachte sie an Selbstmord, verwarf aber solche Gedanken rasch wieder.

Nachdem sie etwa einen Monat lang dieses lethargische, apathische Verhalten gezeigt hatte, beschloss sie, ihr Studium abzubrechen und nach Hause zurückzukehren. Ihre Eltern machten keine ernsthaften Einwände. Mit ihrer Hilfe fand sie einen Teilzeit-Job in der Stadtbücherei. Sie war «unglücklich», aber überzeugt, dass sie an ihrem Zustand so gut wie nichts ändern könne. Wenn frühere Freunde anriefen, brach sie das Gespräch meistens schnell ab und weigerte sich, irgendwelche Verabredungen zu treffen.

Abgesehen von einer gewissen Langeweile und Unzufriedenheit sowie gelegentlichen Anfällen von Diarrhö und Magenkrämpfen hatte sich Alice L. nun schon seit über einem Jahr in ihrem neuen Alltag eingelebt: Sie hatte sich mit ihrer Depression abgefunden.

Simon R. hingegen, Direktor des wissenschaftlichen Instituts für Biochemie an der Universität H., wurde depressiv, als in seiner beruflichen Karriere wie auch in seiner Ehe plötzlich Spannungen auftraten. Er fühlte sich mehr und mehr hin- und hergerissen zwischen dem Bemühen, sein häusliches Leben zu verbessern, und dem Versuch, seinen umfangreichen Pflichten am Institut nachzukommen, wo er sich durch Konflikte innerhalb des Kollegiums bedroht fühlte. Er arbeitete jeden Tag zehn Stunden, arbeitete Berichte aus, ging Pläne und Abrechnungen durch. Da er tatsächlich etwas langsam war und es ihm schwer fiel, auf Einzelheiten zu achten, versuchte er das, was ihm an Konzentration und Entschlossenheit fehlte, durch einen erhöhten Aufwand an Zeit und Mühe wettzumachen. Zu Hause aber beklagte sich seine Frau zunehmend, weil er so viel Zeit im Institut verbrachte. Die wenigen Augenblicke, die ihnen gemeinsam blieben, vergeudeten sie mit Auseinandersetzungen, wobei Simon R. seine Frau immer erneut um mehr Geduld und Verständnis für seine Situation, dass er so sehr unter Druck stehe, anflehte.

Er schlief nur noch vier Stunden, ließ Mahlzeiten ausfallen und nahm acht Pfund ab. Er fühlte sich völlig erschöpft. Doch je schlechter es ihm ging, desto härter trieb er sich an, bis es eben nicht mehr ging: Er bekam plötzlich Herzflattern und Brustbeklemmungen, was seinen Hausarzt veranlasste, ihn zu einer sorgfältigen Generaluntersuchung ins Krankenhaus einzuweisen.

Im Bemühen, mit einer Depression fertig zu werden, entwickelt der eine (Simon R.) eine Art Arbeitszwang, der andere (Alice L.) dagegen zieht sich in Gleichgültigkeit und Apathie zurück. Die Persönlichkeit des Einzelnen – die Art, wie er üblicherweise auf Stress reagiert – beeinflusst seine jeweilige Reaktion auf einen Stimmungswechsel ganz entscheidend.

Eine der häufigsten Formen der Reaktion auf Depressionen ist die Aktivierung von Angst und Spannung. Das Überwiegen solcher Gefühle kann häufig die ihnen zugrunde liegende Depression völlig tarnen. Angst ist im Wesentlichen ein Zustand der Besorgnis, Nervosität, leichten Unruhe und des Unbehagens. Wo sich die Angst auf einen irrationalen Gegenstand konzentriert, da bezeichnen wir sie als Phobie. Zu den allgemein verbreiteten Phobien gehören die Höhenangst (Akrophobie), die Angst vor geschlossenen Räumen (Klaustrophobie) und die Angst vor Menschenansammlungen (Agoraphobie). Häufig ist sie ein «freischwebendes» Gefühl, das an keinen bestimmten Gegenstand gebunden ist, das sich aber leicht an alltäglichen Problemen entzündet, mit denen jedermann zu tun hat, etwa finanziellen Schwierigkeiten oder Gesundheitsfragen. «Hätte ich nur etwas mehr Geld, dann brauchte ich keine Angst zu haben, wenn mein Kontoauszug kommt.» – «Hoffentlich ist dieser Knoten in meiner Brust nicht bösartig! Aber ich habe einfach Angst, zum Arzt zu gehen.»

Angst äußert sich oft auch in körperlichen Symptomen, in Herzklopfen, übermäßiger Transpiration, Schwindel und Schwächegefühlen. Physisch unterscheidet sie sich von der Spannung dadurch, dass Letztere mit einer allgemeinen Anspannung der Skelettmuskulatur des ganzen Körpers einhergeht. Menschen, die an schweren Spannungen leiden, haben häufig das Gefühl, als steckten sie in einem Schraubstock, einem Panzerhemd, das zu eng ist und sie nicht mehr frei atmen lässt. Selbstverständlich kann die Spannung auch örtlich begrenzt sein und nur bestimmte Teile des Körpers befallen, wobei sie sich dann in Genickstarre, Brustbeklemmungen, Atembeschwerden, Kopfschmerzen oder Verspannungen und Schweregefühlen in der Beinmuskulatur äußert.

Während Angst aus dem Bewusstsein des Einzelnen herrührt, dass etwas nicht stimmt, ohne dass er so recht wüsste, woher Gefahr droht, ist die Spannung meist durch ständig wiederkehrende Stresssituationen bedingt, die dem Einzelnen zugleich die Kontrolle über seine Emotionen wie über die äußere Situation abverlangt. So wird zum Beispiel ein Geschäftsmann, der immer wieder mit unverschämten Kunden zu tun hat, manchmal seinen Drang bekämpfen müssen, gegen sie ausfällig zu werden, und dabei den ganzen Tag über eine gewisse Spannung aufbauen. Oder der äußerst gewissenhafte Computertechniker wird vielleicht Spannungen aufbauen, weil seine Maschine dauernd falsche Informationen liefert und er den Fehler im Programm nicht feststellen kann.

Angst und Spannung sind übliche Reaktionsweisen auf Stress. Wenn die Depression selbst den Stress verursacht, dann können diese Gefühle ausgeprägte Formen annehmen. Oft wird der depressive Mensch von seinem Arzt nur wegen seiner Angst und seiner Spannungen behandelt, sodass die tiefer liegende Depression lange Zeit unerkannt bleibt. Man sollte immer fragen, ob nicht eine Depression vorliegt, wenn Phasen von Angst und Spannung monatelang andauern und weder durch einfache Maßnahmen, etwa einen Erholungsurlaub, gelindert werden können noch auf die vom Arzt verschriebenen Beruhigungsmittel ansprechen.

Zeigt jemand irgendwelche psychoneurotischen Symptome der Angst – und die meisten Menschen haben welche, etwa leichte Phobien –, dann reagiert er, falls er depressiv wird, manchmal mit einem plötzlichen Ansturm seiner inneren Ängste.

So suchte zum Beispiel Erika M. im Alter von 23 Jahren wegen ihrer schweren Phobien, die sich jedes Mal beim Reisen äußerten, einen Psychiater auf. Sie fürchtete sich, im Auto, im Zug, im Flugzeug oder im Bus zu fahren. Diese Hemmungen hatten sich erstmals im Zusammenhang mit ihrem ersten sexuellen Erlebnis mit einem jungen Mann entwickelt, über dessen Gefühle sie sich nicht im Klaren war. Als sie diese Beziehung beendete und gleichzeitig durch eine Therapie Einsicht in ihre Schuldgefühle und ihre Ambivalenz gegenüber Sexualität und Männern überhaupt gewann, ließen ihre Ängste nach. Bald danach heiratete sie, gebar drei Kinder und führte ein ruhiges, unkompliziertes Leben. Obgleich sie ihre Angst vor Reisen nie ganz verlor, kam sie doch mit Hilfe ihres Mannes, der den Wagen steuerte, oder indem sie vorher einen Cognac oder ein Beruhigungsmittel nahm, bevor sie ein Flugzeug bestieg, ganz gut zurecht.

Als Erika M. 43 Jahre alt war, starb ihre Mutter an Krebs. Zur gleichen Zeit wurde ihre achtzehnjährige Tochter schwanger und hatte eine Abtreibung. Sie selbst hatte zwanzig Pfund Übergewicht und fühlte sich alt und unattraktiv. Ihr Mann, der sie nach diesen Ereignissen etwas aufheitern wollte, bereitete eine Reise auf die Kanarischen Inseln vor. Sie freute sich darauf. Als aber der Tag der Abreise näher rückte, nahm ihre Angst vor dem Fliegen geradezu panikartige Ausmaße an. Sie bestand darauf, die Reise stornieren zu lassen. Wütend fand ihr Mann sich damit ab.

In den nächsten Wochen steigerten sich Erika M.s Ängste immer mehr. Zuerst weigerte sie sich, im Auto zu fahren. Dann verließ sie nicht einmal mehr die Wohnung. Jeder Versuch, es doch zu tun, hatte zur Folge, dass sie sich matt, ängstlich und angespannt fühlte. Solange sie zu Hause blieb, fühlte sie sich ganz wohl, obgleich sie nachts schlecht schlief. Ihre Angst zwang sie, jeden geselligen Umgang zu meiden, und sie brachte es nicht einmal fertig, an der Schulabschlussfeier ihres Sohnes teilzunehmen. Ihre Familie, die nicht begreifen konnte, was mit ihr los war, wurde immer ungeduldiger. Diese Ungeduld wiederum steigerte ihre Verzweiflung.

Erika M. war gewohnt, Konflikte und Stress dadurch zu bewältigen, dass sie einen Mechanismus einsetzte, der in der Psychologie unter der Bezeichnung «Abspaltung» bekannt ist: Sie verdrängte die auftretenden Konflikte sowie die damit verbundenen Gefühle aus ihrem Bewusstsein und entwickelte stattdessen ein System von phobischen Ängsten. Dies ist ein allbekanntes Manöver, dessen sich Menschen mit einem, wie wir sagen, hysterischen psychoneurotischen Reaktionsmuster gern bedienen. Als Erika M. depressiv wurde, verfiel sie wieder in diese ihre übliche Art der Stressbewältigung.

Doch eine Erklärung für das, was sie erlebte, hätten wir auch dann finden können, wenn wir nur ihr Verhalten betrachtet und fürs Erste die Phobien, welche ihre Depression tarnten, außer Acht gelassen hätten. Sie war antriebsgelähmt und litt an einem zunehmenden Gefühl der Sinnlosigkeit, für das sie wiederum ihre Antriebslähmung verantwortlich machte. Sie schlief schlecht, sie zog sich von anderen zurück. Alle vertrauten Elemente einer Depression waren sichtbar, wurden jedoch weder von Erika M. selbst noch von ihrer Familie als solche erkannt. Sogar das auslösende Ereignis, der Tod ihrer Mutter, fügte sich dem klassischen Muster der Depression ein – dem Verlust eines für sie wichtigen Menschen.

Die Depression ist also eine Reaktion auf Stress, die selbst als Stress wirkt und der jeder Mensch mit der jeweils für ihn charakteristischen Verhaltensweise begegnet. Für manche Menschen ist es zum Beispiel äußerst wichtig, stets ihr hohes Leistungsniveau zu halten, und daher stellen die Verlangsamung und Einschränkung des bisherigen Verhaltens, die gewöhnlich mit der Depression verbunden sind, für sie eine besondere Bedrohung dar. Andere neigen dazu, wenn sie depressiv sind, statt abzunehmen, erheblich zuzunehmen, da sie sich mit Nahrung voll stopfen, um das Gefühl der Leere zu vertreiben. Für manche wiederum ist die unmittelbare körperliche Anspannung die Form, in der sie einen Stimmungswechsel ausleben.

Immer wenn Harald V. im Geschäft oder in seinem Privatleben unter Druck stand, «spürte» er es direkt körperlich. Seine Rücken- und Halsmuskeln strafften sich. Seine Waden waren angespannt, und er musste eine Partie Golf spielen oder ein paar Kilometer zu Fuß laufen, um sich aufzulockern. Da sich hin und wieder auch

Brustbeklemmungen einstellten, fürchtete er, er könnte einen Herzinfarkt bekommen, und war erst beruhigt, als das EKG zeigte, dass sein Herz in Ordnung war. Von Zeit zu Zeit litt er auch an Kopfschmerzen, aber in der Regel half dagegen eine Tablette Aspirin. «Ich bin halt ein Mensch, der voller Spannung steckt. Wenn man in der Textilbranche arbeitet, ist das ein Mordsrisiko. Immer diese Unsicherheit, und trotzdem muss man konkurrenzfähig bleiben ... kein Wunder, dass man Spannungen entwickelt. Und wie! Aber ich habe Mittel gefunden, um sie zu bekämpfen. Die funktionieren immer.»

Als sein einziger Sohn keinen Studienplatz an der juristischen Fakultät fand und als er selber ein paar Monate später entdeckte, dass seine Frau ein Verhältnis mit einem anderen Mann hatte, reagierte Harald V. mit einer Depression, doch erkannte er diese nicht als solche. Er war nicht eigentlich verzweifelt, und obwohl er mit den Umständen haderte, betrachtete er das Leben nicht pessimistischer als sonst. Er verließ sein Haus, bezog ein kleines Apartment, spielte weiterhin an den Wochenenden Golf, ging gelegentlich mit Mannequins und Kunden aus und gewöhnte sich an, früh um halb sieben im Büro zu erscheinen.

Doch seine üblichen Methoden, seine Spannung zu lockern, wirkten nun nicht mehr wie früher. Die Spannung raubte ihm nachts den Schlaf. Seine Kopfschmerzen kamen häufiger, sie dauerten länger, und Aspirin wirkte kaum noch dagegen. Nach dem Golfspiel fühlte er sich angespannter und erschöpfter als früher. Bei der Arbeit machten ihm die gewöhnlichen Pflichten seines Alltags nun schwer zu schaffen. Da er so angespannt war, reagierte er oft scharf und heftig auf seine Geschäftspartner und Angestellten. Er hatte das Gefühl, als stecke er buchstäblich in einer Zwangsjacke, die ihn manchmal so einschnürte, dass er kaum noch atmen konnte.

Mehrmals suchte Harald V. seinen Arzt auf. Doch dessen Versicherungen, er sei körperlich gesund, konnten seine Ängste nicht mehr beschwichtigen, und bei seinem letzten Besuch stürmte er wütend aus dem Sprechzimmer und schrie, er werde sich nun einen anderen, fähigeren Arzt suchen. Als der Anwalt seiner Frau versuchte, eine Versöhnung einzuleiten, lehnte er diese ab mit dem Hinweis, dass er weder vorhabe, nach Hause zurückzukehren, noch, in die Scheidung einzuwilligen.

Nie kam Harald V. auf die Idee, er könnte depressiv sein. Spannung, Reizbarkeit und die Sorge um seine körperliche Gesundheit wirkten mit an seiner Überzeugung, dass «alle Welt gegen ihn» sei. Dadurch wurde ihm die Einsicht verstellt, dass er damit – getreu seiner Veranlagung – auf den Stress reagierte, depressiv zu sein.

Für gewöhnlich scheitern alle Versuche, Spannung und Angst, welche die Depression verdecken, zu verringern – ganz gleich, ob dies in Form eines Urlaubs, einer Scheidung oder eines Arbeitsplatzwechsels geschieht, da der eigentliche Stimmungsumschwung unerkannt bleibt und nicht behoben wird. Weil die Depression so viele verschiedene Erscheinungsformen annehmen kann, bleibt dem durchschnittlichen Zeitgenossen der Inhalt seines Erlebens oft verborgen. Mitunter kann er nichts anderes tun als sich immer wieder fragen, was zum Teufel denn eigentlich passiert sei.

Der Psychiater N. Reider stellt fest: «Sowie das Wort ‹Depression› fällt, wird der Patient zugeben, ‹o ja, ich bin deprimiert›. Häufig stellt sich eine gewisse Erleichterung ein, wenn man dem Patienten sagt, dass seine Erschöpfung und sein Mangel an Energie nicht durch ein körperliches Leiden bedingt sind. Zumindest wird nun alles erklärbar. Er begreift jetzt, dass das, was er erlebt, eine Depression ist.» Abweichend vom traditionellen psychoanalytischen Verfahren, das hauptsächlich aus der Lebensgeschichte des Patienten Antworten zu erhalten trachtet, fordern Existenzanalytiker wie Ludwig Binswanger den Therapeuten daher auf, nicht nur zu fragen, was der Patient erlebt, sondern auch wie er es erlebt.

Dies ist im Zusammenhang mit der Depression eine entscheidende Frage. Viele gebrauchen den Ausdruck «Depression» in einem unscharfen Sinn, wenn sie sagen, sie seien deprimiert, während sie im klinischen Sinne gar nicht depressiv sind. Da sich bei anderen die Depression auf eine ganz besondere Weise äußert oder da ihnen ihre inneren Gefühle unklar sind, leugnen sie, dass sie überhaupt depressiv seien, während sie es tatsächlich sind.

«Ich bin nicht wirklich depressiv», meinte eine junge Frau von 28

Jahren. «Ich bin einsam. Ich bin so einsam, dass es wehtut. Solange ich einen Freund habe, geht es mir gut. Dann kann ich allein sein und lesen oder mich im Haus beschäftigen, und es macht mir nichts aus. Aber wenn ich niemanden habe, dann werde ich so unruhig, dass ich aus der Haut fahren könnte. Ich kann dann überhaupt nichts tun. Ich kann mich selbst nicht ertragen.»

«Voller Angst, würde ich sagen», so eine vierzigjährige Frau. «Ich habe immer Angst, dass ich meinen Mann an eine andere Frau verlieren könnte, dass ich meinen Arbeitsplatz verlieren könnte, dass einem meiner Kinder etwas Furchtbares zustößt. Diese Vorstellungen verfolgen mich. Ich bin nicht immer so gewesen, erst im letzten Jahr, seit wir in unser neues Haus umgezogen sind.»

«Angst, homosexuell zu sein», antwortete ein Medizinstudent im sechsten Semester, «ein Schwuler zu sein. Und zwar dauernd, seit dem letzten Semester, als wir die Vorlesung über sexuelle Abweichungen hatten. Das macht mir wirklich zu schaffen. Manchmal plagen mich diese Gedanken so sehr, dass ich mich nicht auf meine Arbeit konzentrieren kann. Ich denke daran, für einige Zeit das Studium zu unterbrechen. Anscheinend bin ich wirklich in einer schlechten Verfassung. Bislang hatte ich keine homosexuellen Erlebnisse. Aber ich habe allerhand Schwierigkeiten, wenn ich es bei einem Mädchen, das ich gern habe, bringen will.»

«Wütend», sagte ein Sozialarbeiter in mittleren Jahren. «Wütend auf die ganze verfluchte Welt, tagein, tagaus. Nicht verbittert, verstehen Sie, nur wütend.»

«Leer. Eine Leere, so leer, dass ich sterben möchte.»

Die Existenzanalytiker betonen, dass die Art, wie jemand sein Erleben schildert, ein nicht zu unterschätzender Hinweis auf das tiefer liegende Problem ist. Als zum Beispiel Erika M., deren Depression sich in einem Ausbruch von Phobien äußerte, in der Therapie gefragt wurde, wie sie ihren phobischen Zustand erlebe, antwortete sie: «Es macht mich kaputt. Ich fühle mich wie ein Gefangener, als hätte ich ein Verbrechen begangen. Mein Mann und meine Kinder sind mir böse. Dadurch komme ich mir ganz wertlos vor. Ich habe keine Lust, meine Freunde zu sehen. Als Mutter habe ich, wie ich glaube, versagt. Irgendwie meine ich, es sei meine Schuld, dass meine Tochter eine Abtreibung haben musste. Wenn meine Mutter noch lebte, dann würde sie sagen, es war meine Schuld.»

Der depressive Charakter von Erika M.s Erfahrungen und die tiefen Schuldgefühle, die mit ihrem Zustand verbunden sind, werden also sofort sichtbar, wenn wir das «Wie» ihres Erlebens untersuchen, wenn wir über die sichtbaren Äußerungen ihrer Reaktion hinausgehen.

Ganz ähnlich liegt der Fall bei Simon R. «Es geht nicht anders», so beschrieb er den Zwang, pausenlos mehr zu arbeiten, als er verkraften konnte. «Ich bin überzeugt, dass alles zusammenbricht, sobald ich aufhöre, mich zu rühren. Ich könnte nicht noch einmal von vorn anfangen. Ich habe keine andere Wahl. Ich kann nicht mehr spontan sein. Das Leben treibt mich vorwärts, ich habe es nicht mehr in der Hand. Ich habe wirklich Angst davor, hilflos zu sein. Es gibt niemanden, auf den ich mich verlassen könnte. Sowie ich aufhöre, bin ich tot.»

Die komplexe Art und Weise, in der Menschen sich selbst erfahren, erschwert die Beurteilung, «wie viel», also welcher Grad an Depression vorliegen mag. Simon R. mit all seiner Entschlossenheit, sein Leben zusammenzuhalten, und seinem wütenden Angriff auf die Welt war vielleicht tatsächlich quantitativ «depressiver» als Alice L., die ihr Studium abbrach, für ein Jahr nach Hause ging und sich lieber in ihr Schicksal fügte, als gegen die von der Depression aufgetürmten Hindernisse anzurennen. Für den oberflächlichen Betrachter könnte Simon R.s Fähigkeit, sich durchzusetzen, leicht das ganze Ausmaß seiner Verzweiflung verbergen, während Alice L.s Anpassung an ihr Unglück den leichten Grad ihrer Depression verbergen könnte.

Das Erkennen einer Depression wird also dadurch erschwert, dass diese – eben weil sie einen Schock für das psychische und physische System des Menschen darstellt – von jedem auf seine eigene Weise geäußert wird. Häufig geschieht dies durch Ausagieren.

Der Psychiater verwendet den Ausdruck «Ausagieren», um die Umsetzung eines inneren Konflikts in eine Verhaltensänderung zu bezeichnen. Das direkte Ausleben von Ärger zum Beispiel ist kein solches Ausagieren. Definitionsgemäß bedeutet Ausagieren, dass der Einzelne sich nicht bewusst ist, wie die Struktur seines Handelns durch seinen inneren Konflikt bestimmt ist. Daher ist sein Tun, solange er keine Einsicht in diesen Sachverhalt gewinnt, seiner Kontrolle entzogen. Der depressive Jugendliche, der immer wieder seine Eltern und Lehrer provoziert, indem er weder lernt noch gehorcht, wird sich wahrscheinlich nicht Rechenschaft geben über die Verbindung zwischen seiner inneren Verzweiflung und dem Verhalten, das immer wieder seine Eltern und Lehrer enttäuscht oder Anlass zur Bestrafung gibt. Der fünfzigjährige Mann, der in der Firma ein Verhältnis mit einer jüngeren Angestellten hat, erkennt wahrscheinlich nicht, dass seine sexuelle und emotionale Erregung ihn davon abhält, sich mit der Angst vor dem Altern auseinander zu setzen, und dass darin vielleicht indirekt Ärger über seine Frau und seine Familie zum Ausdruck kommt.

Alkohol und Drogen gehören zu den geläufigsten Mitteln, auf eine unerkannte Depression in der Weise zu reagieren, dass ein innerer Konflikt in einen Verhaltenskonflikt umgesetzt wird. Da Alkohol die Geselligkeit fördert (der depressive Mensch muss häufig gegen seine Neigung ankämpfen, sich von sozialen Kontakten zurückzuziehen), die Emotionen betäubt, Hemmungen herabsetzt, die Abwehr von Ärger (mit dem der depressive Mensch schwer fertig werden kann) gestattet und die Unterdrückung des Gedankens weiter erfolgreich begünstigt, dass irgendetwas nicht stimmt, ist er ein zeitweilig wirksames Mittel, um das schmerzhafte Gefühl abzublocken, dass man depressiv ist.

Doch dieses Manöver ist ein zweischneidiges Schwert. Tatsächlich ist der Alkohol eine Substanz, die das Zentralnervensystem depressiv beeinflusst, sodass er schließlich die vorhandene Depression verstärkt. «Ich fühle mich so verkommen», klagte ein gewohnheitsmäßiger Trinker, «dass ich am liebsten sterben würde», worauf er sich einen Schnaps genehmigte, damit er sich besser fühlte – worauf sich sein Zustand in Wirklichkeit zwangsläufig verschlechterte.

Gewöhnung bedeutet Abhängigkeit von einer bestimmten Droge,

in diesem Fall dem Alkohol, oder von einem Verhaltensmuster, etwa der Promiskuität, um dadurch Stress zu bewältigen. Die Sucht ist etwas anderes. Der Mensch, der nach Alkohol süchtig ist, macht eine biochemische Veränderung durch (deren Wesen noch nicht ganz geklärt ist), sodass sein Körper die weitere Zufuhr von Alkohol verlangt, damit er sich wohl fühlen und gewisse physische Bedürfnisse erfüllen kann. Sucht ist das Ergebnis eines Zusammenwirkens zwischen dem Alkohol und den Zellen des Zentralnervensystems. Ist es einmal so weit gekommen, dann ist die Sucht irreversibel. Nicht alle schweren Trinker sind süchtig, aber bei denen, die es sind, genügt ein einziger Tropfen, um den chemischen Prozess auszulösen, der dem Verlangen zugrunde liegt.

Alkohol ist nur eine der Möglichkeiten, sich mit Hilfe von Drogen einer Auseinandersetzung mit der Depression zu entziehen. Die Schlaflosigkeit, ein untrügliches Zeichen der Depression, wird häufig mit Barbituraten oder anderen Schlafmitteln bekämpft. Werden solche Mittel jahrelang regelmäßig genommen, so traut es sich der Betreffende schließlich nicht mehr zu, spontan einzuschlafen: Die Gewöhnung, ja sogar Sucht ist eingetreten. Andere Drogen, die das Verhalten beeinflussen, wie Amphetamine, Marihuana, LSD (Lysergsäurediäthylamid) und sogar Heroin, werden häufig genommen, um eine unerkannte Depression zu überwinden.

Ein siebzehnjähriges Mädchen wurde von ihren Eltern zum Psychiater gebracht, weil sie seit zwei Jahren Alkohol, Barbiturate und Amphetamine schluckte. Sie begründete ihren «Konsum» mit dem Wunsch zu experimentieren, aber eine sorgfältige Überprüfung ihrer Vorgeschichte ergab, dass sie, ohne es zu wissen, depressiv war, seit ihre Eltern sich drei Jahre zuvor hatten scheiden lassen. Kurz darauf war sie schwanger geworden und hatte eine Abtreibung gehabt. Danach empfand sie eine leichte Depression, die jedoch verschwand, sobald sie Alkohol und Medikamente nahm. Das Ausagieren ist bei Jugendlichen ein weit verbreitetes Phänomen. Es war daher nicht verwunderlich, dass dieses Mädchen mit der Auflösung ihres Elternhauses fertig zu werden versuchte, indem sie Drogen nahm und – ungewollt – schwanger wurde. Die Untersuchungen des

Psychiaters Downs zeigen, dass viele Frauen, die eine Abtreibung hatten, schwanger wurden, um – unbewusst – ihr verlorenes Selbstvertrauen wiederzugewinnen, das durch eine Phase der Depression erschüttert worden war.

Die unterschiedliche Art, wie der Einzelne auf seine Depression reagiert, kann die Depression selbst tarnen und jenen daran hindern, sich mit ihr auseinander zu setzen. Verhaltensweisen, welche Depressionen maskieren, behindern am ehesten den Durchblick und sind am besten geeignet, den Aufbau von Fallen zu begünstigen. In einer Gesellschaft, die durch eine Vielfalt von Wertsystemen und ein hohes Maß an persönlicher und geographischer Mobilität gekennzeichnet ist, besteht stärker denn je die Neigung, Depressionen in Verhaltensmuster statt in Gefühlsmuster umzusetzen – und zwar in Verhaltensformen, die zuweilen unumwunden antisozial, stets aber schließlich zum Schaden des Einzelnen sind, der einzig in der Bewegung einen Ausweg aus der Depression sucht.

Kapitel 6

Psychotherapie
oder: Ich brauche jemanden,
der mir hilft

Oftmals geschieht es, dass Menschen, die wissen, dass sie depressiv sind, zögern, zu einem Psychiater zu gehen, weil sie nicht wissen, wie eine Therapie ihnen helfen kann. Viele haben von der Psychotherapie eine Vorstellung, die einer Art Witzblattversion der traditionellen Psychoanalyse gleicht. In einem amerikanischen Film gibt es eine kurze Szene zwischen einer der Hauptfiguren, Alice, und ihrem Psychoanalytiker – und Letzterer ist geradezu die Karikatur des typischen Psychiaters. Während sich darin nämlich Alice verzweifelt abmüht, ihren Gedanken und Gefühlen Ausdruck zu geben, hört ihr Therapeut teilnahmslos zu und unterstützt sie in keiner Weise. Gegen Ende der Sitzung taut sie plötzlich auf und beginnt Einsichten über sich selbst zu verfassen. An diesem Punkt schaut er auf die Uhr und teilt ihr mit, er erwarte sie am folgenden Donnerstag wieder zur Sprechstunde. Sie ist verwirrt und will fortfahren. Er sagt lediglich, dass er sie kommende Woche erwarte. Im Film ist dies eine grotesk-komische Situation. Für Millionen Menschen bestätigt sie den Verdacht, dass die Psychotherapie ein höchst unwirksames, aber kostspieliges Verfahren ist und dass ihnen kaum etwas anderes übrig bleibt, als weiter allein mit ihrem Unglück zu leben.

Da der depressive Mensch bereits verzweifelt ist, fällt es nicht schwer, ihn davon zu überzeugen, dass es keine Lösung für seine Probleme gibt. Und da er seine Schwierigkeiten oft nur auf seine Lebenssituation, nicht aber auf die Art und Weise zurückführt, wie er diese auffasst und meistert, fragt er sich logischerweise: Was kann ein Arzt oder ein Berater schon groß für mich tun? Eine neue Stelle für mich finden? Die Haltung meiner Frau mir gegenüber ändern? Meine Finanzlage aufbessern?

71

Die Psychiater haben in einem nicht geringen Maß selbst zu diesem Widerstand beigetragen, indem sie eine Philosophie der therapeutischen Exklusivität entwickelten. Therapeutische Exklusivität bedeutet im Grunde, dass der Therapeut mit ein oder zwei Methoden zur Lösung psychischer Konflikte vertraut ist und dazu neigt, diese in stereotyper Weise anzuwenden – ohne den gebotenen Bezug auf den Zustand des Patienten oder seine besonderen Probleme. Der traditionelle Psychoanalytiker analysiert seinen Patienten vier- oder fünfmal die Woche auf der Couch. Der Gruppentherapeut trifft sich einmal wöchentlich oder zu einem Begegnungsseminar am verlängerten Wochenende mit sieben oder acht Teilnehmern und untersucht deren zwischenmenschliche Beziehungen und probiert die Transaktions-Analyse aus. Der biologisch orientierte Psychiater verabreicht antidepressive Medikamente oder Elektroschocktherapie, ohne sich näher um die Psyche seiner Patienten zu kümmern. Der Therapeut, der Anhänger von Dr. Janovs Lehre vom Urschrei ist, wartet auf den Urschrei des Patienten, und der Gestalt-Therapeut ermuntert ihn, auf ein Kopfkissen einzuschlagen, das seine verhasste Mutter symbolisiert. Atemübungen sollen die Unruhe verringern, Transzendentale Meditation soll die Intellektualisierung reduzieren und dem Einzelnen einen besseren Kontakt zu seinen Sinneserfahrungen vermitteln und dabei seine Spannung herabsetzen.

Die Vielfalt der Methoden erschwert es, dass der einzelne Therapeut in ihnen allen sorgfältig ausgebildet wird. Würde er aber auf therapeutische Exklusivität verzichten, dann wäre er vielleicht besser in der Lage, den Nutzen und die Grenzen seiner eigenen Methode zu begreifen und zu lernen, sie den jeweiligen Bedürfnissen der verschiedenen Patienten anzupassen. Er würde dann auch besser erkennen, wann er einen Kollegen hinzuziehen und wann er einen Patienten an einen anderen Arzt überweisen sollte.

Zum Glück haben viele Psychiater und Psychotherapeuten sich in zunehmendem Maß einer solchen eklektischen Auffassung der Behandlung von Depressionen zugewandt. Doch wie jedermann werden auch sie von der jeweils gängigen Denkrichtung erheblich beeinflusst. Bis in die fünfziger Jahre galt die Psychoanalyse bei vielen

Psychiatern als Grundstein der Behandlung, und alle anderen Auffassungen von Therapie, wie etwa Karen Horneys Analyse kultureller Einflüsse – oder Adolph Meyers psychobiologische Vorstellungen, wurden als verwässerte Versionen der «einzigen Wahrheit» angesehen. Als Mitte der fünfziger Jahre das Beruhigungsmittel Chlorpromazin und Anfang der sechziger Jahre die trizyklischen Antidepressiva aufkamen, verlagerte sich der Schwerpunkt hin zu einer eher biochemischen Auffassung der Behandlung psychischer Störungen.

Die psychotherapeutischen Ansätze unterlagen ebenfalls einem Wandel. Mit Beginn der siebziger Jahre vollzog sich eine weitgehende Abkehr von der «großen» Psychoanalyse, während das Interesse an Gruppentherapie, Begegnungsgruppen, Transaktions-Analyse und Abraham Maslows Selbstverwirklichungsmodell deutlich zunahm. Zugleich galt der Psychiater nicht mehr länger als der wichtigste Therapeut für alle, die emotionaler Hilfe bedurften. Der Psychologe, der Sozialarbeiter, der Geistliche, die Krankenpflegerin und der Lehrer wurden als wichtige Glieder im Netz der psychischen Gesundheitsvorsorge anerkannt. Die Familientherapie fand immer größere Verbreitung, und mit ihr wurde die Einbeziehung der Angehörigen des depressiven Patienten zur Regel.

In den achtziger Jahren erfreuten sich die Antidepressiva einer wachsenden Beliebtheit, nicht nur Psychiater verschrieben sie, sondern auch Hausärzte. Viele Ärzte und Psychotherapeuten gingen dazu über, die normale Alltagserfahrung einer Depression von solchen depressiven Störungen abzugrenzen, die alle Merkmale einer Krankheit aufweisen. In den USA erhoben gegen Ende des Jahrzehnts Patientenanwalt-Gruppen – etwa die National Alliance for the Mentally Ill (NAMI) – die Forderung nach einem gesellschaftlichen Klima, in dem psychisch Kranke nicht länger diskriminiert oder zur Zielscheibe des Spotts werden. Diese Gruppen übten verstärkt Druck auf die Regierung aus und verlangten die Freigabe finanzieller Mittel für die Erforschung und Behandlung psychischer Krankheiten. NAMI wie auch andere Gruppierungen betonten vor allem die biologischen Aspekte der Depression und trugen so dazu bei, dass die medikamentöse Behandlung als Königsweg zur Heilung von Depressionen alle anderen Ansätze in den Hintergrund drängte.

In den USA verstärkte sich Anfang der neunziger Jahre der Trend zu einer vorherrschenden biologischen Sichtweise durch die Einführung von *Managed Care* und die rasche Zunahme von *Health Maintenance Organizations*,[2] die gegründet wurden, um die Kosten für die medizinische Versorgung zu dämpfen. Da die medikamentöse Therapie vielen als die ökonomischste Form der Behandlung erschien, wurden die begrenzten Mittel, die für die Psychotherapie zur Verfügung standen, noch weiter beschnitten. Zur selben Zeit lagen Untersuchungen über verschiedene psychotherapeutische Ansätze vor, die zu dem Ergebnis kamen, dass die kognitive, die interpersonelle und die Verhaltenstherapie sich oft ebenso wirksam zur Linderung von Depressionen einsetzen lassen wie die Antidepressiva. Andere Studien zeigten, dass eine Kombination von Psychotherapie und Antidepressiva noch bessere Ergebnisse erzielte. Es lief darauf hinaus, dass zwar immer mehr depressive Patienten ausreichend mit Medikamenten versorgt wurden, mit der persönlichen Problematik ihrer Depression jedoch sich selbst überlassen blieben.

Für einen depressiven Menschen ist es oft schwer zu erkennen, von welchem Zeitpunkt an er ohne Hilfe nicht mehr weiterkommt, und auch die Suche nach der richtigen Therapie gestaltet sich nicht eben einfach. Für Verwirrung sorgt die ausgeprägte Tendenz der verschiedenen Berufsgruppen, miteinander zu konkurrieren und sich gegenseitig zu befehden. Hinzu kommen Vorurteile und Fehlinformationen über die Wirkungsweise der verschiedenen Antidepressiva, die dazu beitragen, dass viele Leute Angst davor haben, solche Mittel zu nehmen. Leider sind diese Ängste nicht immer unbegründet. Viele Therapeuten, Ärzte eingeschlossen, sind ungenügend ausgebildet oder verfügen nicht über die notwendige Qualifikation,

2) Im amerikanischen Managed-Care-System wird die medizinische Versorgung durch die Anbieter von Krankenversicherungsschutz organisiert; Träger sind unter anderem die HMOs, das sind Versicherungsunternehmen mit eigenen bzw. vertraglich gebundenen medizinischen Einrichungen. (Anm. z. dt. Übers.)

um antidepressive Medikamente sinnvoll einzusetzen, oft wissen sie nicht einmal, in welchen Fällen diese indiziert sind. Die Psychotherapie wiederum hat für viele den Beigeschmack von Scharlatanerie – kennt doch offenbar jeder irgendjemanden, der jahrelang in Therapie war, ohne dass sich ein nennenswerter Erfolg eingestellt hätte. Auch berichten Patienten immer wieder über Erfahrungen mit Therapeuten, die ihrer Aufgabe gelinde gesagt nicht gewachsen waren. Wer sich vor Abhängigkeit fürchtet, sollte bedenken, dass er sowohl bei der medikamentösen als auch der psychotherapeutischen Behandlung ein Stück seiner Selbständigkeit aufgibt, denn in beiden Fällen gesteht er ein, alleine nicht mehr zurechtzukommen. Hat jemand sich einmal zu einer Behandlung entschlossen, steht er vor dem Problem, einen Therapeuten zu finden, der wirklich etwas von seiner Sache versteht. Das ist leider nicht so einfach wie die Suche nach einem guten Chirurgen, dessen Operationserfolge sich mehr oder weniger nachweisen lassen.

So nimmt es nicht wunder, dass viele Menschen, die an depressiven Störungen leiden, davor zurückschrecken oder es ablehnen, die Hilfe eines Arztes oder Psychotherapeuten in Anspruch zu nehmen – nicht zuletzt, weil sie sich schämen. Es ist kein leichter Schritt, wegen psychischer Probleme einen Therapeuten aufzusuchen in einer Gesellschaft, in der jeder danach strebt, sich selbst und seine Probleme im Griff zu haben, und der Gang zum Psychiater dem Eingeständnis persönlichen Scheiterns gleichkommt.

Mit der Entscheidung, einen Arzt zu konsultieren, ist dagegen oft schon die halbe Schlacht gewonnen. Hören wir, auf wie verschiedene Arten die Leute diese ihre Entscheidung begründen.

«Ich bin zu Ihnen gekommen, Herr Doktor, weil meine Frau sagte, sie würde mich verlassen, wenn ich es nicht täte.»

«Ich habe das Gefühl, an einem toten Punkt angekommen zu sein. Vor einigen Jahren habe ich schon einmal eine Therapie gemacht, die mir damals sehr geholfen hat. Ich stelle in letzter Zeit fest, dass meine Arbeit mich nicht mehr so interessiert und viele Dinge mich einfach langweilen. Vielleicht können Sie mir helfen, wieder in Gang zu kommen.»

«Ich werde mit meiner Semesterarbeit nicht fertig. Ein Freund sagte, Sie könnten mir irgendwelche Pillen geben, die mir mehr Energie geben.»

«Eigentlich komme ich zu Ihnen wegen meiner Mutter. Aber ich habe seit jeher vor, gewisse Dinge zu klären, die mich unbewusst beschäftigen. Ich würde mich gern für einige Zeit selbst einer Therapie unterziehen.»

«Meine Eltern sagten, ich solle kommen. Ich will nicht. Ich sehe nicht ein, warum ich einen Psychiater brauche, nur weil ich ein bisschen Hasch geraucht habe und in Mathematik und Französisch durchgefallen bin.»

«Ich möchte meinen Mann verlassen. Ich möchte, dass er zu Ihnen kommt, damit er nicht zusammenbricht.»

«Ich habe meinen Arzt um die Adresse eines Therapeuten gebeten. Ich weiß, dass ich deprimiert bin, denn ich kann nachts nicht schlafen und kann mich nicht auf meine Arbeit konzentrieren. Er sträubte sich, wollte mir Pillen verschreiben, aber ich bestand darauf.»

«Ich wollte nicht Selbstmord begehen, Herr Doktor. Ich habe meine Pulsadern aufgeschnitten, weil der körperliche Schmerz das innere Leiden wegwischte.»

Die Leute kommen zum Psychiater, weil sie irgendwie wissen, dass sie das, was sie erleben – nämlich Depressionen –, ohne die Hilfe eines Fachmannes nicht durchstehen können und sie daher jemanden brauchen, der ihnen hilft. Manchmal kommen sie, weil das Leben ihnen nicht das bietet, was sie sich wünschen. Häufig werden sie durch Menschen aus ihrer Umgebung, etwa die Ehefrau oder die Eltern, dazu gezwungen. Oder sie bringen sich selbst, indem sie eine Überdosis Schlaftabletten nehmen, in eine Situation, in der ihnen gar nichts anderes übrig bleibt, als sich einem Arzt anzuvertrauen.

Dagegen erwarten viele, weil sie durch ihre Depression so hoffnungslos geworden sind, gar nicht erst, dass ihnen überhaupt geholfen werden kann. Diese negative Einstellung wird häufig bestärkt, wenn sie sich bereits ein System von Fallen aufgebaut haben, aus dem es schwierig ist herauszukommen. Erschwerend wirkt es sich aus, wenn sie ihre Probleme in erster Linie auf unveränderliche äußere Umstände zurückführen.

Die Verantwortung des Therapeuten

Schon die ersten Kontakte zwischen Patient und Therapeut schaffen wesentliche Voraussetzungen für die Heilung. Der Charakter dieser Kontakte ist zwar weitgehend von der Erfahrung und dem Vorgehen des Therapeuten abhängig, dennoch gibt es bestimmte grundsätzliche Verfahrensregeln, wie wir im Folgenden kurz schildern wollen, um dem potenziellen Patienten seine Situation bewusster zu machen und damit zu erleichtern.

Der Therapeut muss einen Rapport zum Patienten herstellen

Der Therapeut muss zur Entstehung eines Rapports zwischen ihm und dem Patienten beitragen. Über die Übertragung – in welcher der Patient auf den Therapeuten Ängste und Erwartungen projiziert, die zu früheren Beziehungen zu einem Elternteil, einer Schwester, einem Freund, einem oder einer Geliebten gehören – ist so viel gesagt und geschrieben worden, dass die Bedeutung der als «Rapport» bezeichneten Beziehung zu kurz gekommen ist. Rapport ist im Wesentlichen eine zwischen zwei Menschen bestehende harmonische Beziehung, ein Wechselspiel, eine so genannte Interaktion, welche die Entstehung von Vertrauen, Kommunikation und Gemeinsamkeit ermöglicht. Die Faktoren, die zu einem guten oder schlechten Rapport führen, sind zwar komplex, aber es gibt doch einige Anhaltspunkte. Die Studien des Psychiaters F. Redlich und des Soziologen A. Hollingshead zeigen, dass der Therapeut am effektivsten arbeiten kann, wenn er einen ähnlichen sozialen und gesellschaftlichen Background hat wie seine Patienten, und am wenigsten effektiv, wenn der jeweilige Background verschieden ist. Paradoxerweise wird der Therapeut mit einer von der seines Patienten sehr verschiedenen Herkunft besser in der Lage sein, den Fall in einer medizinischen Fachzeitschrift zu publizieren, gerade weil er sich nicht mit dem konkreten Menschen identifizieren kann und so die Trennung zwischen Arzt und Patient aufrechterhalten bleibt, die das wissenschaftliche Verständnis fördert, während sie gleichzeitig die empathische, die direkte Einfühlung beeinträchtigt.

Es ist auffällig, wie selten Patienten in den ersten Sprechstunden versuchen, sich über so wichtige Dinge wie die Erfahrung, die Ausbildung und die Methode des Therapeuten zu informieren. Sie sind geneigt, ihn guten Glaubens zu akzeptieren, und machen mitunter nicht einmal den Versuch, im direkten Kontakt mit ihm festzustellen, was für ein Mensch er ist. Tatsächlich bleiben viele Patienten jahrelang in einer Beratungs- und Behandlungssituation bei einem Arzt, den sie im Grunde heftig ablehnen, aber annehmen, dass dieses ihr Gefühl irgendwie unerheblich sei oder sogar zur Behandlung gehöre.

Damit aber die Therapie erfolgreich ist, muss es zwischen den beteiligten Partnern gegenseitiges Vertrauen und Respekt, Offenheit und Zuneigung geben. Therapeut wie Patient müssen frühzeitig feststellen, ob dies gegeben ist oder nicht. Der Rapport ist der Mutterboden der Therapie, und nur innerhalb dieses Rahmens kann das, was geschieht, schließlich überhaupt geschehen.

Der Therapeut muss über Empathie verfügen

Zu solchem Rapport gehört, dass der Therapeut sich empathisch in die Gefühle und Schwierigkeiten des Patienten einfühlen kann. Empathie ist die Fähigkeit, sich in den anderen hineinzuversetzen. Der empathische Mensch erfasst, was sein Gegenüber erlebt. Irgendwie hat er ähnliche Ereignisse oder Gefühle selbst schon erlebt. Empathie ist etwas ganz anderes als Sympathie, bei der neben der Zuneigung zum anderen auch Mitgefühl für ihn mitschwingt. Gewiss gibt es Augenblicke, in denen der Therapeut dem Patienten sein sympathisches Mitgefühl zeigen darf, etwa wenn dieser erzählt, wie er innerhalb eines Monats den Vater, den Mann und den Arbeitsplatz verlor. Aber nicht die Sympathie des Therapeuten begründet seine Vertrauenswürdigkeit. Seine Empathie ist es, die dem Patienten das Gefühl gibt, dass er sich jemandem anvertraut, der ihn wirklich versteht. Diese Eigenschaft des Therapeuten wird die Angst des Patienten verringern, noch mehr an Selbstachtung zu verlieren, weil er sich in Behandlung begeben hat.

Der Therapeut muss Autorität mit Verständnis verbinden

«Ich brauche Sie» – dieses Eingeständnis fällt vielen Patienten schwer, und die Reaktion des Therapeuten darauf ist nicht einfach. Irgendwie muss es ihm gelingen, diesem Bedürfnis entgegenzukommen, ohne den Patienten dabei als autonomen Menschen abzuwerten. Keinesfalls kann er es sich leisten, den Standpunkt einzunehmen: «Ich bin der Arzt, Sie sind der Patient, und dies bedeutet, dass ich Ihnen überlegen bin.» Zugleich muss es ihm aber gelingen, die Autorität beizubehalten, die er aufgrund seiner beruflichen Rolle für den Patienten besitzt. Diese Situation ähnelt derjenigen zwischen Eltern oder Lehrern und Kindern. Auch dort ist es notwendig, sie auf der Basis von Gleichheit und Achtung als Menschen anzusprechen, ohne dabei gleichzeitig die mit der Eltern- oder Lehrerrolle verbundene Autorität völlig aufzugeben.

Gestützt auf diese Autorität, äußert sich der Therapeut verbal und nichtverbal: «Ich weiß, was Sie erleben, aber ganz gleich, wie Sie sich selbst heute sehen, ich kann Ihnen helfen, Ihre Selbstachtung und Ihre Fähigkeit, mit dem Leben fertig zu werden, wiederherzustellen. Ich weiß, dass Sie leiden, aber solches Leiden und die Tatsache, dass Sie hierher kommen, um etwas dagegen zu tun, sind ein Anfang der Heilung. Ich verwende nicht gerne das Wort ‹krank›. Es ist irreführend. Besser fassen wir es so auf, dass bisher in Ihrem Leben oder in der Art, wie Sie das Leben anpackten, etwas nicht stimmt und dass Sie jetzt endlich beschlossen haben, etwas zu tun, um es zu korrigieren. Den meisten Patienten geht es nach der Therapie viel besser als in der Zeit, bevor sie deprimiert wurden.»

Der Therapeut sollte dem Patienten sein Recht auf eine Depression bestätigen

Ist der Ausbruch einer Depression auf vermehrten Stress, einschneidende Veränderungen oder belastende Ereignisse im Leben eines Patienten zurückzuführen, dann bedeutet es für ihn eine große Hilfe, wenn der Therapeut ihm versichert, dass er ein Recht darauf habe, depressiv zu sein. «Nach allem, was Sie mir erzählt haben, scheinen mir Ihre Depressionen eine ganz normale und verständliche Reaktion zu sein. Ob es sich überhaupt um ein medizinisches Problem handelt, kann ich im Moment noch nicht sagen. Irgendetwas hindert Sie, aus eigener Kraft mit der Sache fertig zu werden – das mag eine körperliche Ursache haben, kann aber auch in Ihrer Lebenssituation begründet sein oder daran liegen, wie Sie Ihre Schwierigkeiten auffassen.»

Der Therapeut muss den Patienten sorgfältig befragen

Bei diesen ersten Kontakten beschränkt sich der Therapeut darauf, Informationen zu sammeln. Ist der Patient tatsächlich depressiv? Wenn ja, wann setzte die Depression ein, und wodurch wurde sie offenbar ausgelöst? In welchem Maß hat die depressive Antriebslähmung seine Funktionsfähigkeit beeinträchtigt? Was für ein Mensch ist der Patient? Welches ist seine Lebensgeschichte? Wo ging er zur Schule, und was für eine Ehe führt er? Wie viele Arbeitsstellen hat er gehabt, und wie hat er sich an diesen bewährt? Warum hat er verschiedentlich den Arbeitgeber gewechselt? Welche Verluste hat er erlitten? Worunter leidet sein Selbstgefühl? Was hält er selbst für die Ursache seiner Stimmung? Mit welchen Augen sieht seine Familie ihn?

Meistens ist der Patient sich nicht im Klaren über die tatsächliche Ursache seiner Depression, vor allem wenn diese schon lange anhält. Schon die bloße Überprüfung der Fakten fördert daher ein Gefühl des Zusammenhalts, und die Herstellung rationaler Bindeglieder in der Kette emotionaler Reaktionen trägt dazu bei, seine Angst, die Kontrolle zu verlieren, zu verringern.

Bei der traditionellen Psychoanalyse und in geringerem Maß auch bei der von Rogers befürworteten, nicht steuernd eingreifenden Beratungsmethode, der Gesprächstherapie, lässt der Therapeut es zu, dass der Patient seine Lebensgeschichte über eine Reihe von Sitzungen hinweg allein entwickelt, ohne selber Zwischenfragen zu stellen oder ihm zu helfen, seine Erlebnisse zu verstehen oder richtig zusammenzufügen. «Sie sagen ja gar nichts», beklagen sich dann viele Patienten. «Warum zeigen Sie mir nicht irgendeinen Weg?» Worauf sie als Antwort erhalten: «Das ist nicht der Sinn der Therapie.» Ein extremes nichtsteuerndes Vorgehen mag bei der Beratung mancher Menschen die angezeigte Methode sein, doch im Allgemeinen ist sie für die Behandlung des depressiven Patienten nicht geeignet. Sie vervielfacht den Zeitaufwand, der erforderlich ist, um Resultate zu erzielen. Sie verbaut den Zugang zu wichtigen Informationen, einfach weil der Patient nicht deren Bedeutung erkennt. Und was am wichtigsten ist, sie lädt einen bereits entmutigten und häufig von Schuldgefühlen geplagten Menschen ein, auf seinen Therapeuten die Verärgerung und die Ablehnung zu projizieren, die er erwartet – die er, da er sich «wertlos» fühlt, zu verdienen glaubt.

Der Therapeut
hat für ein gutes Gesprächsklima zu sorgen

Schweigen, vom Therapeuten in der Kommunikation mit dem depressiven Patienten unzweckmäßig eingesetzt, trägt im Gegenteil dazu bei, dass die Depression sich verstärkt, und erlaubt dem Patienten, viele falsche Vermutungen anzustellen. Ein Patient schilderte seine Erfahrung folgendermaßen: «Er saß einfach da und starrte mich an. Mir war ungemütlich zumute. Dies ist noch milde ausgedrückt. Ich hatte einfach Angst. Ich wusste nicht, worüber ich sprechen sollte. Außerdem fühlte ich mich gehemmt, ich konnte mich nicht konzentrieren, es fiel mir schwer, spontan etwas zu sagen. So saßen wir beide schweigend da, minutenlang – Minuten, die mir endlos vorkamen.

Nach einiger Zeit hatte ich das Gefühl, dass er mich eigentlich gar nicht mochte, dass er mich ablehnte. Ich fragte ihn, ob dies zuträfe, er aber wollte sich einfach nicht dazu äußern. Als ich ihn fragte, ob er meine, ich sollte die Affäre mit diesem Mädchen abbrechen, antwortete er nach langer Pause lediglich, es sei nicht seine Sache, Entscheidungen für mich zu treffen. Wenn ich mich schon abgelehnt fühlte, bevor ich mit der Therapie anfing, dann fühlte ich mich nach ein paar Sprechstunden wie dieser nun wirklich abgelehnt.»

Der depressive Mensch darf eine gewisse Anteilnahme vonseiten des Therapeuten erwarten, eine Anteilnahme, die das Zuhören nicht ausschließt, aber das Eindringen von Vorurteilen und Überzeugungen des Therapeuten in das Privatleben des Patienten ausschließt. Der Therapeut ist nicht dazu da, ihm zu sagen, was er tun soll. Auch kann von ihm nicht erwartet werden, dass er Probleme und Reaktionen des Patienten kommentiert oder klärt, bevor er nicht ein umfassendes Bild von dem Patienten und seinen Schwierigkeiten gewonnen hat. Was man allerdings von ihm erwarten kann, ist, dass er bis zu einem gewissen Grad den Gedankenaustausch anregt und in angemessener Weise auf die Bedürfnisse des Patienten reagiert, sowie dieser solche zeigt.

In einem solchen Klima ist es dann auch dem Patienten möglich, den Wunsch nach einer gewissen Information über den tatsächlichen Ablauf der Therapie zu äußern. Für gewöhnlich hat er eine vorgefasste Meinung über das, worum es eigentlich geht. Oft nimmt er an, dass er sich weder Zeit noch Geld für eine Therapie überhaupt leisten kann. «Ich kann unmöglich ein Jahr lang dreimal die Woche kommen, wie einer meiner Freunde dies tut», sagte ein Patient, der dann ganz überrascht war, als er erfuhr, dass er womöglich nicht länger als einige Monate eine Sitzung pro Woche benötigte.

Als die Psychoanalyse noch groß in Mode war und der Analytiker durchschnittlich vierzig Wochenstunden aufwandte, um acht Analysanden zu behandeln, geschah es oft, dass der Arzt oder Psychologe, der jemanden zum Analytiker schicken wollte, diesen fragte: «Können Sie noch einen Patienten aufnehmen, oder sind Sie ‹besetzt›?» Unter diesen Umständen kam der Einzelne, wenn er einen Termin erhalten hatte, meist in der Erwartung, als Patient angenommen zu werden. Da viele Ärzte und andere Kollegen immer noch dieses Bild vom Psychiater haben, erwarten sie, wenn sie ihn am Telefon fragen, ob er einen neuen Fall «übernehmen» könne, als Antwort ein entschiedenes Ja oder Nein. Eine angemessenere Antwort wäre: «Es kommt darauf an.» Denn es kommt auf die Natur des jeweiligen Problems und Patienten an. Eine oder zwei Konsultationen können dem Psychiater Gelegenheit geben, die Situation zu beurteilen und zusammen mit dem Patienten zu entscheiden, was zu geschehen hat.

Je nachdem, was die Ausgangssituation also erfordert, sollten Therapeut und Patient gemeinsam Struktur und Form der Therapie festlegen. Innerhalb dieses Rahmens können dann, dem Fortgang der Therapie entsprechend, Verschiebungen und Veränderungen vorgenommen werden. Solche Veränderungen betreffen nicht nur Anzahl und Dauer der Sprechstunden, sondern auch den Charakter der Arzt-Patient-Beziehung und der Methoden oder Techniken, die der Therapeut bei der Behandlung einsetzt.

Zu Anfang der Therapie wird der Psychiater vielleicht seine eigenen emotionalen Reaktionen dem Patienten vorenthalten, sodass er zunächst eine neutrale Figur bleibt, auf die der Patient projizieren und an der er Übertragungserfahrungen machen kann. Doch in dem Maß, wie die Therapie fortschreitet, kann der Psychiater mehr über seine eigenen Gefühle und Reaktionen mitteilen, um die Einsicht des Patienten zu fördern. Wenn zum Beispiel die Angewohnheit des Patienten, zu den Sprechstunden zu spät zu kommen, den Therapeuten ungeduldig zu machen beginnt, da ihm nie genug Zeit bleibt, wichtige Themen ausführlich zu diskutieren, wird er den Patienten daraufhin ansprechen wie auch auf die Frustration, die er selbst infolge dieser Angewohnheit empfindet. Da es wahrscheinlich ist, dass die Neigung des Patienten, sich zu verspäten, auch bei anderen Leuten Ärger und Ablehnung hervorruft, kann eine solche Reaktion vonseiten des Arztes jenem eine direkte Gelegenheit bieten, seine selbstschädigende Verhaltensweise zu verstehen und zu ändern.

«Dezentralisierung»

Für gewöhnlich weiß der Therapeut vorweg, in welcher Weise die Depression das Denken und Fühlen des Patienten beeinflusst. Die Aufmerksamkeit des Patienten konzentriert sich nämlich in der Regel vor allem auf seine Depression und auf die Sorgen, die ihn beschäftigen. «Das Einzige, woran ich denken kann», sagte der einundvierzigjährige Leiter einer Werbeagentur, «ist meine Einsamkeit. Immer wieder geht es mir durch den Sinn, wie meine Frau mich verlassen hat. Dauernd will ich sie anrufen und sie anflehen zurückzukommen.» Bei der Behandlung solcher hartnäckigen Gefühle verwendet der Therapeut eine Technik, die wir *Dezentralisierung* nennen. Ihr Zweck ist es, die Aufmerksamkeit des Patienten von seinen zwanghaften Sorgen abzulenken, damit er das Geschehen sozusagen von höherer Warte aus besser erkennen kann und, falls notwendig, sich gründlicher von dem ablösen kann, was er bereits verloren hat.

Ebenso verbreitet ist bei depressiven Menschen eine destruktive Beschäftigung mit dem, was sie *vielleicht* verlieren könnten. Häufig ist der Verlust der finanziellen Sicherheit Ursache ihrer Sorgen, ganz gleich, ob er als reale Gefahr droht oder nicht. Während eines scharfen Kursrückgangs auf dem Aktienmarkt bei gleichzeitigem Anstieg der Zinssätze ängstigte sich zum Beispiel ein junger Geschäftsmann, dass seine Kredite abgerufen werden könnten, was zum Verlust des Arbeitskapitals, das zur Weiterführung seines neuen Unternehmens notwendig war, geführt und es ihm vielleicht sogar unmöglich gemacht hätte, die Hypothekenzahlungen für sein Haus zu leisten. Dies war eine durchaus berechtigte Sorge. Da sie ihn aber völlig in Anspruch nahm, wurde er unruhig und deprimiert. Er konnte nicht schlafen, war reizbar und heftig. Seine dauernde Beschäftigung mit der Möglichkeit einer finanziellen Einbuße ließ ihm keine Zeit, an irgendwelche Lösungen zu denken, die den Verlust hätten abwenden können.

Der Psychiater erklärte ihm, dass sein quälendes Grübeln über dieses Problem seine Fähigkeit blockierte, sich vernünftig damit auseinander zu setzen. Seine Befürchtungen wurzelten in der Angst, die

Kontrolle zu verlieren, während seine Anstrengungen, die Kontrolle zu behalten, immer selbstzerstörerischer wurden. Seine verhältnismäßige Heftigkeit hatte ihm bereits einige Geschäftsfreunde entfremdet, die ihm vielleicht ihre Hilfe angeboten hätten. Schonungslos überprüfte der Therapeut mit ihm zusammen alle diese ganz realen Fakten, einschließlich aller Einzelheiten der finanziellen Situation des Patienten. Er pflichtete ihm bei, dass ein ernstes Risiko bestand, half ihm aber gleichzeitig, wieder den Überblick zu gewinnen, indem er auf gewisse ausgleichende Faktoren hinwies, die der Patient aus den Augen verloren hatte. Er machte dem Patienten klar, dass seine verzweifelte Anstrengung, die Kontrolle zu behalten, ihm einen schlechten Dienst erwies. Nachdem das unmittelbare Problem einmal dezentralisiert war, ließen Furcht und Hoffnungslosigkeit des Patienten nach, was nicht nur bewirkte, dass es ihm physisch und psychisch besser ging, sondern ihm auch erlaubte, realistische Alternativen zu erwägen.

Im Verlauf einer solchen Dezentralisierung des Schwerpunkts einer Depression muss der Therapeut häufig eine, wie wir sagen, paradigmatische Haltung einnehmen – nämlich dem Patienten beipflichten, dass seine besondere Sorge gerechtfertigt sei –, umso als Verbündeter gemeinsam mit dem Patienten eine Lösung erarbeiten zu können. Sodann wird der Therapeut über das unmittelbare Problem hinausgehen und untersuchen, inwiefern die Unfähigkeit des Patienten, seine Schwierigkeiten zu meistern, durch seinen Gefühlszustand bedingt und verschlimmert wird.

Eine sechsunddreißigjährige Frau konsultiert den Psychiater, weil sie erfahren hat, dass ihr Mann ein Verhältnis mit einer anderen Frau hat und beabsichtigt, sich scheiden zu lassen. «Ich kann nicht ohne ihn leben. Unsere Ehe ist das Einzige, das mir etwas bedeutet. Ich schreibe ihm dauernd Briefe, aber er antwortet nicht. Gestern rief ich ihn in seinem Hotel an, aber er hängte einfach den Hörer auf. Ich will ihn so verzweifelt zurückhaben!» Die paradigmatische Antwort des Therapeuten beginnt so: «Ich weiß, wie viel dieser Verlust für Sie bedeuten muss. Ich kann verstehen, warum Sie ihn zurückhaben wollen. Das Leben muss Ihnen jetzt sinnlos erscheinen.» Sie stimmt zu, aber dann wechselt er die Ebene: «Mir fällt auf, wie unverhältnismäßig heftig Ihr Zorn auf ihn ist. Es macht Sie wohl rasend, dass er Sie zurückgewiesen hat. Ich habe den Verdacht, dass er Sie viel länger kontrolliert hat, als Sie es wahrhaben wollen.» Auf diese Weise macht er sie auf ihren tiefer sitzenden Ärger aufmerksam, und gleichzeitig beginnt sie zu erkennen, dass der Mann, in den sie so viel Liebe und Abhängigkeit investiert hat, schon ein wenig weniger liebenswert erscheint.

Gleichzeitig versucht der Therapeut, drei weitere Ziele zu erreichen. Erstens bietet er ihr eine Möglichkeit, sowohl dem Kummer, den sie empfindet, als auch der Wut, die sich in ihr angestaut hat, Luft zu machen. Zweitens ermöglicht er ihr eine Befreiung von ihren Schuldgefühlen, da er weiß, dass sie sich in gewisser Hinsicht primär für das Geschehene verantwortlich fühlt. Zu diesem Zeitpunkt wird sie wahrscheinlich noch nicht erkennen, dass die Auflösung ihrer Ehe die Folge einer zunehmend demoralisierenden Wechselbeziehung zwischen ihr und ihrem Mann war. Da sie depressiv ist, ist sie eher geneigt anzunehmen, dass sie versagt hat, dass sie in einem entscheidenden Punkt etwas falsch gemacht hat, wodurch eine solche Zurückweisung gerechtfertigt wäre. Und schließlich beginnt der Therapeut, behutsam ihre Selbstachtung wieder aufzubauen.

Häufig wiederkehrende Themen bei der Behandlung von Depressionen

Das Ausleben von Emotionen und Schuldgefühlen sowie die Wiederherstellung der Selbstachtung sind stets wiederkehrende Themen in der kurzfristigen wie der langfristigen Therapie depressiver Menschen.

Als Maria J. von ihrem Hausarzt zu einem Psychiater in Behandlung geschickt wurde, hatte sie keine Ahnung von dem Zusammenhang, der zwischen ihren Emotionen und ihrem körperlichen Leiden bestand. Kurz nach der Geburt ihres ersten Kindes hatte sie angefangen, unter Kopfschmerzen und Schwindelanfällen zu leiden.

Sie fürchtete, dass sie vielleicht einen Gehirntumor habe. Trotz des eindeutig negativen Befundes der ärztlichen Untersuchung hatte sie Angst. Nur zögernd willigte sie in die Therapie ein, wobei sie feststellte: «Natürlich bin ich unglücklich. Ich glaube nicht, dass es für mich eine Hoffnung gibt, es sei denn, die Ärzte fänden irgendein physisches Leiden, das meinen Zustand erklären würde. Ich kann mich nicht um das Kind kümmern. So wie ich bin, kann ich überhaupt nichts tun.»

Als der Therapeut Maria J. nach ihrer Vorgeschichte befragte, stellte er alsbald fest, dass sie innerhalb kurzer Zeit eine Reihe von tragischen Ereignissen durchgemacht hatte. Ihr Vater war, vier Wochen bevor sie ihr Baby zur Welt brachte, an einem bösartigen Tumor operiert worden. Kurz nach der Geburt des Kindes geriet ihr Mann in geschäftliche Schwierigkeiten und zeigte so gut wie kein sexuelles Interesse mehr an ihr. Ihre Mutter warf ihr häufig vor, sie sorge nicht richtig für das Kind. Mitunter wurde ihre Mutter regelrecht ausfällig und machte Bemerkungen wie: «Du bist eine Rabenmutter. Und außerdem bist du ein Dickschädel.» Und weiter: «Du nimmst ja auch von niemandem einen Rat an. Du warst seit jeher selbstsüchtig und undankbar.»

Als Maria J. zögernd und nur unter gutem Zureden über diese Erlebnisse sprach, füllten sich ihre Augen mit Tränen. «Ich könnte es nicht ertragen, wenn meinem Vater ein Unglück geschähe», gab sie zu. Und weiter gestand sie ein, dass sie sich von ihrem Mann zurückgewiesen fühle. «Ich weiß nicht, warum er sexuell gar kein Interesse für mich hat. Ich weiß, dass es keine andere Frau gibt. Er ist nicht der Typ für so was. Aber am Abend spricht er kaum ein Wort mit mir. Er liest nur die Zeitung und sitzt vor dem Fernseher, und dann geht er zu Bett.» Ihre Mutter war für sie, wie sich zeigte, stets ein chronisches Problem gewesen. Oft hatte diese den Vater wie auch sie selbst ausgescholten und auf diese Weise erreicht, dass sie sich wertlos und unattraktiv vorkam. Während der ganzen Schulzeit hatte die Mutter immer wieder nachteilige Vergleiche zwischen ihr und anderen Mädchen gezogen. «Warum hast du denn gar keine interessanten Freunde?» Und: «Warum hat Sarah den Französisch-Wettbewerb gewonnen und nicht du?» Maria J. hatte dann als Ausgleich für ihre Minderwertigkeitsgefühle zwanghaft gearbeitet, um die besten Zeugnisse zu bekommen. Sie wurde eine Perfektionistin, aber trotz ihrer Anstrengungen erhielt sie von ihrer Mutter nie ein Lob. Auch war ihr nie erlaubt worden, sich zu beklagen, und wenn sie es einmal tat, dann fasste die Mutter es als eine persönliche Anschuldigung auf und vergalt es ihr doppelt.

In dem Maß, wie Maria J. ihre Empfindungen offen aussprach, nahmen ihre körperlichen Beschwerden allmählich ab. Immer wieder musste der Therapeut sie fragen: «Was für ein Gefühl haben Sie bei diesem?» und «Was für ein Gefühl haben Sie bei jenem?», denn sie war es einfach nicht gewohnt, Emotionen zu verstehen und auszudrücken. Dies galt besonders für Ärger und Wut. «Ist seit Ihrem letzten Besuch irgendetwas geschehen, das Sie vielleicht wütend gemacht hat?», fragte der Therapeut behutsam und geduldig, denn er wusste, dass auf ihre anfängliche Verneinung später die langsame Erinnerung an einen oder zwei Vorfälle folgte, die «mich wahrscheinlich wütend gemacht haben», und schließlich, «ja, die mich tatsächlich wütend machten».

Von Zeit zu Zeit wurde sie wütend auf den Therapeuten, aber es fiel ihr außerordentlich schwer, dies einzugestehen. Einmal zum Beispiel verspätete er sich fünfzehn Minuten zu ihrer Sitzung. Dies verärgerte sie, denn sie hatte im Anschluss an die Sprechstunde einen Termin beim Zahnarzt, und nun war sie gezwungen, entweder einen Teil der Behandlungszeit zu verlieren oder sich beim Zahnarzt zu verspäten. Aber sie hatte zu starke Schuldgefühle, um offen über dieses Dilemma zu sprechen. «Wie kann ich auf Sie wütend sein nach allem, was Sie für mich getan haben?», fragte sie. Der Therapeut erklärte: «Warum nicht? Ganz gleich, wie eng oder wie gut eine Beziehung zwischen zwei Menschen sein mag, so muss sie doch beiden Teilen das Recht einräumen, sich manchmal über den anderen zu ärgern, wenn die Situation es rechtfertigt.» Dies war eine grundsätzlich andere Reaktion als alles, was sie bisher vonseiten ihrer Familie gewohnt gewesen war. Auf diese Weise konnte sie endlich lernen, Gefühle zu erfahren und auszudrücken.

«Sie müssen lernen, Ihre Gedanken und Gefühle zu äußern», ermutigte der Therapeut sie. So offenbarte sie ihrem Mann eines Abends vorsichtig ihr Gefühl, von ihm sexuell zurückgewiesen zu werden. Zuerst war er überrascht. Er war sich gar nicht bewusst gewesen, sie zu vernachlässigen, obgleich er dies getan hatte. Er sagte ihr, dass er sie liebe und begehre wie eh und je, und führte seine Müdigkeit und Lustlosigkeit auf seine Belastungen im Dienst zurück. Zum ersten Mal teilte er ihr nun mit, welcher Art diese Belastungen waren. «Ich wollte es dir nicht sagen. Ich wollte dich nicht beunruhigen, wo doch eben erst das Kind da ist, und überhaupt. Tatsächlich glaubte ich, dass du, da du dich so unwohl fühlst, vielleicht das Interesse am Sex verloren hast.»

Binnen acht Monaten verschwanden Maria J.s körperliche Symptome. Sie erkannte, dass diese durch ihre Depression verursacht gewesen waren. Auch erkannte sie, dass sie, gemäß ihrer Veranlagung, auf ihre Depression mit Schuldgefühlen reagiert hatte, so als sei sie voll und ganz dafür verantwortlich. Als sie begreifen konnte, dass ihre Minderwertigkeitsgefühle in hohem Maß durch die zersetzende Kritik ihrer Mutter verursacht waren, wobei noch ihre Unfähigkeit mitspielte, sich mit Gefühlen und Ereignissen, sobald diese auftauchten, direkt und unmittelbar auseinander zu setzen, gewann sie immer mehr Selbstvertrauen und Selbstwertgefühl.

Die Therapie besteht aus einer Reihe von Korrekturen. Sie will Gefühle und Erfahrungen neu bewerten, sie lässt sie in einem anderen Licht erscheinen. Nachdem die mit der akuten Phase der Depression verbundene emotionale Pein nachgelassen hat, haben Patient und Therapeut Gelegenheit, die Grundprämissen zu untersuchen, auf denen die Wahrnehmung des Patienten von Erfahrungen beruht. Eine von A. Adler eingeführte Technik, solche Prämissen rasch aufzudecken und einige der an sie gebundenen Emotionen freizusetzen, besteht darin, den Patienten nach seiner frühesten Lebenserinnerung zu fragen – der frühesten Erinnerung, an die er sich gerade im Augenblick erinnern kann.

«Ich schlief auf einer Matratze im Schlafzimmer meiner Eltern. Man hatte mich aus der Wiege genommen, das Kinderbett war aber noch nicht eingetroffen. Ich war hin- und hergerissen zwischen dem Wunsch, wieder in der Wiege zu liegen, dem Verlangen, auf der Matratze in ihrem Zimmer zu bleiben, und der Sehnsucht, größer zu werden und ein eigenes, größeres Bett zu haben.» Dieser Patient reagierte auf wichtige Veränderungen in seinem Leben immer wieder mit einer lähmenden Ambivalenz, war nie sicher, welche Richtung er einschlagen sollte, und plagte sich dauernd, verschiedene Alternativen abzuwägen.

«Ich war im Kindergarten. Das Fräulein fragte, wie viele Kinder immer noch in der Wiege schliefen. Ich hob die Hand. Nur ein anderes Mädchen tat dies auch. Ich fühlte mich gedemütigt. Ich war verletzt. Ich war wütend auf mich und meine Eltern, dass sie mich ein Kind bleiben ließen.» In ihrem erwachsenen Leben blieb diese Frau äußerst empfindlich für Demütigungen, wähnte diese häufig dort, wo es nicht gerechtfertigt war, und reagierte darauf mit Wutausbrüchen.

«Ich saß auf einem Dreirad und radelte schnell von unserem Haus weg die Straße hinunter. Ich riss aus. Zwischen meiner Mutter und mir war irgendetwas passiert. Ich war für irgendetwas bestraft worden, ich erinnere mich nicht, wofür. Ich war wütend, verletzt.» Als Erwachsener reagierte dieser Patient auf die kleinste aggressive Äußerung damit, dass er sich zurückzog. Manchmal schwieg er stundenlang. Manchmal blieb er nach einer Meinungsverschiedenheit mit seiner Frau abends lange aus oder verschwand für ein paar Tage.

«Ich erinnere mich, wie Mami nach Hause kam. Ich muss ungefähr drei Jahre alt gewesen sein. Sie kam gerade aus dem Krankenhaus zurück. Sie war so lange fort gewesen, und sie war so krank gewesen. Ich lief auf sie zu und umarmte sie. Es war so schön, dass sie wieder da war.» Diese Patientin war später immer sehr empfindlich gegenüber Verlusten, hatte aber auch die Fähigkeit, freigebig und warmherzig Liebe und Mitgefühl zu verschenken.

Es gibt eine ganze Reihe solcher Themen, die im psychischen Apparat des Einzelnen immer wiederkehren, und im Verlauf der Therapie gibt es eine Fülle von Gelegenheiten, sie zu erforschen. «Ich rede einfach nicht gern mit meinem Bruder», sagte ein Mann. «Ich kann sein Verhalten nicht billigen. Seine Schwägerin trinkt. Jetzt noch. Er hat ihr das Haus verboten und kann es nicht ertragen, wenn seine Frau sich zu viel um ihre eigene Schwester kümmert. Ich finde sein Verhalten egoistisch. Ich meine, er sollte ihr helfen. Es ist geradezu unmoralisch.» Der Therapeut empfahl eine andere Auffassung und Deutung für das Verhalten des Bruders: Hatte der Patient die Möglichkeit bedacht, dass sein Bruder vielleicht selbst darauf achten musste, sein Gleichgewicht zu erhalten? Der Patient hatte erwähnt, dass sein Bruder in den letzten Jahren mehrere depressive Phasen durchgemacht hatte, wobei er einmal sogar in die Klinik eingewiesen werden musste. Schließlich müsse sich jeder seine Grenzen selbst setzen dürfen, wie viel er für andere tun wolle, ohne seine eigene Gesundheit oder sein Wohlergehen zu gefährden. Nach einigem Nachdenken pflichtete der Patient dem Therapeuten bei, dass er das Verhalten seines Bruders vielleicht übertrieben streng beurteilt habe. Von hier aus öffnete sich dann auch der Weg zur Analyse seines eigenen Wertsystems, wie sehr seine Depressionen und Schuldgefühle in seiner rigiden und selbstbestrafenden Beurteilung des eigenen Verhaltens verwurzelt waren.

Die eigene Wut spüren

Es ist schwierig, ein konkretes Bild von dem zu geben, was bei der Psychotherapie während eines längeren Zeitraums tatsächlich geschieht. Infolgedessen konnten sich in der Öffentlichkeit leicht Missverständnisse über das Wesen der therapeutischen Erfahrung breit machen. Gewisse Aspekte der Psychotherapie wurden in vereinfachter Form herausgegriffen und als Säulen der Behandlung dargestellt: Man befreie den Patienten von seinen sexuellen Schuldgefühlen. Man helfe dem Patienten zu lernen, seinen Ärger sofort abzureagieren. Beide Ziele sind wichtige Bestandteile der Behandlung depressiver Menschen, aber nichts könnte weiter von der Wahrheit entfernt sein, als dass der «Geheilte» infolge seiner neu erworbenen Hemmungslosigkeit imstande sein müsse, mit jedem und zu jeder Zeit

ins Bett zu springen oder nach Belieben seine Angehörigen anzu-
brüllen und zu beschimpfen.

Im Allgemeinen trifft wohl zu, dass es dem depressiven Menschen
schwer fällt, seinen Ärger auszudrücken, sobald er provoziert wird.
Manchmal ist er aufgrund seiner Spannungen reizbar und reagiert
zu heftig. Im Verlauf der Therapie wird man ihn ermuntern, neue
und bessere Formen zu finden, mit seinen Aggressionen fertig zu
werden – Formen, die eine vernünftige Selbstkontrolle dort, wo sie
angezeigt ist, nicht ausschließen. Hat ein Patient wie zum Beispiel
Maria J. ernstlich den Zugang zu seinen Gefühlen verloren, dann
wird er sich dadurch seines Erlebens, während er erlebt, besser bewusst werden.

Frank J. fiel es sehr schwer, auf seinen vierzehnjährigen Sohn wütend zu werden. Er war im Gegenteil übermäßig geduldig und ver-
ständnisvoll. Anders als manche seiner Freunde, die sich ihren heranwachsenden Kindern entfremdet hatten, indem sie kein Ohr für
sie hatten und ihnen unklugerweise ihre eigenen Gedanken und
Maßstäbe aufdrängten, hatte er stets versucht, eine tolerante und offene Beziehung zu seinem Sohn aufzubauen. Doch als der Sohn anfing, später als erlaubt nach Hause zu kommen, mehrmals die Schule
schwänzte und sein Taschengeld gegen den Wunsch seiner Eltern für
Bier ausgab und als der Vater daraufhin stundenlang auf ihn einre-
dete und ihm klarzumachen suchte, dass er die Spielregeln der Familie einhalten müsse, wurde dieser nur noch widerspenstiger. Eines
Abends schrie der Vater in höchstem Zorn: «Wenn du noch ein
einziges Mal abends zu spät nach Hause kommst, ohne vorher anzurufen, dann ist Schluss mit deinem Taschengeld!» Von da an kam
dergleichen nicht mehr vor. Der Junge hatte nur nach gewissen Ge-
fühlsäußerungen darüber verlangt, dass seine Eltern beabsichtigten,
sich durchzusetzen. Wegen der im Grunde harmonischen Beziehung
zum Vater gelang es ihm, dessen Forderung zu erfüllen, ohne sich
diesem zu entfremden.

Wut und Ärger zur rechten Zeit und wenn sie offen provoziert
werden, können durchaus ihren Zweck erfüllen. Aber die Therapie
ist nicht dazu da, dem einstmals depressiven Menschen zu helfen,

ein Ausbund blinder Wut zu werden. Zum großen Teil ist nämlich die Wut, die der Patient in der Therapie allmählich erkennt und auslebt, entweder durch früheres Unvermögen, mit ihr fertig zu werden, angestaut oder aber das Ergebnis einer Fehldeutung der Ereignisse um ihn her.

Depressive Menschen sind von Hause aus auf Bestätigung, auf ein positives Feedback, wie man sagt, vonseiten ihrer Umgebung angewiesen, denn nur so können sie ihr Selbstwertgefühl stets aufrechterhalten. Die Schule bietet ideale Bedingungen für ein solches Feedback. Ist der Jugendliche intelligent genug, kann er tüchtig arbeiten, um gute Noten zu erzielen. Liegen seine Neigungen mehr auf sportlichem Gebiet, kann er seine Energie einsetzen, um zum Beispiel ein guter Fußballspieler zu werden. Ist die Schulzeit aber vorbei, dann wird es viel schwerer, Beweise für den eigenen Wert vonseiten der Umwelt zu erhalten. Wie sollte man ihn messen? Anhand des verdienten Geldes? Daran, wie oft der Ehepartner jeden Tag zu einem sagt «Ich liebe dich»? An der Zahl der geselligen Einladungen, die man erhält?

Während die Chancen zu solch positivem Feedback schwinden, nehmen die Gelegenheiten, zurückgewiesen zu werden, zu. Die Welt ist viel zu kompliziert und gehetzt, als dass sie auf die normalen Empfindlichkeiten der Menschen achten könnte, geschweige denn auf diejenigen von Leuten, die ein größeres Bedürfnis nach Ich-Bestätigung haben als andere. Die Selbstbezogenheit des depressiven Menschen veranlasst ihn, als Zurückweisung zu interpretieren, was vielleicht nur Gleichgültigkeit ist, und als Gleichgültigkeit, was manchmal ein beträchtliches Maß an Respekt und Zuneigung ist. Er ist leicht verletzt und wird leicht wütend bei dem Gefühl, geringschätzig behandelt worden zu sein.

Der in seiner Empfindlichkeit wurzelnde Zorn wird in der therapeutischen Sitzung freigesetzt, doch man wird den Menschen sicher nicht ermuntern, ihn überall sonst wahllos auszuleben. Vielmehr geht es darum, ihm zu helfen, seinen eigenen Wert richtiger einzuschätzen und seine Selbstachtung von dem, was andere von ihm denken oder sagen, unabhängig zu machen. Auf diese Weise wird es für ihn weniger Verletzungen und mithin weniger Gelegenheiten zu Wut und Ärger geben.

Die Neigung des depressiven Menschen, nicht nur in seiner Arbeit und seinen Entscheidungen, sondern auch in seiner Reaktion zu zögern, ist für ihn eine weitere Quelle von Frustration und Ärger. «Ich wollte die Bestellung ja früher abgeben», sagte ein Patient, der als Einkäufer bei einem großen Unternehmen arbeitet, «aber ich habe die Sache lange verschleppt. Als ich schließlich anrief, sagte man mir, es sei mit einer Lieferfrist von fünf Wochen zu rechnen. Verflucht, ich war außer mir. Ich sagte ihnen, wenn ihnen überhaupt etwas an dem Geschäft liege, dann sollten sie mal dafür sorgen, dass die Sachen in zwei Wochen da sind. Es endete damit, dass es acht Wochen dauerte, und kostete uns mehrere Tausender an verlorenen Aufträgen. Anfangs ging es mir um meinen Stolz. Jetzt, nach unserem Gespräch, sehe ich ein, dass ich in Wirklichkeit den Auftrag über einen Monat verschleppt hatte. Warum tat ich das? Ich hatte Zeit genug. Könnte es vielleicht daher gekommen sein, dass ich mir einbilde, von der Firmenleitung für meine Arbeit nicht genügend anerkannt zu werden?»

Abhängigkeitsbedürfnisse in der Therapie

Im Verlauf der Therapie wird der Psychiater stets sorgfältig beurteilen und abwägen müssen, wie er den Abhängigkeitsbedürfnissen des Patienten entgegenkommen kann, ohne eine übermäßige Abhängigkeit zu begünstigen, die den Heilungsprozess verlängern und komplizieren würde. Jeder, der Angst hat und sich hilflos fühlt, bringt die Voraussetzung mit, über das normale Maß hinaus abhängig zu werden. Sehr wahrscheinlich wird er dieses Bedürfnis an den Arzt herantragen – den Menschen, von dem er Hilfe erwartet. Sowohl die Struktur der Therapie, regelmäßige Besuche bei einem verstehenden, hilfreichen Menschen, als auch die Gelegenheit, sich mit quälenden eigenen Problemen zu befassen, werden ganz von selbst ein gewisses Maß an Abhängigkeit erzeugen.

Es besteht ein Zusammenhang zwischen der Anzahl der wöchentlichen therapeutischen Sitzungen und dem Grad der Abhängigkeit, die sich einstellt. Ein Patient, der nur eine oder zwei Sitzungen pro Woche hat, wird wahrscheinlich nicht so abhängig werden wie jemand, der den Therapeuten jeden Tag aufsucht. Eine sorgfältige Festlegung der Zeit, die Therapeut und Patient miteinander verbringen – eine Stunde, eine halbe Stunde –, bietet eine gewisse Sicherheit der Distanz und hält die sich entwickelnde Abhängigkeit in Grenzen.

Das Abhängigkeitsbedürfnis eines Menschen verstärkt sich, sobald eine zwischenmenschliche Beziehung, auch die therapeutische Beziehung, von Unbeständigkeit und Ambivalenz durchsetzt ist. Eine Patientin, eine junge Frau, verschob dauernd die Termine oder ließ sie im letzten Moment platzen in dem unbewussten Versuch, sich vor einem zu tiefen Engagement für den Therapeuten zu schützen. Paradoxerweise schuf sie aber gerade dadurch einen Zustand der Unsicherheit, der ihre Ängste verstärkte, was wiederum bewirkte, dass sie sich noch hilfloser fühlte.

Zu Anfang sollte der depressive Patient den Therapeuten in der Regel ein- oder zweimal die Woche zu Sitzungen von etwa fünfundvierzig Minuten aufsuchen. Sobald es ihm etwas besser geht, wird die Häufigkeit der folgenden Sitzungen davon abhängen, wie viel es zu besprechen gibt, wie viel es an Unordnung noch im Leben des Patienten gibt und wie viel Raum noch für weitere Einsicht ist. Weil der depressive Patient bereit ist, ein starkes Verlangen nach den Menschen zu entwickeln, die ihm etwas bedeuten, wird er während der ganzen Therapie stets mit dem Wunsch zu kämpfen haben, den Arzt häufiger zu sehen, und andererseits mit dem Drang, die Behandlung zum frühestmöglichen Zeitpunkt zu beenden.

Kognitive Therapie und Verhaltenstherapie

Eine der schwierigsten Aufgaben des Therapeuten ist es, den Patienten zu ermutigen, aus Verhaltensmustern auszubrechen, die für ihn schädlich und selbstschädigend sind. Dies kann dem Therapeuten ein beträchtliches Maß an Überredungskunst und Geduld abverlangen. Einige Patienten geben solch ein Verhalten auf, sobald sie erkennen, dass es für sie nachteilig ist. Aber viele können sich nicht dazu entschließen, weil sie nicht den Grund für diesen Rat durchschauen oder weil sie nicht bereit sind, auf die Befriedigung zu verzichten, die ihr Verhalten, wie sie irrtümlich glauben, ihnen bietet. Oft ist es nicht allein damit getan, dass der Therapeut eine Verhaltungsänderung empfiehlt. Er muss dem Patienten auch klarmachen, dass eine solche Veränderung eine gewisse Depression hervorrufen, gleichzeitig aber Emotionen freisetzen wird, die in den Sitzungen bearbeitet werden können. Ein Patient zum Beispiel, der sich immer wieder auf unbefriedigende sexuelle Kontakte einlässt, wird sich mit der tiefen Unsicherheit auseinander setzen müssen, die sich hinter seinem zwanghaften Verhalten verbirgt.

Ebenso wichtig ist es, dass der Therapeut den Patienten ermutigt, aus eingefahrenen Denk- und Wahrnehmungsmustern auszubrechen, die sich ebenfalls für ihn nachteilig und selbstschädigend auswirken. Manche Psychiater, unter ihnen auch John Rush von der Texas-Universität, vertreten die Ansicht, dass solche kognitiven Muster maßgeblich zu der Entstehung einer Depression beitragen. Diese Annahme liegt einem psychotherapeutischen Ansatz zugrunde, der als kognitive Therapie bekannt geworden ist. Die kognitive Therapie geht nach einem klar strukturierten Behandlungsplan vor, in dem die einzelnen Schritte genau definiert sind, daher lassen sich ihre Erfolge besonders gut überprüfen, nicht nur, ob sie depressive Zustände zu lindern imstande ist, sondern auch, ob die Patienten in Zukunft besser mit Stress- und Umbruchsituationen umgehen können. So sind zahlreiche Untersuchungen zu dem Ergebnis gekommen, dass die kognitive Therapie – in der Regel zwei einstündige Sitzungen pro Woche über einen Zeitraum von zehn Wochen – ebenso gut und nachhaltig zur Besserung von Depressionen beiträgt wie die Behandlung mit Antidepressiva. Als erwiesen gelten kann auch, dass die Chancen einer Heilung sich noch vergrößern, wenn die kognitive Therapie mit der Einnahme von Antidepressiva kombiniert wird.

Was genau passiert in der kognitiven Therapie? Ihr theoretischer Ausgangspunkt ist die These, dass die Entstehung einer Depression im Wesentlichen von drei Faktoren abhängt: der «kognitiven Triade», den «stillschweigenden Annahmen» und den «kognitiven Fehlern». In der kognitiven Triade sind all die negativen Ansichten versammelt, die ein depressiver Mensch sich über sich selbst, sein Leben und seine Zukunft gebildet hat. Überall sieht er nur Mängel, die schuld daran sind, dass es ihm so schlecht geht. Er empfindet sich selbst als wertlos und unfähig, seine Umgebung erlebt er als überfordernd und entmutigend, und auch in die Zukunft blickt er voller Pessimismus.

Die stillschweigenden Annahmen enthalten unausgesprochene Konzepte, welche die Denk-, Gefühls- und Verhaltensmuster eines Menschen bestimmen. Die Entstehung einer Depression wird durch solche Annahmen begünstigt, die eine deutlich negative Färbung aufweisen: «Ich brauche nur einen Fehler zu machen, und ich bin bei allen unten durch.» Oder: «Meine Freundin hat schon lange nicht mehr angerufen, wahrscheinlich bin ich ihr unsympathisch.» Die kognitiven Fehler schließlich sind logische Denkfehler, zum Beispiel: Jemand erhält ein Schreiben vom Finanzamt, und noch bevor er es geöffnet hat, sieht er sich bereits mit einem Bein im Gefängnis. Oder: Eine Frau kommt auf eine Party, und wenn nach den ersten fünf Minuten niemand sie angesprochen hat, empfindet sie dies als eine persönliche Ablehnung.

Im Verlauf einer kognitiven Therapie lernt der Einzelne, seine negativen Sichtweisen, stillschweigenden Annahmen und logischen Denkfehler als solche zu erkennen und sie jedes Mal, wenn sie auftauchen, in Gedanken zu korrigieren. Dabei geht man davon aus, dass durch eine Korrektur der Denk- und Wahrnehmungsmuster sich auch die Gefühle und Verhaltensweisen verändern.

Die kognitive Therapie erfordert vom Therapeuten ein besonders systematisches und durchdachtes Vorgehen. Ihre Prinzipien haben eine gewisse Ähnlichkeit mit dem Ansatz, den Norman Vincent Peale in seinem bekannten Buch ‹ Die Kraft des positiven Denkens› beschrieben hat. Auch als Forschungsmethode leistet die kognitive

Therapie wertvolle Dienste; hat man sich das Verfahren erst einmal angeeignet, kann man es ganz allgemein bei der Vermittlung von Stressbewältigungs-Strategien einsetzen.

Die interpersonelle Psychotherapie

Vor zwanzig Jahren war es noch eher die Regel als die Ausnahme, dass jemand mit einer Depression zum Psychiater ging, weil er mit der Belastung nicht fertig wurde, die sie für ihn darstellte; mitunter tat er es auch auf Drängen eines Ehepartners oder Angehörigen. Heute hingegen hat die Zahl jener depressiven Menschen zugenommen, die in die Sprechstunde kommen, weil sie schwerwiegende Beziehungsprobleme – meist mit einem Liebes- oder Ehepartner – haben. Es überrascht daher nicht, dass für solche zwischenmenschlichen Krisen eine weitere so genannte Kurzzeittherapie entwickelt worden ist: die interpersonelle Psychotherapie (IPT). Ebenso wie die kognitive Therapie ist sie auf ein bestimmtes Problem fokussiert, nämlich die aktuellen Schwierigkeiten eines depressiven Patienten in seiner Beziehung zu anderen Menschen. Das kann der Lebenspartner, können aber auch Eltern, Kinder, Freunde und Kollegen sein.

Der interpersonellen Psychotherapie liegt die allgemeine Beobachtung zugrunde, dass Depressionen oft durch das Zerbrechen enger Bindungen ausgelöst werden. Jemand wird zum Beispiel depressiv, weil er den Verlust eines geliebten Menschen nicht verwinden kann. Umgekehrt sind Menschen, die eher zurückgezogen leben und niemanden haben, der ihnen besonders nahe steht, in schwierigen Lebenssituationen weniger geschützt gegen schwere und chronische Depressionen als andere.

In der interpersonellen Psychotherapie werden vier Problembereiche angesprochen, wobei der Therapeut sich jeweils auf die Probleme des Patienten konzentriert, die zu seiner Depression beigetragen haben. Das können sein: Trauer aufgrund von Verlusterfahrungen; Rollenkonflikte, die sich zum Beispiel aus unvereinbaren Erwartungen in einer Beziehung ergeben; Probleme bei der Übernahme neuer Rollen nach dem Eintritt in eine neue Lebensphase (Studienabschluss, Heirat, Scheidung); schließlich bestimmte Defizite im zwischenmenschlichen Bereich, etwa die Unfähigkeit, enge Bindungen einzugehen oder auf förderliche Weise mit anderen Menschen zu kommunizieren. Diese Schwierigkeiten können ursächlich zu der depressiven Störung beigetragen haben, sie können aber auch erst in ihrem Gefolge entstanden sein, denn jede Depression bedeutet eine ernsthafte Belastungsprobe für die Beziehung zu anderen Menschen.

Die interpersonelle Psychotherapie kann als Einzel- wie auch als Gruppentherapie durchgeführt werden. In der Regel besteht sie aus einer einmal wöchentlich stattfindenden Sitzung, und ihre Dauer beträgt im Durchschnitt vier Monate. Wie bei der kognitiven Therapie begünstigt das klar strukturierte Setting der interpersonellen Therapie eine Überprüfung ihrer Ergebnisse. Den entsprechenden Untersuchungen zufolge war mehr als die Hälfte der Patienten, die eine IPT durchlaufen haben, anschließend vollkommen frei von ihren depressiven Beschwerden. Alles in allem lassen sich mit dieser Therapie ebenso gute Erfolge erzielen wie mit der kognitiven Therapie oder der Einnahme von Antidepressiva – auch wenn Letztere wahrscheinlich eine raschere Besserung herbeiführen.

Die Grundgedanken und Strategien der interpersonellen Therapie wie auch der kognitiven Therapie sind von kompetenten und erfahrenen Psychotherapeuten aufgegriffen und in ihre normale Arbeit mit depressiven Patienten integriert worden. Die Tatsache, dass sich Depressionen mit diesen psychotherapeutischen Ansätzen ebenso erfolgreich behandeln lassen wie mit Antidepressiva – außer bei schweren und lang anhaltenden depressiven Zuständen, die ohne Medikamente nicht in den Griff zu bekommen sind –, bildet ein wichtiges Argument gegenüber Forderungen, die psychologische Sichtweise zugunsten einer rein biologischen Herangehensweise aufzugeben.

Humor in der Psychotherapie

Ein gewisses Maß an Humor kann bei der Psychotherapie von Vorteil sein. Der Psychiater L. Kubie warnt zwar vor einer unüberlegten Anwendung des Humors, damit er nicht auf Kosten des Patienten gehe und dessen geringe Selbstachtung bestätige, doch zugleich erklärt er, dass darin ebenso «echte Wärme und Zuneigung zum Ausdruck kommen» können. «Es ist ein wesentlicher Unterschied, ob man mit jemandem oder über jemanden lacht … Von einem erfahrenen Therapeuten eingesetzt, kann der Humor ein sicheres und wirksames Werkzeug sein.» Wovor Kubie warnt, das ist die besondere Form von Humor, bei der der andere herabgesetzt wird, besonders wenn jemand ihn als Ventil für seine aggressiven Gefühle benutzt. Eine Auffassung, die mit der Freud'schen Theorie übereinstimmt, nach der Aggression die Basis des Witzes ist. Gleichwohl kann Humor eine wichtige und notwendige Reaktion auf gewisse Situationen und ein Gegengewicht zur Depression sein. Humor hilft, den Überblick wiederzugewinnen und zu erweitern. Ein Geschäftsmann in mittleren Jahren sagte während eines ernsten Gesprächs zu seinem Therapeuten: «Dies waren die schwierigsten Monate, die ich je im Geschäft erlebt habe. Schwindende Gewinnspannen. Probleme mit den Angestellten. Lizenzprozesse. Aber, verflucht nochmal, trotzdem habe ich bei alldem den klaren Kopf verloren!» Als er und der Therapeut diesen Versprecher bemerkten, lachten sie herzlich miteinander.

Die Einbeziehung von Partnern und Angehörigen in die Therapie

Viele Patienten können erfolgreich behandelt werden, ohne ihre Familien in die Therapie einzubeziehen. Es ist stets von Nutzen, wenn der Therapeut, falls Patient und Familie zustimmen, die wichtigsten Mitglieder der Familien kennen lernt, um sich selbst ein Bild über die Art ihrer Beziehungen zum Patienten zu machen. Immerhin ist die Familie eine Gruppe von Menschen, zwischen denen starke Wechselbeziehungen bestehen und die zur Depression des Patienten beigetragen haben oder durch sie beeinflusst werden. Niemand ist – sozusagen – im luftleeren Raum depressiv. Und sehr oft ist der Patient der Repräsentant einer pathologischen Struktur, welche die ganze Familie umfasst. Seine Heilung wird zwangsläufig Kreise ziehen – Verschiebungen in den Wertungen und im Gleichgewicht der Macht der ganzen Gruppe.

Eine der beiden geläufigsten Situationen, in denen der Therapeut sich aktiver mit der Familie befassen wird, ist die Behandlung eines depressiven Patienten, dessen Eheschwierigkeiten zu seinen Depressionen beigetragen oder sie verursacht haben. Die andere ist die Behandlung von Heranwachsenden, bei der anfangs ein gewisser Kontakt mit der Familie notwendig ist, um das Milieu des jungen Patienten beurteilen und die Vorgeschichte seiner Schwierigkeiten sorgfältig rekonstruieren zu können.

In dem letzten Fall wird der Therapeut die Familie seines jungen Patienten kaum selbst zu sich in die Sprechstunde rufen, denn solche Kontakte könnten das Vertrauen gefährden, das der Heranwachsende langsam und nur mühsam in diesen «seltsamen» Erwachsenen gesetzt hat, der bereit ist zuzuhören. Die Gefahr wäre zu groß, dieses Vertrauen durch zu engen Kontakt mit den Eltern zu verlieren. Falls nötig, werden die Familienmitglieder meist zur Beratung an einen Sozialarbeiter oder einen Kollegen überwiesen.

Dagegen ist es üblich, dass der Therapeut mit dem Ehegatten seines depressiven Patienten zusammenarbeitet, nicht nur um dem Partner behilflich zu sein, ein besseres Verhältnis zum Patienten zu gewinnen, sondern auch, um bei jenem Einstellungen und Verhaltensmuster zu verändern, die überhaupt erst zur Depression des Patienten beigetragen haben. Um die Kommunikation zwischen dem Patienten und seinem Gatten zu verbessern, werden beide zu einer Reihe von gemeinsamen Sitzungen eingeladen, sobald die Depression des Patienten nachgelassen hat.

Von Zeit zu Zeit kann es vorkommen, dass sich der Anverwandte dem Therapeuten gänzlich entzieht. Ein solcher Widerstand ist üblich, wenn eine Ehe in einem Grad zerstört ist, dass die Scheidung unmittelbar bevorsteht. Manchmal glaubt der andere Partner ganz einfach, es gebe etwas, das er nicht offenbaren könne oder wolle. Vielleicht fühlt er sich – häufig ohne Grund – bei dem Gedanken, irgendwie für die Depression des Patienten verantwortlich zu sein, gedemütigt oder schuldig. Oder er fürchtet vielleicht, der Arzt könnte feststellen, dass auch bei ihm «etwas nicht stimmt». Oder er ist nicht bereit, seine Machtposition in der Beziehung aufzugeben. Und häufig weiß er einfach nicht, worum es in der Therapie eigentlich geht, und folglich, warum er sich überhaupt darauf einlassen soll.

Wie lange dauert eine Therapie, und wann ist sie zu Ende?

Obzwar der Heilungsprozess bereits in dem Moment einsetzt, wo der Einzelne beschließt, etwas zu seiner Hilfe zu unternehmen, sollten die ersten Sprechstunden einen rein konsultierenden Charakter behalten. Unmöglich kann der Therapeut entscheiden, welche Maßnahmen zu ergreifen sind und was er empfehlen soll, bevor er nicht Gelegenheit hatte, den Menschen und sein Problem genau kennen zu lernen.

Immer noch gibt es eine Sechzig-Minuten-Stunde und eine Fünfzig-Minuten-Stunde. Daneben gibt es auch eine Fünfundvierzig-Minuten-Stunde und eine Dreißig-Minuten-Stunde und eine Fünfzehn-Minuten-Stunde und ein Drei-Minuten-Telefongespräch. Immer noch gibt es Patienten, die drei Jahre lang dreimal die Woche zum Psychotherapeuten kommen, aber es gibt ebenso viele Patienten, die innerhalb von drei Monaten nur ein Dutzend Mal in die Sprechstunde kommen. Der Schwerpunkt sollte auf der Flexibilität liegen. Der Patient sollte so viele Sprechstunden erhalten, wie er braucht, um die jeweiligen Ziele der Behandlung zu erreichen: Befreiung von seiner Depression, das Verständnis dessen, was sie verursacht hat, die Veränderung seiner Methode, das Leben zu meistern, sowie seiner Selbstwahrnehmung, damit er den größtmöglichen Nutzen aus seiner Depression ziehen kann. Eine akute depressive Reaktion kann innerhalb weniger Wochen erfolgreich bewältigt werden. Wenn die Depression bereits chronisch geworden ist und besonders wenn der Patient im Rahmen seiner chronischen Depression ein System von Fallen aufgebaut hat, dann kann die Therapie sich ohne weiteres über mehrere Jahre erstrecken.

Die Dauer der Therapie und ihr Ergebnis werden durch viele Faktoren bestimmt: Wie lange war der Patient depressiv, bevor er mit der Behandlung begann? In welchem Umfang war sein Leben dadurch kompliziert, dass er sich Fallen baute? Wie stabil und wie unterstützend wirkte seine gegenwärtige Lebenssituation? Wie flexibel ist er? Wie schnell lernt er? Wie geschickt und erfahren ist der Therapeut im Umgang mit Depressiven? Die Antworten auf solche Fragen werden die Entscheidung beeinflussen, wie viel an Therapie jeder Einzelne benötigt. Wenn er zum Beispiel schwierige Eheprobleme hat oder in einer beruflichen Stellung arbeitet, die ihn langsam, aber sicher kaputtmacht, dann kann die Behandlung viel länger dauern, als wenn seine Depression eine einfache, unkomplizierte Reaktion auf eine Stresssituation ist, etwa auf den Tod eines betagten Elternteils.

Das Ende der Therapie bedeutet nicht zugleich das Ende der Beziehung zwischen Therapeut und Patient. Jeder sollte für den anderen erreichbar sein, und sollte es sich in Zukunft ergeben, dass der Patient – mit einem Problem, einer Idee, einem Erlebnis, wovon er erzählen will – wiederkommen möchte, dann muss der Therapeut bereit sein, das Gespräch fortzusetzen.

In seinem Aufsatz ‹ *Die endliche und die unendliche Analyse* › schlug Freud einst in einer anderen Epoche ein anderes Verfahren vor. Im Laufe der Analyse, so betonte er, solle ein Punkt erreicht werden, an dem die Analyse endet. Gestützt auf Kriterien wie eine eintretende Veränderung in der Persönlichkeit des Patienten oder das Auftauchen von Widerständen, die nicht bearbeitet werden können, solle der Analytiker die Behandlung beenden. Genug sei genug. Leider war Freuds Vorstellung von der Beendigung der Therapie eine mehr oder minder endgültige. Falls der Patient nicht vorhatte, die Analyse

103

wieder aufzunehmen, blieb ihm die Tür zum Sprechzimmer des Analytikers tatsächlich verschlossen. Die Folge war, dass manchem Patienten, der sich *nach Abschluss* einer langen Analyse durchs Leben schlagen musste, eine kurze Beratung, die ihm geholfen hätte, elastischer auf gewisse Schwierigkeiten zu reagieren, verwehrt wurde. Die vorbeugende Psychiatrie, zu der auch die Sorge für das Wohl des geheilten Patienten gehört, war noch nicht geboren.

Heute setzt sich dagegen allgemein die Gepflogenheit durch, dass der Therapeut den Patienten auffordert, mit ihm in Kontakt zu bleiben. Auf diese Weise kann er verfolgen, wie sich das Leben seines Patienten weiterhin entwickelt, sodass er im Falle einer künftigen Krise die notwendigen Kenntnisse hat, um ihm helfen zu können.

Die Psychotherapie bietet dem depressiven Menschen die Chance, sich von seiner Depression zu befreien und gleichzeitig wertvolle und nützliche Einsichten zu gewinnen. Seit einigen Jahren ist es möglich, diesen Prozess mit Hilfe der trizyklischen Antidepressiva zu beschleunigen.

Kapitel 7

Antidepressive Medikamente oder: Die leise Revolution

Die Entdeckung der Antidepressiva

Ein entscheidender Durchbruch in der Behandlung von Depressionen gelang 1957, als die trizyklischen Antidepressiva – trizyklisch genannt wegen ihrer aus drei Ringen bestehenden chemischen Struktur – entdeckt wurden. Bis dahin gab es keine Medikamente, die Depressionen gut und nachhaltig gelindert hätten. Beruhigungsmittel, die so genannten Tranquilizer, etwa Medikamente aus der Gruppe der Phenothiazine, waren seit einigen Jahren eingeführt. Zwar erwiesen sie sich bei der Behandlung schwerer psychischer Störungen, etwa der Schizophrenie und leichteren Spannungszuständen, als nützlich, konnten jedoch die allgemeine Stimmung nicht beeinflussen.

Wie bei vielen anderen medizinischen Entdeckungen stieß man auch auf die trizyklischen Antidepressiva nur durch Zufall. Der Schweizer Psychiater R. Kuhn versuchte damals festzustellen, ob diese Gruppe von Verbindungen – insbesondere das Imipramin (Tofranil) –, die eine gewisse chemische Ähnlichkeit mit den Phenothiazinen aufweisen, zur Linderung akuter emotionaler Symptome der Schizophrenie geeignet wären. Sie waren es nicht. Aber im Verlauf seiner Untersuchungen konstatierte er bei vielen Patienten eine merkliche Milderung der depressiven Symptome. Da diese Mittel etwa drei Wochen lang genommen werden müssen, bis die Depression nachlässt, wurden seine Befunde anfangs mit erheblicher Skepsis aufgenommen. Sie wurden auf den so genannten Placebo-Effekt zurückgeführt.

Beim Placebo-Effekt handelt es sich im Wesentlichen um eine Veränderung der physischen oder psychischen Verfassung eines

105

Menschen, ausgelöst durch die Einnahme einer biologisch unwirksamen Substanz, von welcher der Betreffende erwartet, dass sie sein Wohlbefinden bessern werde. «Ich spritze Ihnen jetzt dieses neue Medikament», sagte der Arzt, «und in ein paar Minuten werden Ihre Kopfschmerzen verschwinden.» Häufig tun sie dies auch, obgleich die Injektion aus nichts anderem als Wasser und Salz besteht. Der Placebo-Effekt ist immer dann anzunehmen, wenn behauptet wird, dass eine Substanz psychische Veränderungen bewirke. Der Mensch ist anfällig für Suggestion – der eine mehr, der andere weniger – und reagiert auf das Zusammenspiel von dem, was mit ihm geschieht, mit dem, was der Arzt ihm einredet, mehr oder minder bereitwillig – je nachdem, wie viel Vertrauen er in den Arzt setzt und in welchem Maß er für Suggestion empfänglich ist.

Um die Wirkung der trizyklischen Antidepressiva zu beurteilen, waren sorgfältig durchgeführte «Doppel-Blind-Versuche» notwendig. Das sind Versuche, bei denen die Test-Auswerter nicht wissen, welche Substanz dem einzelnen Patienten verabreicht wird, und bei denen die getesteten Patienten nach dem Zufallsprinzip ausgewählt werden. Durch diese konnte verbindlich festgestellt werden, dass die Medikamente tatsächlich irgendwie Depressionen lindern – nicht bei allen Patienten, aber bei den meisten.

Seit der Entdeckung des Imipramin vor über vierzig Jahren sind zahlreiche neue Antidepressiva entwickelt und erprobt worden, die zum Teil eine trizyklische, zum Teil aber auch eine leicht abgewandelte chemische Struktur aufweisen. Unter diesen neueren Antidepressiva sind besonders die selektiven Serotonin-Reuptake(Wiederaufnahme)-Hemmer oder kurz SSR-Hemmer hervorzuheben, zu denen die Wirkstoffe Fluoxetin (Fluctin), Sertralin (Zoloft), Paroxetin (Seroxat, Tagonis) und Fluvoxamin (Fevarin, Fluroxadura) zählen.

Das Serotonin gehört wie Noradrenalin und Dopamin zu den chemischen Botenstoffen, die in den synaptischen Spalten des Zentralnervensystems für die Informationsübermittlung von einer Nervenzelle zur anderen zuständig sind. Man geht davon aus, dass bei einem im klinischen Sinne depressiven Menschen einer oder auch mehrere dieser Botenstoffe an den entscheidenden Verbindungsstellen nicht in ausreichendem Maße vorhanden sind und dass mit einer Erhöhung ihrer Konzentration die depressiven Beschwerden gelindert werden können. Dies geschieht zum Beispiel, indem man die Wiederaufnahme von Serotonin, Norepinephrin und / oder Dopamin in den Nervenendigungen, wo sie vorher abgegeben worden waren, hemmt, sodass sie dem Gehirn in größeren Mengen zur Verfügung stehen.

Antidepressiva werden heute nicht mehr nur in der Behandlung von Depressionen eingesetzt, sondern haben sich auch bei einer Reihe von anderen emotionalen Störungen als wirksam erwiesen, etwa bei allgemeinen Angstzuständen, Phobien, zwangsneurotischen Störungen, Anorexia nervosa und Bulimie. Zu ihrem besseren Verständnis sollte man die Antidepressiva als *Mittel auffassen, welche die körpereigene Flexibilität steigern*, indem sie dafür sorgen, dass der Informationsfluss im zentralen Nervensystem wieder so funktioniert, wie es für die Gesundheit erforderlich ist.

Die Pharmakotherapie der Depression

Wirkungsweise der Antidepressiva

Man unterscheidet zwei Arten von Antidepressiva, je nachdem ob sie die Wiederaufnahme der Botenstoffe Noradrenalin, Serotonin und / oder Dopamin blockieren oder die Produktion des Enzyms Monoaminooxidase hemmen. Einige trizyklischen Mittel wie zum Beispiel Desipramin (Pertofran, Petylyl) und Maprotilin (Ludiomil) hemmen in erster Linie die Wiederaufnahme des Noradrenalin. Die spezielle Wirkung der SSR-Hemmer beruht darauf, dass sie die Wiederaufnahme des Serotonin an den Synapsen verhindern. Imipramin, der «Goldstandard» aller Antidepressiva, blockiert die Wiederaufnahme beider Substanzen, des Noradrenalin und des Serotonin. Auf ähnliche Weise wirken auch die Stoffe Amitriptylin (Saroten), Doxepin (Sinquan) und Trimipramin (Stangyl) sowie Venlafaxin (Trevilor) als letztes Beispiel aus dieser Gruppe.

Zurzeit das einzige Medikament auf dem amerikanischen Markt, das die Wiederaufnahme des Dopamin hemmt, ist Bupropion (Wellbutrin). Das Bupropion hat Anfang der achtziger Jahre in den USA für Aufregung gesorgt, als die Arznei- und Lebensmittelaufsicht FDA die Phase III seiner klinischen Prüfung abbrach, nachdem es zu einer Häufung von Krampfanfällen gekommen war. Während der Erprobungsphase wurde dieses Medikament jedoch in einer ungewöhnlich hohen Dosierung verabreicht – bis zu 900 mg pro Tag. Normalerweise geht man bei Wellbutrin von einer Tagesration von 300 mg aus; die empfohlene Höchstmenge beträgt je nach der medizinischen Indikation 450 mg pro Tag. Für das Bupropion spricht, dass es offenbar das Sexualleben nicht beeinträchtigt.

Die zweite Gruppe der Antidepressiva, die so genannten Monoaminooxidase-Hemmer, kurz MAO-Hemmer, blockieren die Enzyme, die für den Abbau von Serotonin und Noradrenalin verantwortlich sind. Nach dem Absetzen dieser Mittel dauert es noch mehrere Wochen, bis sich das ganze System wieder auf seinem normalen Niveau eingependelt hat. Die MAO-Hemmer, zu denen unter anderem Moclobemid (Aurorix) und Tranylcypromin (Parnate) gehören, scheinen vor allem bei einer kleinen, speziellen Gruppe von depressiven Patienten anzuschlagen, deren Symptome eher atypisch sind. Anstelle der klassischen Merkmale der Melancholie – frühmorgendliches Erwachen, Appetitlosigkeit, Gewichtsverlust und eine herabgesetzte Libido – neigen diese Patienten dazu, zu viel zu schlafen und zu essen, und befinden sich in einem allgemeinen Zustand nervöser Anspannung und Erschöpfung.

Schließlich sei noch eine letzte Kategorie von Medikamenten erwähnt, die mehrere pharmakologische Eigenschaften in sich vereinen. Zu ihren bekanntesten Vertretern gehören Trazodon (Thombran), Nefazodon (Nefadar) und Clomipramin (Anafranil). Clomipramin besitzt ähnliche Eigenschaften wie die trizyklischen Antidepressiva und die SSR-Hemmer und kann ebenso wie diese zur Linderung depressiver Symptome eingesetzt werden.

Die genannten Medikamente unterscheiden sich erheblich, was ihre Wirkungsweise angeht. Einige von ihnen wirken deutlich antriebssteigernd, wie zum Beispiel Desipramin und Fluoxetin, während andere, zu denen das Amitriptylin zählt, einen dämpfenden Effekt haben. Letztere bieten sich daher vor allem für die Behandlung von Patienten mit starken Angstgefühlen, innerer Unruhe und Schlaflosigkeit an. Die neueren SSR-Hemmer scheinen gezielter an den biogenen Aminen anzusetzen und somit einen geringeren Streueffekt und ein insgesamt günstigeres Nebenwirkungsprofil aufzuweisen. Sie sind daher leichter zu kontrollieren, werden besser vertragen und eignen sich besonders für Patienten, die an leichteren depressiven Zuständen leiden und nicht bereit sind, die mit der Einnahme der trizyklischen Antidepressiva oft verbundenen Beschwerden (wie Mundtrockenheit und Verstopfung) in Kauf zu nehmen. Mit SSR-Hemmern können auch Patienten behandelt werden, die an einer Dysthymie leiden, damit sind weniger schwere Fälle chronischer Depressionen gemeint, deren Symptome bereits seit Jahren andauern und in Minderwertigkeitsgefühlen, Antriebslosigkeit, Ängsten, Pessimismus und negativem Denken bestehen.

Manchen Patienten, die auf ein bestimmtes antidepressives Medikament nicht ansprechen, obwohl sie es in der richtigen Dosierung und ausreichend lange eingenommen haben, kann mit einem anderen Antidepressivum geholfen werden, ohne dass man genau sagen könnte, warum. Die meisten Ärzte verfügen inzwischen über genügend praktische Erfahrung mit mehreren Antidepressiva aus jeder der genannten Kategorien und können sie je nach dem Eindruck, den sie von einem Patienten gewonnen haben, einsetzen.

Medikamente, die das zentrale Nervensystem stimulieren

In der Vergangenheit hat man Depressionen auch mit Medikamenten behandelt, die das zentrale Nervensystem stimulieren und als Psychostimulantia bezeichnet werden. Jahrelang wurden den Patienten bereitwillig Amphetamine verabreicht, um ihre Lustlosigkeit und Erschöpfung zu beheben. Nicht selten waren sie mit Barbituraten kombiniert, um Nervosität und Unruhe zu unterdrücken. Diese Methode ist nicht nur fehl am Platz und ungeeignet, Depressionen zu lindern, sondern die Einnahme dieser Mittel ist außerdem mit einer erheblichen Suchtgefahr verbunden. Während die Einnahme von Amphetaminen und Barbituraten eine unmittelbare, euphorische Reaktion auslöst, tritt die depressionslindernde Wirkung der Antidepressiva langsam, erst im Laufe von mehreren Wochen ein. Auch rufen sie keine Reaktionen hervor, die einen Missbrauch begünstigen könnten.

Psychostimulantia, zu denen die Wirkstoffe Methylphenidat (Ritalin) und Pemolin (Tradon) zählen, wirken auf das zentrale Nervensystem ein, indem sie Monoamine freisetzen. Zugelassen sind diese Mittel eigentlich nur für die Therapie von hyperkinetischen Verhaltensstörungen, sie werden gelegentlich aber auch Patienten verordnet, die unter leichten depressiven Verstimmungen leiden. Das am häufigsten verschriebene Mittel aus dieser Stoffgruppe ist Methylphenidat, das bekannt ist für seine ausgezeichneten Ergebnisse bei der Behandlung von Aufmerksamkeitsdefizit- bzw. Hyperaktivitätsstörungen von Kindern. Neunzig Prozent der Kinder in den USA, die wegen solcher Störungen mit Medikamenten behandelt werden, bekommen von ihrem Arzt Methylphenidat verschrieben, da es nachweislich die schulischen Leistungen verbessert, die Konzentrationsfähigkeit der Kinder erhöht und ihr Verhältnis zu Gleichaltrigen positiv beeinflusst.

Hormone

Um die therapeutische Wirkung der Antidepressiva zu begünstigen, werden gelegentlich zusätzlich Hormone eingesetzt, so zum Beispiel das Schilddrüsenhormon, das die Schilddrüse stimuliert, und Trijodthyronin (T3), ein Derivat des Schilddrüsenhormons. Mit einer solchen Kombination erzielte man bisher recht unterschiedliche Ergebnisse. Ihre Wirkung wurde vor allem im Zusammenhang mit den trizyklischen Antidepressiva Imipramin, Amitriptylin und Desipramin untersucht.

Die Anwendung von Östrogen blieb bisher bei deprimierten Frauen in der Zeit der Menopause ohne Erfolg. Viele Frauen, die Antibabypillen – sie bestehen im Wesentlichen aus Hormonen, welche den Menstruationszyklus und die Ovulation beeinflussen – nehmen, berichten von einer Beeinträchtigung ihrer Stimmung nach der Einnahme. Dass zwischen Stimmungsschwankungen und Veränderungen der endokrinen Funktionen eine Verbindung besteht, ist also wohl offensichtlich, aber was für eine Verbindung das ist und wie sie im Dienst der Therapie genutzt werden kann, bleibt noch zu klären.

Beruhigungsmittel

Die meisten Menschen, die depressiv sind, werden auch von Angstgefühlen geplagt. Angst ist manchmal sogar das auffälligste Merkmal ihres Leidens. Viele Ärzte verschreiben daher als Erstes ein Beruhigungsmittel, um den Patienten unmittelbar Erleichterung zu verschaffen. Vor allem schwächere Tranquilizer vom Benzodiazepintyp, wie Alprazolam (Xanax), Oxazepam (Adumbran), Diazepam (Valium), Chlordiazepoxid (Librium) und Lorazepam (Tavor), werden gerne gegen Nervosität, Anspannung und Schlaflosigkeit verordnet.

Ironischerweise *verstärken* diese Mittel jedoch in der Regel eine vorhandene Depression. Daher kann eine vorsichtige, schrittweise Reduzierung des Beruhigungsmittels zu einer erheblichen Verbesserung im Befinden des depressiven Patienten führen, zumal dieser sehr erleichtert sein dürfte, sich nicht mehr so dumpf und schläfrig zu fühlen – eine häufige Nebenwirkung von Beruhigungsmitteln. Es sei ausdrücklich darauf hingewiesen, dass die Einnahme von benzodiazepinhaltigen Medikamenten zur Abhängigkeit und somit zum Missbrauch führen können – im Unterschied zu den Antidepressiva, bei denen eine solche Suchtgefahr nicht besteht. Tranquilizer vom Benzodiazepintyp sollten daher *nur* eine Zeit lang verwendet werden, um die Behandlung mit einem bewährten Antidepressivum zu ergänzen. Sobald der Patient sich besser fühlt und die Einnahme nicht länger erforderlich ist, sollte man sie absetzen.

Dosierung der Antidepressiva

Antidepressiva müssen, um Wirkung erzielen zu können, in angemessener Dosis über einen ausreichenden Zeitraum hinweg verabreicht werden, im Durchschnitt mindestens vier bis sechs Wochen. Für eine therapeutisch wirksame Dosis der trizyklischen Antidepressiva muss der Arzt die Dosierung in der Regel nach und nach erhöhen, damit es zu keinen unerwünschten Effekten kommt. Er muss auch berücksichtigen, dass die optimale Dosierung von Patient zu Patient stark variieren kann. Spricht ein Patient nicht wie erwartet auf ein Antidepressivum an, empfiehlt es sich, die Konzentration dieses Medikaments in seinem Blut zu messen und mit dem Wert zu vergleichen, der sich in der Praxis als therapeutisch wirksam erwiesen hat. Einer der Vorteile der SSR-Hemmer besteht in ihrer niedrigen Dosierung. Oft reicht bereits eine Tablette mit 20 mg Fluoxetin oder 50 bis 100 mg Sertralin aus, um die gewünschte Wirkung zu erzielen.

Warum diese Medikamente so lange brauchen, um wirksam zu werden, wissen wir immer noch nicht. Ähnlich verhält es sich bei der Gabe von Hormonen zur Korrektur endokriner Störungen. Bei der Behandlung des Hypothyroidismus, der Schilddrüsenunterfunktion, ist es erforderlich, mehrere Monate lang Schilddrüsenhormone zu verabreichen, um die Werte der Schilddrüsenfunktion zu normalisieren. Ebenso ist eine mehrwöchige Östrogenbehandlung notwendig, um das Hormongleichgewicht zu normalisieren, wenn die Störung auf einen Östrogenmangel während der Wechseljahre zurückgeht.

Der typische depressive Patient, der antidepressive Medikamente erhält, zeigt während der ersten Behandlungswoche einen gewissen Stimmungsaufschwung und eine gesteigerte Energie. Manchmal bemerkt er diese Veränderungen selbst – oder aber die Besserung ist nur für außenstehende Beobachter wahrnehmbar. Während der zweiten Behandlungswoche wird oft ein Stillstand erreicht. Es ist keine weitere Veränderung festzustellen, und manchmal kehrt das emotionale Leiden wieder. Gegen Ende der dritten Behandlungswoche beginnt der Patient sich in der Regel besser zu fühlen. Er kann sich besser konzentrieren. Er hat weniger depressive Anfälle, und wenn, dann sind sie häufig kürzer. Wenn er über ein beunruhigendes Ereignis oder eine provozierende Bemerkung unglücklich ist, dann erholt er sich augenscheinlich schneller als zuvor von seiner Verstimmung.

Nebenwirkungen der Antidepressiva

Wie alle Medikamente haben auch die Antidepressiva unerwünschte Nebenwirkungen. So müssen zum Beispiel die Patienten, denen MAO-Hemmer verordnet werden, strenge Diätregeln einhalten: Sie dürfen keine Nahrungsmittel zu sich nehmen, die den Eiweißstoff Thyramin enthalten, dazu zählen unter anderem Heringe, Saubohnen, bestimmte Käsesorten, Rotwein und Schokolade. Befolgen sie diese Diät nicht, kann es durch die ungünstige Wechselwirkung zwischen den MAO-Hemmern und dem Thyramin zu einem gefährlichen Anstieg ihres Blutdrucks kommen.

Zu den häufigsten Nebenwirkungen der trizyklischen Antidepressiva gehören Mundtrockenheit und Verstopfung, denn der anticholinergische (das sympathische Nervensystem blockierende) Effekt dieser Mittel bewirkt eine Austrocknung der Schleimhäute. Manche Patienten klagen auch über starke Transpiration. Leichte Schwindelgefühle können auftreten, und einigen wird sogar schwarz vor Augen, wenn sie zu schnell aufstehen, was durch ein vorübergehendes Absinken des Blutdrucks bedingt ist. Manchmal kommt es auch zu einer orthostatischen Hypotonie, die ernste Komplikationen nach sich ziehen kann: Ein Herzinfarkt könnte die Folge sein, besonders bei Patienten, die durch ein schweres Herzleiden bereits vorgeschädigt sind.

Der Arzt muss also sorgfältig prüfen, ob er einem Patienten, der an einem kardiovaskulären Leiden erkrankt ist oder bei dem die Gefahr eines Herzinfarkts besteht, ein trizyklisches Antidepressivum verschreiben kann, und auch im weiteren Verlauf der Behandlung ist eine engmaschige Kontrolle erforderlich. Nach der Einnahme dieser Medikamente können Veränderungen im EKG auftreten, die darauf hinweisen, dass sie die Herzfunktion beeinflussen. Für Patienten mit Herzrhythmusstörungen sind sie daher nicht geeignet.

Weitere Nebenwirkungen der trizyklischen Antidepressiva sind Sehstörungen, Müdigkeit, Schläfrigkeit, Hautjucken und Empfindlichkeit gegen Sonnenlicht. Eine besonders unangenehme Nebenwirkung ist die Beeinträchtigung der Sexualfunktionen, die manchmal schwer zu unterscheiden ist von der allgemeinen Herabsetzung der Libido, die gewöhnlich mit einer Depression einhergeht. Wird die Dosierung des Medikaments verringert oder die Einnahme unterbrochen, kehrt das sexuelle Interesse der Patienten in der gleichen Stärke wie vor ihrer Behandlung zurück.

Weniger problematisch in Bezug auf ihre möglichen Nebenwirkungen scheinen die SSR-Hemmer zu sein. Da sie sehr viel besser vertragen werden, stehen sie einem breiteren Spektrum von Patienten zur Verfügung. Aber auch diese Mittel sind nicht vollkommen frei von unerwünschten Wirkungen, zu denen nicht zuletzt auch sexuelle Funktionsstörungen gehören. Einige Patienten, vor allem wenn sie Fluoxetin verordnet bekommen haben, klagen über Müdigkeit, Unruhe und Schlaflosigkeit – ein Grund, weshalb sie dieses Medikament immer morgens einnehmen sollten. Bei den meisten Menschen bewirkt die Einnahme von SSR-Hemmern, dass sie weniger stark auf Stressfaktoren reagieren und aufhören, sich übermäßig Sorgen zu machen. Gelegentlich kann es jedoch zu einer eigenartig paradoxen Apathie kommen, bei der das normale Antriebsniveau stark herabgesetzt ist. In einigen Studien wird das Fluoxetin für eine erhöhte Suizidgefahr verantwortlich gemacht sowie für das Auftreten von gewalttätigem Verhalten, was möglicherweise daran liegt, dass es auf leicht beeinflussbare Menschen zu sehr stimulierend wirkt. Bei dem ersten Anzeichen für eine solche Wirkung muss das Medikament unverzüglich abgesetzt und gegen ein anderes Antidepressivum ausgetauscht werden.

Viele Patienten nehmen durch die Antidepressiva an Gewicht zu. Sorgfältig kontrollierte Versuche haben aber bewiesen, dass diese

Zunahme durch eine vermehrte Nahrungsaufnahme bedingt ist – wahrscheinlich infolge des besseren Appetits. Einst war man der Meinung, dass der mit der Depression einhergehende Gewichtsverlust durch eine unabhängig von der Nahrungsaufnahme stattfindende Zerstörung und Ausscheidung von Körpergewebe bedingt sei. In letzter Zeit wird auch in Diätbüchern der Leser davor gewarnt, während einer Abmagerungskur Antidepressiva zu nehmen, da unterstellt wird, dass diese Mittel eine Gewichtszunahme bewirken. Alles in allem sind solche Aussagen mit Vorsicht zu genießen. Einige Antidepressiva wie zum Beispiel Maprotilin (Ludiomil) scheinen eine besonders appetitanregende Wirkung zu haben, sie sind daher gut geeignet für die Behandlung von Patientinnen mit Anorexia oder einem gravierenden Untergewicht. Bei Patienten hingegen, die SSR-Hemmer einnehmen, ist eine Gewichtszunahme nur selten beobachtet worden.

Die Entscheidung des Arztes, ob er antidepressive Mittel verschreiben will, hängt von seiner eigenen Erfahrung und seinem Urteil ab. Wenn er glaubt, dass der Patient seine Depression verhältnismäßig rasch überwinden kann, dann wird er von einer medikamentösen Behandlung Abstand nehmen, die erst nach etwa vier Wochen Wirkungen zeigt und normalerweise vier bis sechs Monate dauert. Zuerst wird er sich versichern müssen, ob der Patient, der depressiv zu sein behauptet, es auch wirklich ist. Manche Patienten, die behaupten, depressiv zu sein, sind es nicht, andere, die es leugnen, sind es.

Reaktionen auf die Behandlung

Es gibt erhebliche Unterschiede, wie rasch und wie zuverlässig sich der Einzelne von seiner Depression erholt, sobald er einmal beschlossen hat, ärztliche Hilfe in Anspruch zu nehmen, und etliche therapeutische Sitzungen hinter sich hat. Eine dreißigjährige Frau konsultierte den Arzt, weil sie an Depressionen litt. Sie hatte sich erst kürzlich von ihrem Verlobten getrennt. Vorher war sie eigentlich nie depressiv gewesen. In den ersten zwei Sitzungen gelang es dem Therapeuten, den Schmerz und Zorn zutage zu fördern, den sie als Reaktion auf die Beendigung des Verhältnisses empfunden hatte. «Obgleich ich es war, die Schluss gemacht hat, fühlte ich mich zurückgewiesen», erklärte sie. Schon in der dritten Sitzung war sie viel besserer Laune und berichtete, dass sie gut schlafe. Das schnelle Verschwinden ihrer Depression ließ den Psychiater davon absehen, ihr Antidepressiva zu verschreiben. Eine andere Frau hingegen, die demselben Arzt eine fünf Jahre während Geschichte von Schlaflosigkeit, Pessimismus, Reizbarkeit, sozialem Rückzug und traurigem Geschlechtsleben vortrug und die sich selbst nie als depressiv bezeichnet hatte, bevor sie in einer Illustrierten etwas über Depressionen las, erhielt nach ihrer zweiten Sitzung antidepressive Mittel verschrieben. In diesem Fall wurde die Entscheidung des Psychiaters durch die lange Dauer ihrer Depression sowie durch die Erfahrung diktiert, dass eine Psychotherapie allein nicht ausreichen würde, um ein so chronisches Verhaltensmuster zu ändern.

Ob eine Behandlung mit antidepressiven Mitteln eingeleitet wird, hängt auch von der Komplexität des depressiven Erscheinungsbildes ab. Leidet der Patient an einer relativ unkomplizierten Form der Depression, die sich in Verstimmung, einer gewissen Unruhe, Schlaflosigkeit und Gewichtsverlust äußert, so kann der Arzt damit rechnen, dass er auf die Medikamente gut ansprechen wird. Doch ein anderer Patient mag ein hohes Maß an Angst, Erregung und Rastlosigkeit zeigen, oder seine Verstimmung ist mit einer ans Paranoide grenzenden Überempfindlichkeit verbunden – «Manchmal glaube ich, dass alle es auf mich abgesehen haben. Wirklich, erst heute Morgen klingelte das Telefon dreimal, und es war niemand in der Leitung» –, oder es kommt eine heftige Wut hinzu, die manchmal Formen bis hin zu körperlichen Gewaltausbrüchen annimmt. Unter diesen Umständen wird der Psychiater neben antidepressiven Medikamenten auch ein starkes Beruhigungsmittel verschreiben, das von sich aus keine Linderung der Depression bewirkt, aber innerhalb weniger Tage Wut, Angst, sexuelle Erregung, Überempfindlichkeit und Unrast unter Kontrolle bringt. Falls er es in solchen Fällen versäumt, eine Kombination dieser beiden Mittel zu verschreiben, kann es vorkommen, dass der Patient sich unter dem Einfluss solcher Emotionen nicht, wie erwartet, nach einer vierwöchigen Behandlung durch Antidepressiva erholt hat.

Bei der Entscheidung des Arztes spielen auch diagnostische Überlegungen eine wichtige Rolle. Es ist eines, einem Patienten ein Antidepressivum zu verschreiben, der an einer Dysthymie oder einer unipolaren Depression leidet – Fälle also, in denen *nur* depressive, aber keine manischen Phasen auftreten. Etwas anderes ist es, ein solches Medikament in Erwägung zu ziehen, wenn jemand eine bipolare Störung (früher: Manisch-depressive Erkrankung) aufweist, bei der depressive und manische Phasen – mit den typischen Merkmalen Größenphantasien, Überreaktivität, Egomanie, Wut und Reizbarkeit – einander ablösen.

Liegt, wie im letzteren Fall, eine Krankheitsgeschichte mit einer manischen Komponente vor, muss der Arzt seine Behandlungsstrategie ändern. Zwar können die Beschwerden des Patienten während der depressiven Phase durch die Gabe von antidepressiven Medikamenten gelindert werden, zugleich besteht jedoch die Gefahr eines Umschlags in die manische Phase, wenn der Betreffende nicht gleichzeitig Lithium (Quilonium) erhält. Lithiumsalz ist eine Verbindung, die 1949 von dem australischen Psychiater J. F. Cade erstmals zur Behandlung manischer Erregungszustände verabreicht wurde, doch erst zwanzig Jahre später fand es eine weitere Verbreitung. Lithium hat sich als wirksames Mittel bei der Behandlung von manischen Zuständen bewährt und konnte zahlreiche Patienten mit einer bipolaren Störung vor einem Rückfall in die manische Phase bewahren. Sollte ein Patient – aus welchen Gründen auch immer – auf das Lithium nicht ansprechen oder es nicht vertragen, kann man auf krampflösende Mittel wie Carbamazepin (Tegretol) oder Valproinsäure zurückgreifen, um der manischen Erregung vorzubeugen.

Die Einstellung zur Behandlung

Wichtig für den Erfolg der psychopharmakologischen Behandlung ist auch die Einstellung von Arzt und Patient dazu. Vielen Therapeuten gelingt es nicht, psychologische und pharmakologische Behandlung der Depression miteinander zu verbinden. Manche Ärzte beharren auf dem psychogenen Ursprung der Depression, andere auf deren biologischen Ursachen. Die erste Gruppe neigt dazu, auf die Gabe von Medikamenten gänzlich zu verzichten, selbst wo sie eindeutig angebracht ist. Falls sie sich dann doch dazu entschließen, scheint ihr Interesse an einer Fortsetzung der psychotherapeutischen Behandlung zu erlöschen. «Als ich den Arzt zum ersten Mal aufsuchte, befürwortete er zwei Sitzungen pro Woche. Nach drei Monaten verschrieb er mir ein Mittel. Eine Woche später stufte er mich ohne jede Erklärung auf eine halbe Stunde pro Woche zurück.» Die andere Gruppe, die organizistische Richtung der Psychiatrie, neigt dazu, den Patienten kurz zu interviewen und dann Medikamente zu verschreiben. Sie zeigt wenig Interesse daran, mit ihm zusammen die psychologischen oder milieubedingten Faktoren seiner Depression zu untersuchen. Besondere Probleme entstehen, wenn Patienten – wie es viele tun – die Hilfe von Therapeuten in Anspruch nehmen, die nicht berechtigt sind, Medikamente zu verschreiben, also von Psychologen, Sozialarbeitern, Geistlichen. Diese zögern häufig, eine medikamentöse Behandlung zu empfehlen, weil sie befürchten, dass der verschreibende Arzt sich in ihre therapeutische Beziehung einmischen könnte. Zum Teil sind sie auch nicht auf dem Laufenden über den potenziellen Nutzen von Medikamenten, weil für sie nur ein bestimmter psychotherapeutischer Ansatz infrage kommt. Solange also nicht eine konkurrenzfreie Atmosphäre der Zusammenarbeit zwischen diesen Berufsgruppen und dem Arzt herrscht, werden viele Patienten, die eigentlich antidepressive Medikamente benötigen, diese nicht erhalten – es sei denn, dass sie in eine schwere Krise geraten.

Ist die Überzeugung des Arztes von der Wirksamkeit antidepressiver Mittel – oder auch seine Zweifel daran – von Einfluss auf das

Ergebnis der Behandlung? Es wurde eindeutig festgestellt, dass bei der Wirkung von Medikamenten, die Unruhe und Spannungen herabsetzen sollen, Suggestion eine entscheidende Rolle spielt. Daher die Beliebtheit schwacher Beruhigungsmittel und rezeptfreier Präparate, die zur Beruhigung der Nerven genommen werden. Der Chefarzt einer führenden psychiatrischen Klinik in England war dafür berühmt, mit einer Vielzahl von Medikamenten bemerkenswerte Resultate zu erzielen. Wenn er den Patienten in höchst autoritärem Ton fragte: «Es geht Ihnen doch besser, nicht wahr?», antwortete dieser regelmäßig beinah automatisch: «Ja, gewiss doch, Sir, wenn Sie meinen, Sir!»

Die zeitliche Verzögerung der Wirkung von antidepressiven Mitteln, die Hartnäckigkeit der chronischen Depressionen sowie die bei diesen Präparaten vorgenommenen Doppel-Blind-Versuche sprechen eindeutig gegen signifikanten Einfluss des Placebo-Effekts. Doch die Einstellung des Arztes kann und wird stets von Einfluss darauf sein, wie der Patient die Medikamente nimmt. Ist der Arzt skeptisch und hält das Mittel für relativ harmlos, dann wird der Patient dies unterschwellig wahrnehmen und sich danach richten, indem er vergisst, die vorgeschriebenen Dosen zu nehmen, ganz damit aufhört, bevor das Mittel Zeit hatte, wirksam zu werden, oder rundheraus leugnet, dass seine Besserung überhaupt etwas mit dem Medikament zu tun habe. Letzteres mag natürlich der Eigenliebe manches Psychotherapeuten schmeicheln, der dann annehmen kann, dass seine psychotherapeutischen Bemühungen allein die Ursache der Besserung seien.

Der von diesen Mitteln überzeugte Arzt kann allerdings auch den Fehler begehen, übertrieben große Versprechungen zu machen, wodurch er die negative Haltung aktiviert, die manchen depressiven Menschen eigentümlich ist. Selbst wenn sie nach Hilfe suchen, ist irgendeine Instanz in ihnen bestrebt, den depressiven Zustand beizubehalten – die Macht, die dieser ihnen über andere einräumt, das Mitleid, das er hervorruft, die Wut, deren Ausdruck er sein kann und für welche sie sonst kein Ventil haben. Wenn der Therapeut die Hilfe durch Medikamente zu begeistert anpreist, dann kann es passieren, dass er diesen unbewussten Widerstand gegen eine Heilung weckt. «Nachdem ich die erste Tablette zur Schlafenszeit genommen hatte, spürte ich keinerlei Wirkung», meinte ein Patient, dem eine rasche Besserung durch Medikamente versprochen worden war. «Ich konnte nicht schlafen. Am nächsten Tag fühlte ich mich wie zerschlagen, aber ich nahm sie weiterhin, wie der Doktor gesagt hatte. Meine Beine waren schwach, und ich glaubte, ich würde zusammenbrechen. Am nächsten Abend rief ich den Doktor dreimal an. Er sagte, ich solle mit dem Mittel aufhören und am nächsten Tag wegen eines anderen Rezepts vorbeikommen. Das tat ich. Dies war angeblich ein milderes Antidepressivum. Aber mir ging es noch schlechter. Am Tag, nachdem ich es zum ersten Mal genommen hatte, kam ich überhaupt nicht mehr aus dem Bett. Meine Beine zitterten – ich war so schwach, dass ich mich an den Möbeln festhalten musste, um auf die Toilette zu gehen. Ich rief ihn wieder an, und diesmal meinte er, ich solle außer der Reihe in die Sprechstunde kommen.

Na, ich ging hin, und er sagte mir, dass die meisten Beschwerden, über die ich klagte, unmöglich von dem Medikament herrühren könnten, und im Verlauf des Gesprächs wurde mir allmählich bewusst, dass ich in Wirklichkeit nur ungern diese feine Art der Aggression gegen meine Frau aufgeben wollte, indem ich abends und am Wochenende deprimiert zu Hause herumsaß, und wobei sie keine Chance hatte, sich zu revanchieren. Wenn nun also das Mittel tatsächlich wirken würde, dann würde ich dieses Ventil verlieren, und ich müsste lernen, auf eine andere Art mit meiner Wut fertig zu werden, die sich bei mir gegen sie angestaut hatte.»

Viele Patienten zögern, ein Medikament zu nehmen und dadurch ihre Stimmung zu verbessern, weil sie die damit verbundene Abhängigkeit fürchten. Andere glauben, dass die Veränderung ihrer Stimmung unter dem Einfluss von Tabletten künstlich und jede eintretende Besserung keine «wirkliche» sei. Ein Patient zum Beispiel hatte unbewusst solche Angst, von irgendjemandem oder irgendetwas abhängig zu werden, dass er fast jede Verabredung mit seinem Therapeuten in letzter Minute rückgängig machte, indem ihm plötzlich einfiel, dass er anderweitig verpflichtet sei. Es dauerte fast drei Monate, bis er langsam seine Angst verloren hatte und der Therapeut die Verwendung von Antidepressiva wenigstens vorschlagen konnte. Und selbst dann noch war der Patient aufgebracht und deutete diese Empfehlung als eine persönliche Zurückweisung. Ein anderer Patient berichtete, dass seine Frau, seit er Antidepressiva nahm, befürchtete, seine Gefühle für sie könnten nicht echt sein. «Würdest du mich auch dann noch lieben», fragte sie, «wenn du nicht Tofranil nähmest?»

Wie lange soll man Antidepressiva einnehmen?

Wann kann die Behandlung mit einem antidepressiven Medikament für beendet erklärt werden? Bei Patienten, die in der Vergangenheit noch nie im klinischen Sinne depressiv oder deren depressive Episoden immer nur von relativ kurzer Dauer waren, führt die Therapie mit Antidepressiva meist innerhalb von sechs Monaten zum Erfolg. Um sie zu beenden, empfiehlt es sich, die Dosierung des Medikaments über mehrere Wochen hinweg *schrittweise zu reduzieren*. Eine Richtschnur für die Dauer der Therapie kann sein, sie so lange fortzusetzen, bis sich die Lebensumstände des Patienten erkennbar verbessert haben, zum Beispiel indem er nach einer Scheidung wieder sein normales Leben aufnimmt oder nach einer Kündigung einen neuen Arbeitsplatz findet.

Bei einer schwereren Depression, die eine lange Vorgeschichte von anhaltenden oder wiederkehrenden chronisch depressiven Phasen aufweist, wird man den Patienten wohl auffordern, über Jahre hinweg stützende Dosen des antidepressiven Mittels zu nehmen. Man muss damit rechnen, dass es nach dem Absetzen der Tabletten zu einem Rückfall kommen kann, vor allem dann, wenn der Patient seine inneren Konflikte nicht verarbeitet und die Lebensumstände, die zu seiner Depression beigetragen haben, nicht verändert hat. Möglicherweise ist das zugrunde liegende physiologische Defizit nicht behoben worden, das für einen Mangel an biologischer Flexibilität verantwortlich ist. Bei jeder neuen Stresssituation reagiert der Betreffende dann wieder mit depressiven Verstimmungen, die eine solche Intensität und Hartnäckigkeit annehmen können, dass er erneut medikamentös behandelt werden muss. Manche Patienten tun daher gut daran, das verordnete Medikament auf unbestimmte Zeit hin einzunehmen oder sich zumindest darauf einzustellen, es wieder zu nehmen, sobald sie verstärktem Stress ausgesetzt sind und ihre Depressionen zurückkehren.

Was Sie wissen müssen, wenn Sie wegen einer Depression in Behandlung sind

Wer sich wegen seiner Depressionen in Behandlung begibt, sollte die folgenden Punkte beachten:

1. Wenn Ihr Therapeut keine medizinische Ausbildung hat, *sollten Sie ihn fragen, was er von antidepressiven Medikamenten hält.* Es ist wichtig für Sie zu wissen, ob er einer medikamentösen Therapie grundsätzlich positiv gegenübersteht und bereit wäre, Sie an einen spezialisierten Arzt zu überweisen, falls dies sich als notwendig erweisen sollte.

2. Nicht jeder, der an einer Depression leidet, muss Medikamente einnehmen. Viele kommen auch ohne sie aus – die einen, weil sie über ausreichend psychische und physische Flexibilität verfügen, um mit ihren depressiven Phasen alleine fertig zu werden, die anderen, weil sie es mit Hilfe einer Psychotherapie schaffen. Entscheidend ist jedoch, *dass Sie stets die Möglichkeit einer medikamentösen Behandlung in Betracht ziehen.* Betrachten Sie die Antidepressiva als Mittel zur Wiederherstellung Ihrer Flexibilität, dann werden Sie nicht auf Pseudoargumente hereinfallen, etwa dass sie eine «falsche Hochstimmung» erzeugten oder nur schwache und lebensuntüchtige Menschen auf sie angewiesen seien.

3. Während der gesamten Zeit, in der Sie Antidepressiva einnehmen, müssen Sie unter ärztlicher Kontrolle stehen. *Setzen Sie das Medikament auf keinen Fall eigenmächtig ab.* Ob die Behandlung mit einem antidepressiven Medikament beendet werden kann, sollten

Sie nur gemeinsam mit Ihrem Arzt entscheiden. Damit es nicht zu einem schlimmen Rückfall kommt, dürfen Sie die Einnahme nicht von heute auf morgen abbrechen, sondern die Dosierung muss schrittweise reduziert werden.

4. Wenn der Arzt oder Psychiater, den Sie konsultieren, Ihnen zu einem Antidepressivum rät, *versuchen Sie herauszufinden, welche Einstellung er zu anderen Therapieansätzen hat.* Er sollte eine Psychotherapie beziehungsweise eine Partner- oder Familientherapie nicht von vornherein ausschließen, damit Sie sich mit den seelischen Konflikten und psychosozialen Problemen auseinander setzen können, die zu Ihrer Depression beigetragen haben. Eine Behandlung, die nur auf Medikamente setzt, reicht für eine nachhaltige Befreiung von depressiven Störungen in der Regel nicht aus.

Die Antidepressiva haben eine leise Revolution in der Behandlung von Depressionen ausgelöst. Ihr Erfolg unterstreicht auch die wichtige Rolle, die biologische Faktoren bei der Depression spielen, indem sie auf die Intensität und Hartnäckigkeit der Beschwerden Einfluss nehmen. Antidepressiva erleichtern es dem depressiven Menschen nicht nur, ein Leiden zu kurieren, das sonst womöglich verheerende Folgen gehabt hätte. Darüber hinaus verleihen sie ihm auch die nötige Flexibilität, um – allein oder mit Hilfe eines Psychotherapeuten – seine zwischenmenschlichen Probleme zu meistern und seine Lebenssituation insgesamt zu verbessern.

Kapitel 8

Verlust und Verlangen
oder: Sex als Barometer

Zwischen Sexualität und Selbstachtung besteht eine sehr enge Beziehung. In einer Gesellschaft wie der unsrigen mit Zeitschriften wie *Playboy* und *Smart* und Sex-Therapie-Kliniken haben physische Attraktivität und Leistungsfähigkeit im Bett sich zu schwerwiegenden Ich-Problemen entwickelt.

In der ersten Hälfte des 20. Jahrhunderts war das Ziel der Beziehungen zwischen Mann und Frau allein die Ehe, und innerhalb der Ehe lag das Schwergewicht auf der sozialen und ökonomischen Integrität der Familiengruppe. Die Hauptsorge galt der Aufzucht der Kinder. Die Harmonie zwischen den Ehepartnern war schon wichtig, aber beide hatten ihre bestimmten Rollen, die sie spielen mussten, gleichgültig wie glücklich oder unglücklich sie in ihrer Ehe waren.

In den letzten vierzig Jahren vollzog sich ein tief greifender Wandel: Mehr denn je rückte der intime, persönliche Charakter der Beziehung zwischen Mann und Frau in den Vordergrund, ihre Fähigkeit, miteinander reden und schweigen zu können, ein vertrauensvolles und teilnehmendes Engagement einzugehen, das erotische und sexuelle Interesse füreinander über Jahre hinweg zu bewahren. «Ich würde niemanden heiraten, der mich nicht glücklich machte» – diese Hoffnung ist an die Stelle der Erwartung früherer Generationen getreten: «Ich würde niemanden heiraten, der mir nicht volle Sicherheit geben könnte.»

Das wachsende Bedürfnis nach Intimität und sexueller Erfüllung in heterosexuellen wie homosexuellen menschlichen Beziehungen entspringt zum Teil der Ablehnung einer Gesellschaftsstruktur, die von den Menschen verlangt, allein ihre Rolle zu spielen, statt sie selbst zu sein. Auch kommt darin eine Entwertung des Familienlebens zum Ausdruck, sodass Eltern, Großeltern und Kinder mehr denn je in eigenen, separaten Welten leben. Trotz der so genannten Vermassung ist die Einsamkeit allgemein verbreitet. Man fühlt sich zunehmend isoliert und entfremdet, und dieses Gefühl verstärkt nur den Wunsch nach Intimität: Der Wunsch wird zur Forderung. So begegnen heute der junge Mann und die junge Frau, die sich nackt im Schlafzimmer gegenüberstehen, einander sexuell wie emotional unmittelbar und ohne jede Verstellung – ohne Rollen, ohne soziales Stützkorsett, ohne Orientierung an Vergangenheit oder Zukunft.

Dieser Augenblick wird umso schwieriger, als unsere Gesellschaft eine tief greifende Depersonalisierung begünstigt. «Wir sind bestrebt, dass unsere Angestellten sich wie Menschen, nicht wie Nummern fühlen», sagte ein Sprecher von IBM in einem Artikel der *New York Times*. Sollte der Firma das gelungen sein, dann müsste dieses unpatentierbare Geheimnis sofort den Millionen Menschen zugänglich gemacht werden, die es auch dem Computer verdanken, dass sie sich wie Sachen fühlen. Die Sozialpsychologen gebrauchen den Ausdruck «Verdinglichung», um eine Einstellung zu beschreiben, bei der Menschen wie leblose Gegenstände betrachtet werden. Die Sozialwissenschaftler erklären diesen Sachverhalt gern als Gesetzmäßigkeit einer Gesellschaft der Marktwirtschaft – und ob man nun in der Planungskonferenz einer großen Werbeagentur oder in einer Runde von Wissenschaftlern sitzt, es ist doch mehr als beunruhigend, wenn man hört, wie Menschen statistisch abgehandelt werden, als wären sie zu Verkauf oder Vermietung bestimmte Waren.

Der Einzelne fühlt sich allmählich wie ein Gegenstand, «ein lebendes Objekt, aber nicht mehr ein Mensch», schrieb T. S. Eliot in ‹Die Cocktail-Party›.

In diesem allgemeinen Prozess der Depersonalisierung unterliegt auch die Sexualität der «Verdinglichung». Bei der so engen Beziehung zwischen Sexualität und Selbstachtung wirkt das Phänomen des unpersönlichen Sex als Katalysator für die Entstehung von Depressionen. Gefühle der Einsamkeit und Entfremdung sind die üblichen Formen, in denen Depressionen erlebt werden. Gleichzeitig greifen aber gerade viele einsame und depressive Menschen nach dem Sex, um ihre innere Leere zu vergessen. Obgleich unsere heutige Gesellschaft der sexuellen Erfüllung einen ungeheuren Wert beimisst, ist der eigentliche Zweck sexueller Kontakte also überhaupt kein sexueller. Während einer Phase geringer Selbstachtung können sexuelle Eroberungen oder die Entdeckung, dass man sexuell begehrenswert ist, zeitweilig das Gefühl, deprimiert zu sein, beschwichtigen. Doch für gewöhnlich kehrt die Depression umso heftiger zurück, wenn diese Scheinbestätigung sich abnutzt. Unter solchen Umständen aber ist eine echte Stärkung des Ich nicht möglich.

In seinem Buch ‹Kindheit und Gesellschaft› betont E. H. Erikson, wie wichtig es ist, erotische Spannung und sexuelle Erfüllung im Rahmen einer Beziehung zu erleben, die auf Liebe, gegenseitigem Vertrauen und Gemeinsamkeit in den alltäglichen Belangen und Aktivitäten des Lebens beruht. Der Existenzphilosoph Martin Buber unterstreicht die Bedeutung der Ich-Du-Beziehung als Grundlage wirklicher Intimität. Emotionale Nähe und erfülltes sexuelles Erleben setzen die Bereitschaft voraus, eine Wir-Beziehung einzugehen, in der das Ich und das Du zu einem werden. Emotional und physisch gipfelt diese Erfahrung im Augenblick des Orgasmus, der es dem Einzelnen erlaubt, für einen kurzen Augenblick die normalen Grenzen seines Ich aufzugeben und sich mit dem geliebten Partner in einer gemeinsamen Verbindung «aufzulösen». Nicht jede sexuelle Erfahrung muss von solcher Einmaligkeit sein, doch von Zeit zu Zeit wird diese sich in den sexuellen Kontakten zweier Menschen, die sich lieben und verstehen, immer wieder ereignen.

Damit jemand eine solche Vereinigung erleben kann, sind zwei Voraussetzungen wesentlich: Zum einen muss die einzelne Persönlichkeit genügend intakt sein, um sich fallen lassen und sofort zu sich zurückkehren zu können, wenn das Erlebnis vorüber ist. Wenn eine solche zeitweilige Aufgabe der Ich-Grenzen dem Betreffenden zu bedrohlich ist, dann kann die daraus folgende Angst seine Fähigkeit zu einem vollen sexuellen Erleben blockieren. Das zweite wichtige Element ist Vertrauen, der Glaube daran, dass der andere, mit dem man das sexuelle Erlebnis teilt, ebenfalls fähig und bereit ist, sein Ich um des «Wir» willen aufzugeben. Vertrauen stellt sich nicht über Nacht her. Ein solcher sexueller Höhepunkt ist das Ergebnis von Stunden und Monaten der Gemeinsamkeit in anderen Dingen als der Sexualität, der Vorbereitung einer Beziehung, in der Intimität und Sexualität vereint werden können.

Nicht alle sexuellen Begegnungen fordern ein solches Verschmelzen mit dem anderen, aber wenn ein «flotter Sprung ins Heu» zum primären Ventil für den Sexualtrieb eines Menschen wird, dann bleibt jene Steigerung des Selbstwertgefühls aus, die die schöne Folge vollkommenen Erlebens ist. Stattdessen beginnt ein langsames, aber sicheres progressives Schwinden des Selbstwertgefühls, wie sehr der Betreffende dies auch leugnen mag. «Was zur sexuellen Harmonie notwendig ist», schreibt Simone de Beauvoir, «ist nicht raffinierte Technik, sondern das Vertrauen auf den erotischen Charme des Augenblicks, eine wechselseitige Freigebigkeit von Körper und Seele.»

Nirgends ist diese Integration der persönlichen und der sexuellen Elemente einer Beziehung so wichtig wie in einem Verhältnis, das eine längere Zeit bestehen soll. Erotische Anziehung und sexuelles Interesse verblassen schnell, wenn sie nicht auf Liebe gestützt sind. Das Verstehen, die wechselseitige Abhängigkeit, die Offenheit der Kommunikation zwischen den Liebenden – das ist es, was die erotische Komponente jahrelang vital und lebendig erhält.

Ein gemindertes Selbstwertgefühl erschwert es, jene Art der Beziehung aufzubauen, von der Erikson und Buber sprechen. Wenn aber sexuelle Kontakte dazu dienen, eine unerkannte Depression zu bekämpfen, dann wird das Selbstwertgefühl allerdings noch weiter gefährdet. Helga C., neunundzwanzig, war das typische Beispiel einer jungen Frau, die immer deprimierter wurde, als sie in sexuellen Beziehungen das zu finden suchte, was sie nur durch eine ernsthafte Auseinandersetzung mit sich selbst hätte finden können. Sie hatte sich immer für unattraktiv gehalten, auch für unbeliebt bei den Jungen in der Schule, was wohl zutraf, da sie ihre Angst vor ihnen und ihre Verachtung für sie deutlich zeigte.

Mit neunzehn ging Helga C. von zu Hause fort, nach Frankfurt, wo sie nach einigen Semestern an einer Fachschule einen Job als Computerprogrammiererin fand. In der Regel war sie fröhlich und gesellig – solange sie eine Beziehung zu einem Mann unterhielt. Doch immer, wenn sie keinen festen Freund hatte, war sie mürrisch, einsam, unglücklich, ruhelos. Dann ging sie in die Single-Bars, wo sie irgendjemanden auflas, um mit ihm ins Bett zu steigen. Weder in ihren länger währenden sexuellen Beziehungen noch in diesen kurzen Episoden hatte sie einen Orgasmus. Solange sie sich – immer wieder – beweisen konnte, dass sie für Männer attraktiv war, brauchte sie sich nicht mit ihrer angstvollen Frage auseinander zu setzen, warum es ihr nie gelang, eine dauerhafte Liebesbeziehung herzustellen. Im Grunde meinte sie nämlich, einer solchen Beziehung nicht wert zu sein.

Dann hatte sie mehrere Jahre lang ein Verhältnis mit einem sehr viel älteren Mann, ihrem Vorgesetzten. Sie wusste, dass sie ihn nicht liebte, bezog aber aus seiner stetigen Zuneigung Sicherheit. Doch allmählich wurde sie dieser Beziehung überdrüssig, und manchmal verachtete sie ihren Liebhaber sogar. Als er sie zur Heirat drängte, brach sie das Verhältnis ab.

Ein Jahr darauf ließ sie sich mit einem emotional sprunghaften Mann ein, der zu Frauen eine höchst ambivalente Einstellung hatte. Je mehr er sie verunsicherte – «Ich liebe dich, aber du bist nicht der Typ Mädchen, mit dem ich mein Leben verbringen will» –, desto mehr meinte sie auf ihn angewiesen zu sein. Und auch hier führten ihre sexuellen Erlebnisse für sie nicht zum Orgasmus.

In keinem Augenblick hielt Helga C. sich für chronisch depressiv. Sie sah ihre Verstimmung ausschließlich als eine Reaktion auf ihre Lebensumstände. Sie hatte nie daran gedacht, dass ein Arzt ihr helfen könnte, bis sie wegen ihrer ständig wiederkehrenden Verdauungsbeschwerden den Hausarzt aufsuchte und er ihr vorschlug, sie solle einen Psychiater um Rat fragen.

Innerhalb weniger Behandlungsmonate kam sie zu folgenden Einsichten: Sie hatte jahrelang gegen eine chronische Depression und ihr vermindertes Selbstwertgefühl angekämpft. Sie hatte sehr verschwommene Vorstellungen von sich und ihrem Wert als Mensch. Ihr Vater war stets ein in sich gekehrter und liebloser Mensch gewesen, der seiner Familie wenig Wärme und Zuneigung entgegenbrachte. Als sie älter wurde, bemühte sie sich verzweifelt, in ihren Verhältnissen mit Männern das zu finden, was sie in ihrer Beziehung zum Vater vermisst hatte. Während sie auf der Suche nach dem «perfekten Mann» von einer Affäre in die andere stolperte und Leere und Angst empfand, sobald es in ihrem Leben keinen Mann gab, benutzte sie Sex und Männerbekanntschaften lediglich, um sich zeitweilig von ihrer geringen Selbstachtung zu befreien. Helga C. war in gewissem Sinn süchtig geworden. Zur schließlichen Bewältigung ihrer Schwierigkeiten gehörte es daher, dass sie ihre sexuelle Promiskuität als Mittel zur Wiederherstellung der Selbstachtung aufgab und sich selbst als ein Mensch mit eigener Individualität entdeckte, fähig, das «Ich» in Bubers «Ich-Du»-Gleichung zu sein.

Sexuelles Verlangen und Depression

Eines der häufigsten Anzeichen einer Depression ist – wie bereits erwähnt – der Verlust sexuellen Verlangens. Wenn dieses Bindeglied zwischen Sex und Stimmung fehlt, dann fürchten die meisten Menschen, dass ihre sexuellen Fähigkeiten fundamental beeinträchtigt seien. Viele Männer und Frauen um die vierzig und fünfzig nehmen zum Beispiel irrtümlich an, dass das Nachlassen des sexuellen Interesses die Folge irgendeiner mit dem Älterwerden verbundenen biologischen Veränderung sei. Die sexuelle Gleichgültigkeit des depressiven Menschen kann auch von seinem Geschlechtspartner als ein Nachlassen der Liebe und erotischen Anziehung missverstanden werden. Manchmal ist es das, häufiger ist es das nicht. Es gibt viele Gründe, warum der depressive Mensch das Interesse an der Sexualität verliert. Da seine Verstimmung ihn unruhig, pessimistisch, ängstlich und mutlos macht, zieht sie seine Aufmerksamkeit vom sexuellen Begehren ab. Seine Überempfindlichkeit gegen eine mögliche Zurückweisung, seine Empfänglichkeit für Schuldgefühle, seine Unfähigkeit, Ärger und Wut angemessen zu zeigen, sowie seine eigenen sexuellen Konflikte – all das kommt zusammen und mindert seinen Sexualtrieb.

Doch nicht alle depressiven Menschen verlieren ihr sexuelles Verlangen. Es gibt sogar Fälle, in denen die Depression mit einer Steigerung der sexuellen Energie einhergeht – ein Zustand, der als sexuelle Unrast bezeichnet wird. Sexuelle Unrast wird als unmittelbare Erregung des Sexualtriebs erlebt. Sie ist etwas ganz anderes als Helga C.s im Wesentlichen asexueller Versuch, mit Hilfe sexueller Kontakte Selbstachtung zu gewinnen und Depressionen abzuwehren. Sexuelle Unrast kann durch hormonelle Veränderungen bedingt sein, doch sie kann auch eine Folge von Angst und Spannung sein, die sich als Reaktion auf die Depression einstellen, denn Angst führt nicht selten zu einer Steigerung des sexuellen Drangs.

Eine leicht depressive Studentin stellte bei sich immer dann, wenn sie bei der Vorbereitung auf ihre Examina unter übermäßigem Druck stand, eine Steigerung der sexuellen Spannung fest. Ähnlich bemerkte ein dreiundfünfzigjähriger Mann eine plötzliche Zunahme der Häufigkeit seiner Erektionen. Außerdem hatte er eine Reihe von sexuell aufregenden Träumen, von denen viele zu spontanen Ejakulationen führten. Manche dieser Träume hatten einen homosexuellen Inhalt, obgleich er nie irgendwelche homosexuellen Triebe verspürt hatte. All dies beunruhigte ihn sehr, bis es ihm mit Hilfe seines Arztes gelang, sein Erleben auf ein Stimmungstief zurückzuführen, das sich seit mehreren Monaten entwickelt hatte. Er machte sich Sorgen, seine Energie und Attraktivität zu verlieren. Auch litt er unter der liberalen Auffassung seiner Tochter von der Sexualität und ihren gemeinsamen heftigen Auseinandersetzungen um dieses Thema. Als seine Depression nachließ, legte sich auch der ungewöhnliche Aufruhr seines Sexualtriebs.

Auch Frauen, die nach der Scheidung oder dem Tod des Ehemannes unter Depressionen leiden, stellen häufig bei sich eine sexuelle Erregung fest, die ihnen nicht normal erscheint. Soweit solche sexuellen Gefühle nicht durch einen hypomanischen Stimmungsumschwung bedingt sind – manche Menschen geraten dadurch, dass sie eine Depression verleugnen, in eine leicht gehobene Stimmung –, werden sie meist nicht als angenehm, sondern als beunruhigend und störend empfunden.

Im Allgemeinen aber ist die Depression mit einem Verlust des sexuellen Interesses verbunden. In manchen Fällen spiegelt dieses Nachlassen eine unbewusste Aggression gegen den Partner wider, die durch die Depression zum Ausdruck kommt. Da depressiv veranlagte oder chronisch depressive Menschen dazu neigen, wenn sie sich einmal ärgern, sich lieber in sich zurückzuziehen, statt sich direkt mit der störenden Situation auseinander zu setzen, kann die Minderung des sexuellen Interesses als ein höchst wirksames Mittel zum Ausdruck von Aggressionen eingesetzt werden. «Was Bert nicht erkennt», sagte seine Frau, «ist, dass er mich mit seinen sarkastischen Bemerkungen und seiner Kritik provoziert. Immer habe ich das Gefühl, dass er mich herabsetzt. Das tut weh, ich hasse es. Ich glaube, es wäre besser für mich, aufzubrausen und wütend zu werden, aber ich weigere mich, ihm diese Freude zu machen. Außerdem, selbst wenn ich es täte, weiß ich immer noch nicht, ob er es kapieren würde ... Es läuft schließlich darauf hinaus, dass ich nicht mit ihm ins Bett gehe. Es ist eine Frage des Stolzes, schätze ich. Aber es ist noch mehr. Wie kann ich mit ihm schlafen, wenn ich bei ihm entweder müde und erschöpft oder durch seine Bemerkungen verletzt bin?»

Zurückweisung und Depression

Da ein Mensch, der zu Depressionen neigt, in der Regel sehr viel Gefühl für den Gegenstand seiner Liebe aufbringt und sich sehr abhängig von ihm macht, ist die Zurückweisung – das Nachlassen von Liebe und sexuellem Interesse aufseiten des geliebten Menschen – ein hauptsächlicher Auslöser für die Aktivierung oder Intensivierung von depressiven Gefühlen. Dies gilt sowohl für homosexuelle als auch für heterosexuelle Beziehungen.

Wenn die Zurückweisung fein dosiert, heimlich und verdeckt geschieht, dann lebt der Betroffene vielleicht jahrelang im Zustand der chronischen Depression, wenn nicht ein akuter Ausbruch von Verzweiflung und Protest dieses schädigende Verhaltensmuster ablöst.

Friedrich L. war fünfunddreißig, als er seine neunundzwanzigjährige Frau Marianne tätlich angriff und brutal zusammenschlug. Die Polizei wurde geholt, und er wurde – gedemütigt und verwirrt – mit dem Krankenwagen in die psychiatrische Abteilung der städtischen Klinik gebracht. Die Ehe war hoffnungslos zerrüttet. Friedrich L.s Bild von sich selbst als einem vernünftigen, ausgeglichenen Menschen war erschüttert.

In einer vierwöchigen Behandlung klangen Erregung und Verzweiflung allmählich ab. Nach seiner Entlassung reichte er die Scheidung ein und verließ die Stadt, um sich anderswo wieder als Rechtsanwalt niederzulassen. Friedrich L. war in einer konservativen Mittelschichtfamilie einer mittleren Großstadt aufgewachsen. Er hatte sein juristisches Staatsexamen und seinen Assessor glänzend bestanden. Obgleich gut aussehend und gesellig, war sein Verhalten Mädchen gegenüber ein wenig unsicher. Seine sexuellen Erfahrungen waren gering. Als Marianne, seine zukünftige Frau, ein Auge auf ihn warf und um ihn warb, war er zuerst geschmeichelt, dann sexuell sehr angetan, und schließlich saß er in der Falle seines Engagements und seines Gefühls der Verpflichtung ihr gegenüber – eine Verpflichtung, die zwar aus echter Liebe, aber auch aus einer gewissen Verantwortung für den ersten Menschen herrührte, mit dem er sexuelle und emotionale Nähe erlebt hatte.

Marianne war mit ihren zweiundzwanzig Jahren noch sehr naiv. Sie hatte viele Verehrer, von denen keiner sie aber besonders interessierte. Letztlich betrachtete sie Männer nur als erotische Nervenkitzel. Sobald sich diese für sie interessierten, verlor sie das Interesse an ihnen. Waren sie zurückhaltend und desinteressiert, dann spürte sie einen Zwang, ihnen nachzulaufen und sie zu erobern. Bevor sie Friedrich L. heiratete, begann ihr sexuelles und persönliches Interesse für ihn bereits nachzulassen. Einige Tage vor der Hochzeit verabredete sie sich sogar mit einem ihrer alten Freunde und schlief mit ihm. Sie sah darin einen letzten Gruß an ihr lustiges Junggesellinnenleben, einen Abschied von Jugend und Spaß. Als sie sich fragte, warum sie überhaupt diese Ehe eingehen wolle, lautete ihre Antwort: «Er ist ein attraktiver und zuverlässiger Mann, ein guter Fang, und außerdem liebe ich ihn halt auf meine Art. Ich werde ihm eine anständige Frau sein.»

Inzwischen waren sie sieben Jahre verheiratet. Sie hatten zwei Kinder. Nach der Geburt des ersten Kindes, knapp ein Jahr nach ihrer Hochzeit, wurde es Friedrich L. klar, dass seine Frau das Interesse am Sex verloren hatte. Sie sprachen sich nie darüber aus. Immer wenn er auch nur versuchte, das Thema aufs Tapet zu bringen, verstand sie es, geschickt auszuweichen. Sie meinte, sie wolle ihn nicht verletzen, indem sie ihm sagte, dass sie keinen sexuellen Kontakt mehr mit ihm wünsche. Einige Zeit war er eifersüchtig und fragte sich, ob es einen anderen Mann in ihrem Leben gebe – die übliche Reaktion eines Menschen, der leicht deprimiert ist und sich zurückgewiesen fühlt. Allmählich wurde er impotent, und nun konnte Marianne L. sich auf die Tatsache berufen, dass der Mangel an sexuellem Interesse gegenseitig war.

Friedrich L.s Selbstachtung, obgleich gefährdet, wurde dennoch genügend gestärkt, als er Vater wurde, dazu hatte er noch eine attraktive junge Frau, die gut repräsentieren konnte, und machte auch in seiner Anwaltskarriere rühmliche Fortschritte. Damit konnte er sich über die Trauer hinwegsetzen, die er immer dann empfand, wenn er an den Mangel an sexueller und emotionaler Intimität in seiner Ehe dachte. Seiner Frau hingegen machte dieser Mangel nichts aus, weil sie von vornherein nie ein enges, liebevolles Verhältnis zu ihm gehabt hatte. Sie hatte ihn nie als Menschen für voll genommen, und daher gab es gar keine Möglichkeit, wie sich ihre anfängliche Vernarrtheit in ihn zu einer Liebesbeziehung hätte entwickeln können.

Dann, nach sieben Ehejahren, begegnete sie einem anderen Mann, der sie glücklich machte und – wie in alten Tagen ein Nervenkitzel war. Dieses Verhältnis befreite sie von den Ängsten, die sie angesichts ihres nahenden dreißigsten Geburtstags empfunden hatte. Sie war wieder «verliebt». Sie bat ihren Mann um die Scheidung.

Nach sechs schlaflosen Wochen, in denen er sie angefleht hatte, mit ihm zu einer Eheberatung zu gehen, und ergebnislos nach einer Erklärung für das Geschehene gesucht hatte, betrank sich Friedrich

L. eines Abends. Den Gedanken an Selbstmord, den er einige Tage ernstlich erwogen hatte, schob er beiseite, stellte seine Frau zur Rede und verlangte von ihr, sie solle bei ihm bleiben. Als sie dies kalt ablehnte, schlug er sie mehrmals mit der Faust, wurde aber noch aufgebrachter und verängstigter, als sie blutend und schreiend zu Boden fiel. Einen Augenblick war ihm, als müsste er zum Fenster rennen und sich hinunterstürzen. Stattdessen griff er nach dem Telefon und rief die Polizei.

Während ihrer ganzen Ehe war Marianne L. eigenartigerweise frei von jeglicher emotionalen Abhängigkeit von ihrem Mann gewesen. Da sie ihn sexuell nicht begehrte und ihm keine tiefere emotionale Liebe entgegenbrachte, befand sie sich in der Ehe in einer einzigartigen Machtposition. Infolgedessen fühlte sich Friedrich L. unterschwellig zurückgewiesen und wurde immer abhängiger von ihr. Als sie ihm sagte, sie wolle sich scheiden lassen, brach für ihn eine ganze Welt zusammen. Er wurde akut deprimiert und hätte vielleicht Selbstmord begangen, wenn er nicht seiner Verklemmtheit und seinem Zorn auf sie plötzlich Luft gemacht hätte.

Psychologische Theorien betonen, dass die Empfindlichkeit des depressiven Menschen für Liebesverlust in der Art wurzelt, wie dieser Mensch liebt. Kennzeichnend für ihn ist die Neigung, sich zu tief zu engagieren, sich zu abhängig von dem Menschen zu machen, den er liebt, und in dieser Beziehung zu viel von seiner Identität zu verlieren. Wenn ein solcher Mensch eine Beziehung mit jemandem eingeht, dessen Fähigkeit oder Bereitschaft zu geben erheblich geringer ist als seine eigene – sie ist so oft der Fall –, dann entsteht ein gefährliches «Ungleichgewicht». Wenn der Unterschied in der Art zu lieben nicht von beiden verstanden und wechselseitig akzeptiert wird, dann wird derjenige, dessen Engagement tiefer ist, sich häufig zurückgewiesen fühlen, verzweifelt nach Liebesbeweisen suchen und sich zunehmend Sorgen machen, dass die Beziehung enden könnte. «Wer am meisten liebt», schrieb Thomas Mann in ‹ *Tonio Kröger*›, «ist der Unterlegene und muss leiden . . .»

Sexuelle Schuldgefühle

Ein weiteres wichtiges Bindeglied zwischen Sexualität und Depression sind die Schuldgefühle, die aktiviert werden, wenn die sexuellen Erfahrungen zu einem Verlust der persönlichen Integrität führen. Seit Jahrhunderten wirken kulturelle Normen, Morallehren, Konflikte und Persönlichkeitsmerkmale vieler Elterngenerationen zusammen, um Kindern beträchtliche Schuldgefühle einzubläuen, was die Formen des Sexualverhaltens betrifft. Doch in der zweiten Hälfte des zwanzigsten Jahrhunderts hat eine umfassende Neubewertung der sexuellen Wertmaßstäbe aller Formen der sexuellen Betätigung von der Masturbation über die eheliche Untreue bis hin zur Homosexualität stattgefunden. Viele begrüßen diese Veränderungen, andere sind empört darüber, die meisten finden sie verwirrend und beunruhigend. Ein Vater schilderte das typische Dilemma unserer Tage wie folgt: «Dieser Junge besucht uns oft am Wochenende. Er schläft dann im Zimmer meiner Tochter. Sie ist erst sechzehn. Ich kann es ihm nicht verbieten. Wie mich das aufregt, können Sie sich denken. Meine Frau fürchtet, dass meine Tochter, wenn wir zu streng sind, von zu Hause fortgehen und schließlich irgendwo mit ihm zusammenleben würde. Als ich ihm vorschlug, das Gästezimmer zu benutzen, da meinte er, ich mache doch wohl Spaß, und lachte nur.»

Eine offenere und ehrlichere Einstellung zur Sexualität war zwar seit langem überfällig, doch die sexuelle Revolution hat gleichzeitig die selbstverständlichen Schuldgefühle vernebelt, die bei sexuellen Praktiken auch weiterhin berechtigt sein sollten, die das Selbstwertgefühl eines Menschen gefährden. Solche Schuldgefühle sind tatsächlich ein Schutz, der dem Menschen hilft, sexuelle Beziehungen zu meiden, die seine Selbstachtung mindern und zu Depressionen führen könnten. Ohne solchen Schutz sind viele bei den heute so zahlreichen Gelegenheiten in Gefahr, sich auf Dinge einzulassen, die unangebracht, verfrüht und manchmal entwürdigend sein können. Im Verlauf des – wohl berechtigten – Abschieds von falschen Hemmungen und Tabus, die den Sex zu einer «schmutzigen» Sache machten, haben allerdings viele Menschen weitgehend auch die Fähigkeit verloren, normale sexuelle Schuld- und Schamgefühle zu akzeptieren und sich mit ihnen auseinander zu setzen. Obgleich die Unterdrückung solcher Gefühle ein weit verbreitetes Phänomen ist – die eheliche Untreue wird mehr und mehr legitim und sogar von manchen als Medizin gegen eine unbefriedigende Ehe empfohlen –, stellt sie den Heranwachsenden vor besondere Probleme.

Der von den Gleichaltrigen ausgehende Druck zwingt immer mehr Jugendliche zur sexuellen Betätigung, lange bevor sie emotional darauf vorbereitet sind. Der Heranwachsende muss zunächst einmal herausfinden, wer er ist und wo die Grenzen seiner Persönlichkeit liegen. Eine gewisse Scheu ist dabei ganz natürlich. Die Sexualität ist für ihn ein Geheimnis und seit jeher eine Erfahrung, die allmählich experimentell erschlossen werden muss, damit sie in die Gesamtpersönlichkeit integriert werden kann.

Diesem Erfahrungsmuster wirkt nun der Zwang zum Instant-Sex, zum Augenblicks-Sex, entgegen – ein Zwang, der so stark ist, dass der Jugendliche das Gefühl bekommt, es müsse bei ihm etwas nicht stimmen, wenn er diesem Beispiel nicht folgt. Eine gewisse Verwirrung und Langeweile, auch der übermäßige Genuss von Alkohol und Drogen stellen sich ein und lassen sich ohne weiteres auf den auf sie ausgeübten Zwang zurückführen, sexuelle und emotionale Situationen zu erfahren, auf die sie nicht vorbereitet sind.

Die Depression wurzelt darin, wie einer sich selbst sieht. Nirgends wird die eigene Stimmung so stark beeinflusst wie im Bereich von Liebe und Sexualität. Eine erfüllte sexuelle Beziehung kann das Gefühl eines Menschen, vollkommen und begehrenswert zu sein, ungemein bestärken – vorausgesetzt, dass sie mit gegenseitiger Achtung, Vertrauen und liebevoller Anteilnahme verbunden ist.

Kapitel 9

Unterdrückte Aggressionen oder: Die Unfähigkeit, sich zu wehren

Die gesunde Form der Aggression

Das Wort «Aggression» heißt im Grunde nichts anderes als: «vorwärts schreiten». Es ist ein an sich unkompliziertes Wort lateinischen Ursprungs, mit dem man Energie und Zielgerichtetheit assoziiert. Vor allem in den letzten Jahren hat der Begriff jedoch ungeheure moralische und emotionale Obertöne bekommen. Eine Umfrage unter hundert Studenten, ob er einen «guten» oder «schlechten» Sinn enthalte, ergab eine Verteilung von nahezu fünfzig zu fünfzig. Für die eine Hälfte der Befragten bezeichnet er Antrieb und Kraft, die notwendig sind, um konstruktive Ziele zu erreichen und zu verwirklichen, für die andere Hälfte bedeutet er eine mit Krieg, Gewalt und Ausbeutung verbundene Destruktivität.

Moralische Gebote, welche die westliche Zivilisation beeinflusst haben – etwa: «Selig sind die Sanftmütigen; denn sie werden das Erdreich besitzen»; «So dir jemand einen Streich gibt auf deinen rechten Backen, dem biete den anderen auch dar»; «Es ist leichter, dass ein Kamel durch ein Nadelöhr gehe, denn dass ein Reicher ins Reich Gottes komme» –, mischen dem kulturellen Unterbewusstsein ein gewisses Maß an Schuldgefühlen bei entschlossenem Handeln zur Erreichung erwünschter Ziele bei. Der Vorwurf trifft weniger die moralischen und religiösen Lehren als die populären Missverständnisse, die durch sie entstehen. Zum Beispiel war es physisch durchaus möglich, dass ein Kamel durch das Nadelöhr ging: So hieß nämlich ein Stadttor von Jerusalem, und es war vor allem eine Frage des Gesetzes, welches verbot, dass Kamele dort hindurchgingen.

In der heutigen Gesellschaft ist Aggression gleichbedeutend mit dem Übergriff auf das Territorium eines anderen – sei es militärisch, wie in Vietnam und Afghanistan, finanziell, wie beim Eindringen einer Firma in das Absatzgebiet einer anderen, oder persönlich, wie bei der Ausbeutung eines Menschen durch den anderen. Wenn wir heute jemanden als «aggressiv» bezeichnen, so gebrauchen wir dieses Wort als Schimpfwort und unterstellen ihm, dass er egoistisch, habgierig, feindselig und manchmal gefährlich ist. Es trifft zwar zu, dass es nachteilige Folgen für einen anderen haben kann, wenn jemand ein eigenes Ziel rücksichtslos verfolgt, doch ist es wohl eher die Frage, wie und in welchem Zusammenhang solche Aggression mobilisiert wird.

Aggressivität kann als ein gesundes und höchst moralisches Persönlichkeitsmerkmal gelten, wenn sie sich auf legitime Ziele richtet und wenn die Rechte des Einzelnen und die Rechte der anderen dabei richtig ausgewogen sind. Die Entwicklung der Pädagogik hin zu einer Unterrichtsmethode, die es den einzelnen Schülern in der Klasse ermöglicht, mit einer unterschiedlichen, von ihren Fähigkeiten abhängigen Lerngeschwindigkeit aufzurücken, ist zum Beispiel ein Schritt hin zur Freisetzung normaler Aggression. Früher wurde der aufgewecktere Schüler bestraft und im Interesse der Gruppe gebremst, während der langsamere Schüler sich schmerzlich seiner Langsamkeit bewusst wurde, sobald er seine Noten mit denen seiner Klassenkameraden verglich. Das Streben fortschrittlicherer Unternehmensgruppen nach einer Expansion weniger durch Fusionierung, Neuerwerb und den Aufbau neuer Abteilungen, sondern vielmehr durch die Gründung kleiner, neuerungsfreudiger Firmen, deren Manager einen Teil der Verantwortung und damit ein höheres Maß an Unabhängigkeit besitzen, ist ein gutes Beispiel für die Freisetzung konstruktiver Aggression.

Die Fähigkeit eines jeden zu konstruktiver Aggression steht in enger Verbindung mit seiner Stimmung, seiner emotionalen Verfassung und seiner Persönlichkeit. Die Freud'sche Libido-Theorie postuliert, dass jeder Mensch ein bestimmtes Quantum an Energie besitze – biologische Energie, die aus organischen und genetischen Quellen stammt. Der Umfang, in dem diese Energie nutzbar ist, kann durch viele Faktoren eingeengt sein. Selbst wenn das Milieu Gelegenheiten bietet, aggressiv zu sein – wenn Initiative und schöpferisches Handeln nicht unterdrückt, sondern hoch bewertet werden –, besteht bei den meisten Menschen eine innere Sperre, die ihre Freiheit, aggressiv zu sein, beschränkt.

«Kreative Leute sind schwer genug zu finden», sagte ein erfahrener Unternehmer. «Zuverlässige Leute sind noch schwerer zu finden, und Leute mit Energie und Durchsetzungskraft, die flexibel bleiben und darauf achten, dass die Arbeit getan wird, sind wirklich selten. Unsere Gesellschaft züchtet anscheinend nicht gerade Selbststarter, und wenn sich irgendwo Initiative zeigt, dann ist immer jemand schnell zur Hand, sie zu beschneiden.»

Da die meisten Menschen Hemmungen haben, ihre Energie frei nach außen strömen zu lassen, reagieren sie meistens mit einer gewissen Angst, wenn andere Initiative zeigen. Auch Neid und Rivalität können aktiviert werden. Auf jeden Menschen, der sich wirklich an den Leistungen anderer freuen kann, entfallen dafür umso mehr, die diese Leistungen beneiden, übel nehmen und kritisieren, um ihren eigenen Mangel an Aggressivität zu kompensieren. Aufgrund des normalen Bedürfnisses, akzeptiert zu werden, lassen sich viele fähige Menschen abschrecken, aggressiv zu sein und damit das Risiko der sozialen Ablehnung einzugehen. Jeder erinnert sich doch an den Zwang in der Schule, die eigene Leistung möglichst zu drücken und jede Freude am Lernen zu verleugnen, einfach um nicht vor den Klassenkameraden dumm und lächerlich dazustehen. Der von Gleichaltrigen ausgehende Druck zielt eben auf das Mittelmaß.

Neben solchen Umwelteinflüssen hängt die Fähigkeit eines Menschen, in konstruktiver Weise aggressiv zu sein, von den Faktoren seiner eigenen Persönlichkeit ab. Einer der wichtigsten ist sein ungezwungenes Verhältnis zu Wut und Ärger. Aggression ist nicht dasselbe wie Wut, doch die Fähigkeit, aggressiv zu sein, hängt wesentlich davon ab, wie erfolgreich jemand sein Gefühl der Wut zu meistern versteht.

Wut und Depressionen

Der depressive Mensch ist für gewöhnlich unfähig, Ärger zu erleben und auszudrücken. Stattdessen richtet sich die Wut gemäß der psychoanalytischen Theorie «nach innen, gegen das Selbst». Häufig bohren Wut und Ärger in Gestalt von Spannungen, Erregungszuständen, Darmbeschwerden, Angst ... also als alles andere als das, was sie wirklich sind. Der Physiologe B. Cannon beschrieb diese von ihm so bezeichnete Kampf-Flucht-Reaktion folgendermaßen: Angesichts einer Gefahr reagiert der Mensch entweder mit Wut – Selbstverteidigung oder Angriff – oder mit Angst und, wenn möglich, Flucht. Beim depressiven Menschen ist Angst und / oder Flucht die übliche Form, auf Stress zu reagieren, selbst wenn bei normaler Stimmung die Wut eine angemessene Reaktion wäre. Aus einer Reihe von Gründen fällt es Menschen, die chronisch depressiv sind oder depressiv veranlagt sind, sehr schwer, ihre Wutgefühle zu meistern. Der Hauptgrund liegt wohl darin, dass die Art, wie Menschen ihre Gefühle handhaben, ein erlerntes Verhaltensmuster ist, das in Familien und Kulturen von Generation zu Generation weitergereicht wird. Wenn zum Beispiel der Ausdruck legitimer Wut zu Hause einfach nicht geduldet und jede Bekundung von Unabhängigkeit oder Widerstand bestraft wurde, dann werden die Emotionen meist «unter die Oberfläche» verdrängt. Gefühle werden verheimlicht, die Kommunikation wird erstickt.

Ein solcher Fall ist die einundfünfzigjährige Frau, die an Schlaflosigkeit und Anfällen von Unruhe zu leiden begann, als sie ihrer Beziehung zu ihrem Mann unsicher wurde. Ihr Mann hatte ihr während der ganzen Ehe wenig Zuneigung und Unterstützung geschenkt, dafür sie aber immer reichlich kritisiert. Er kümmerte sich nicht um Geburtstage und Jahrestage. Er war grob zu ihr, wann immer sie – selbst in geringfügigen Dingen – anderer Meinung war als er. Er traf alle wichtigen Entscheidungen in der Ehe allein.

Neunzehn Jahre lang hatte sie sich diesem Verhaltensmuster ohne Klage eingefügt und ihn in mancher Hinsicht sogar unterstützt. Dann starb plötzlich ihr Vater. Während der Trauerzeit begann sie sich zu fragen, was für eine Ehe sie eigentlich führte. Bei vielen Gelegenheiten war sie verletzt und wütend gewesen, hatte aber ihre Gefühle um des lieben Friedens willen ignoriert. Die einzige Art, wie diese zum Ausdruck kamen, war eine Reihe von kleineren körperlichen Beschwerden, die von Zeit zu Zeit ihr Familienleben und ihren geselligen Umgang beeinträchtigten.

Als sie ihre akute depressive Reaktion überwunden hatte und sie sich schließlich ihrer jahrzehntelangen Wut Luft machen konnte, zeigte es sich, dass ihr Mann durchaus bereit war, seine Einstellung zu überprüfen und ihr mehr Wärme und Wertschätzung entgegenzubringen. «Die ganzen Jahre war es beinahe so, als forderte sie mich auf, gleichgültig zu sein», klagte er. «Warum hat sie bloß nicht eher etwas gesagt?»

Die Antwort fand sich in ihrer Erziehung. Ihre Eltern, hart und gefühllos, hatten in der Familie keine Meinungsverschiedenheiten geduldet. Jeder kümmerte sich nur um die Rolle, die ihm zukam – Ehemann oder Frau, Mutter oder Vater, Ernährer oder Hausfrau. Mit jeder dieser Rollen waren gewisse Erwartungen verbunden, und diese wurden strikt und ohne Klagen erfüllt. Man zeigte einander wenig Zuneigung und niemals Ärger oder Wut. Auch die Kinder durften nicht spontan sein. Ganz selten erhielten sie ein Lob.

Die Unbeweglichkeit und emotionale Sterilität des Elternhauses war, wie sich zeigte, der Nährboden ihrer Unfähigkeit, Emotionen, besonders Wut, zu erleben und sich mit ihnen auseinander zu setzen. Als Erwachsene verheimlichte sie ihre Empfindlichkeit und ihren Mangel an Selbstvertrauen. Ohne es zu wissen, spielte ihr Mann diesem Verhaltensmuster in die Hände, indem er ihre Gefühle vernachlässigte und damit sowohl ihren Mangel an emotionaler Spontaneität als auch ihre Zweifel an ihrem Eigenwert verstärkte. Auch konnte sie sich nicht überwinden, ihm ihre Gefühle einzugestehen, da dies einiges von der Wut, die sie unterdrückt hatte, hätte freisetzen können.

Nach dem Tod ihres Vaters wurde sie akut depressiv und suchte einen Arzt auf. Im Verlauf der Therapie begann sie zögernd, Verklemmtheit und Wut, die sie empfunden hatte, zu zeigen und die jahrelange Qual ihrer gefährdeten Selbstachtung zu offenbaren. Als ihre Emotionen befreit waren, hob sich nicht nur ihre Stimmung, sondern auch ihre Energie nahm stetig zu. Zum ersten Mal in all den Jahren fühlte sie sich frei genug, um in der Kommunikation mit ihrem Mann die Initiative zu ergreifen. Die Wut, die sie aufgestaut hatte, richtete sich nun zu ihrer Selbstverteidigung nach außen. Als diese nachließ, trat an deren Stelle eine größere Ungezwungenheit des Ausdrucks. Sie war in der Lage, den Schwierigkeiten, wo und wann sie auch auftauchen mochten, ins Auge zu sehen und mit ihnen fertig zu werden – entweder ruhig und direkt oder, wenn angemessen, durch Wut.

Die Entladung von Aggressivität, gefolgt von einem Stimmungsaufschwung und der Rückkehr normaler Aggressionen – dies ist ein Ablauf, den wir bei der Behandlung von depressiven Menschen immer wieder beobachten. Es ist, als wäre nicht ausgelebter Zorn aufgespeichert worden, der in der Folge Stück für Stück herausgelassen wird, bis er völlig freigesetzt ist. Die psychoanalytische Theorie behauptet, dass der depressive Mensch dazu neige, sich stark mit der geliebten Person zu identifizieren – zuweilen so stark, dass die Grenzen, welche die beiden Individuen trennen, verwischt werden. Auf die Eltern oder den Geliebten wütend zu werden heißt daher, auf sich selbst wütend sein. Wird diese Wut wieder nach außen gerichtet, so kann die Selbstachtung wiederhergestellt werden.

Psychoanalytischen Theorien zufolge sind die entscheidenden Kausalfaktoren für die Angst des depressiven Menschen vor seiner eigenen Wut in dessen Kindheitsentwicklung zu suchen, besonders in dessen oraler und analer Phase. Traumatische Erlebnisse während der oralen Phase (erstes Lebensjahr) führen dazu, dass der Einzelne später seine Abhängigkeitsbedürfnisse unter erheblichen Schwierigkeiten erfährt. Wenn diese Bedürfnisse – in Wirklichkeit oder in seiner Einbildung – frustriert werden, dann reagiert er darauf mit unverhältnismäßiger Wut.

Während der analen Entwicklungsphase im zweiten und dritten Lebensjahr kommt die Reinlichkeitserziehung zum Abschluss. Eine zu große erzieherische Härte zu diesem Zeitpunkt kann dazu beitragen, dass die normale Spontaneität und Begeisterungsfähigkeit des Kindes eingeengt wird, was den Jugendlichen schwächt, sein schöpferisches Potenzial verschüttet, seinen zwischenmenschlichen Beziehungen sadistische und masochistische Elemente beimengt und im späteren Leben zu einer Zwanghaftigkeit führt, die ein elastisches Reagieren unmöglich macht. Eine solche Kombination von Fixierungen in der Kindheit kann einen Erwachsenen mit starken unbefriedigten Abhängigkeitsbedürfnissen hervorbringen, welche die Ursache von Frustration und Wut und einer – von Wilhelm Reich als «Affektblockierung» bezeichneten – rigiden Unfähigkeit des Ausdrucks von Gefühlen sind. Dies prädestiniert den Betreffenden für Depressionen.

Wenn jemand dazu neigt, seine Wut in sich aufzustauen, dann liegt das fast immer daran, dass er mit seinen Aggressionen nicht in positiver und konstruktiver Weise umgehen kann. Es mag viele Gründe geben, warum jemand über Jahre hinweg nicht bereit oder unfähig dazu ist, seine Meinung frei heraus zu sagen – was ja auch in höflicher Form und ohne feindseligen Unterton geschehen kann. Vielleicht ist er schon als Kind besonders schüchtern gewesen, fürchtet sich vor Zurückweisung oder ist in hohem Maße auf die Anerkennung anderer angewiesen. In jedem Fall geht er das Risiko ein, dass sich in seinem Inneren immer mehr Wut und Groll ansammeln – und natürlich auch depressive Gefühle.

Freud selbst behauptete, es würden dereinst biologische Faktoren festgestellt werden, die in vielem seinen psychologischen Vorstellungen entsprächen – einschließlich jener über das Verhältnis zwischen Aggression und Depression. Es ist zum Beispiel bekannt, dass Patienten mit Schilddrüsenüberfunktion zu übertriebener Emotionalität neigen und bei der geringsten Provokation reizbar und wütend werden, während solche mit Schilddrüsenunterfunktion zu Apathie und Depressionen neigen. Die Behandlung von Patienten mit Überfunktion – entweder chirurgisch oder mit Hilfe von Medikamenten – führt zu einer Verringerung der Reizbarkeit und Überempfindlichkeit. Die Behebung der Unterfunktion durch die Verabreichung von Schilddrüsenhormonen verringert die Apathie und stellt die Fähigkeit des Patienten wieder her, bei berechtigtem Anlass Wut zu erleben und auszudrücken.

Geringe Selbstachtung blockiert die normale Aggressivität

Die enge Verbindung zwischen Wut und Depression und die damit einhergehende Blockierung der Spontaneität und Aggressivität werden ferner durch die Überempfindlichkeit und die geringe Selbstachtung des depressiven Patienten intensiviert. Er ist öfter in der Lage, sich verletzt, beleidigt und bedroht zu fühlen – gerade weil sein Selbstwertgefühl bereits gefährdet ist. Häufig liest er in die harmloseste Bemerkung oder in eine gleichgültige Äußerung, die ihn normalerweise nicht stören würde, eine Zurückweisung hinein. Paradoxerweise ruft das Verhalten des depressiven Patienten häufig bei anderen Ärger und Ablehnung hervor und nicht die Wärme und Zuneigung, die er eigentlich sucht. Für diejenigen, die in Kontakt mit einem depressiven Menschen stehen, kann die Depression besonders irritierend sein, wenn diese Verstimmung selbst ein Ausdruck seiner inneren Wut ist.

Harry W. war stellvertretender Rektor eines kleineren Gymnasiums. Er war achtunddreißig Jahre, als der amtierende Rektor pensioniert wurde. Harry W., der sich für die Schule sehr eingesetzt hatte, erwartete, zum Nachfolger berufen zu werden. Doch aus welchen Gründen auch immer entschloss sich die Behörde für einen anderen Bewerber, und Harry W. ging leer aus.

Er war tief verletzt. Er fühlte sich, mit gutem Grund, gering geachtet. Dies wiederum löste bei ihm eine Kettenreaktion aus, wobei er an seinen eigenen Fähigkeiten zu zweifeln begann und sich fragte, ob er vielleicht nicht gut genug für seinen Posten sei. Hatte er vielleicht seine Fähigkeiten überschätzt? Oder vielleicht seine Kollegen beleidigt? Harry W. unterdrückte seine Wut, statt ihr direkt und offen Ausdruck zu geben. Gleichwohl zeigte er nach außen hin eine «Macht mir nichts aus»-Haltung, wenn er sich auch seiner Arbeit nicht mehr mit derselben Energie wie zuvor widmete. Häufig verspätete er sich bei Konferenzen oder versäumte sie überhaupt. Der neue Rektor, der nur eine ungenaue Vorstellung von Harry W.s früheren Leistungen für die Schule hatte, beanstandete immer wieder seine Gleichgültigkeit und tadelte ihn wegen seiner Verantwortungslosigkeit. Da Harry W. nicht den Zusammenhang zwischen seinem Verhalten und dem seines Vorgesetzten erkannte, fühlte er sich noch weniger geachtet, und seine Verklemmtheit und Wut verdoppelten sich. Als er gebeten wurde, sich versetzen zu lassen, war er schockiert und geriet – reichlich spät – in Wut. Harry W.s Enttäuschung, nicht als Rektor berufen worden zu sein, war verständlich. Doch seine Unfähigkeit, mit dem neuen Rektor über seine Situation zu sprechen, und die zunehmende Anstauung von *Wut in Form von Depressionen* hielten ihn davon ab, mit seinem Problem fertig zu werden. Immerhin hatte er mit der Möglichkeit rechnen müssen, dass sich die Behörde außerhalb nach einem neuen Rektor umsehen würde. Da er einen guten Ruf als Pädagoge hatte, hätte er sein Interesse an dem neuen Aufgabengebiet eindeutiger bekunden können. Sobald die Berufung erfolgt war, hätte er, falls er es für nötig hielt, selbst seine Versetzung beantragen sollen, statt sie durch sein Verhalten zu provozieren. Oder er hätte auch weiterhin wie üblich seine Arbeit tun können, bis der neue Rektor Gelegenheit gehabt hätte, seinen Wert für die Schule zu erkennen und anzuerkennen.

Da Harry W. mit seiner Wut nicht fertig werden konnte, bediente er sich der Depression, um seine Frustration auszudrücken, und als Reaktion hierauf wurde ihm wiederum Verärgerung entgegengebracht. Dieses Muster ist ein Beispiel für das, was wir als «passiv-aggressives Verhalten» bezeichnen, bei dem Aggressionen, statt sich aktiv und direkt auf Ziele zu richten, angestaut werden und der Betreffende in einen Kreislauf gerät, der es ihm erlaubt – sogar vor ihm selbst –, jede Verantwortung für das Resultat abzuleugnen.

Die indirekten Methoden, Aggressionen auszudrücken, werden in der Kindheit erlernt. Alle Kinder wissen, dass ihre Eltern reagieren, wenn sie sich selbst wehtun. Doch da Kinder sehr schnell herausbekommen, dass es andere, bessere Methoden gibt, um auf sich aufmerksam zu machen oder Frustrationen auszudrücken, verzichten sie gern auf solche dramatischen und selbstschädigenden Mittel. In der Regel stoßen wir daher bei Menschen, die später zu passiv-aggressivem Verhalten neigen, auf ein durch eine gefährlich gestörte Kommunikation und Verantwortungslosigkeit gekennzeichnetes Milieu, das ihnen in den prägenden Jahren ihrer Kindheit die Vorstellung aufgezwungen hat, dass Selbstverachtung das rascheste und wirksamste Mittel sei, es denen «heimzuzahlen», die sie möglicherweise verletzt haben.

Eine solche Haltung entwickelt sich leicht zu einem gewohnheitsmäßigen Versagen. In der Adoleszenz zum Beispiel mag der Jugendliche Enttäuschung und Ärger über seine Eltern durch schlechte Leistungen in der Schule zum Ausdruck bringen. Er kann sich nicht konzentrieren. Er fällt bei Prüfungen durch. Er macht die Hausarbeiten verspätet, und auch dann noch schlampig. In der klassischen Haltung des Versagers zeigt er ein Zeugnis vor, das seine Eltern verärgert und enttäuscht. Der leistungsschwache Jugendliche ist also zumeist deprimiert und wütend. Seine unzulänglichen Leistungen wollen den Eltern sagen: «Ich bin verletzt. Ich bin wütend, aber ihr gebt mir keine Möglichkeit, meine Gefühle auszudrücken.» Ähnlich geht es der Sekretärin, die immer wieder zu spät zur Arbeit kommt. Meistens ist es nicht nur eine Nachlässigkeit, sondern ein solches Verhaltensmuster wird unbewusst eingesetzt, um die Bezugsperson zu verunsichern. Es ist eine verblümte Art, Aggressivität auszudrücken. Häufig ist die starke Antriebslähmung des schwer deprimierten Menschen selbst ein Ausdruck passiver Wut.

Wutäußerungen sind kulturabhängig

Wie jemand seine Wut erlebt und zum Ausdruck bringt, hängt zu einem großen Teil von kulturellen Einflüssen ab. Das gilt auch in einem Land wie den USA, wo viele Menschen seit zwei oder drei Generationen von ihrem Herkunftsmilieu abgeschnitten sind. Der Umgang mit Wutgefühlen unterliegt bestimmten Mustern, die von

Generation zu Generation weitergegeben werden, zum Teil über Erziehungsinhalte, zum Teil aber auch über die psychischen Mechanismen des kollektiven Unbewussten, die C. G. Jung beschrieben hat. Es wäre naiv zu glauben, mehrere tausend Kilometer oder ein bis zwei Jahrhunderte reichten bereits aus, um die innere Struktur des Gefühlslebens entscheidend zu verändern.

In einer multikulturellen Gesellschaft überlagern sich die Einflüsse der verschiedenen Milieus, sodass sich schwer abschätzen lässt, in welchem Ausmaß zum Beispiel die Probleme in einer Ehe auf miteinander kollidierende kulturelle Hintergründe der Partner zurückzuführen sind. Da ist zum Beispiel der Fall eines Ehepaars, das sich auf fast allen Ebenen bestens verstand, deren Beziehung aber beinahe in die Brüche gegangen wäre, weil beide Partner völlig unterschiedlich mit Wut umgingen. Der Ehemann, Sohn eines Italieners, neigte dazu, bei dem geringsten Anlass zu explodieren. Nach fünf Minuten hatte er sich wieder beruhigt, und der Zwischenfall war vergessen. Seine Frau war in Norddeutschland aufgewachsen und bemühte sich stets, ihre Gefühle unter Kontrolle zu halten, ein Wutausbruch war für sie ein Ding der Unmöglichkeit. Fühlte sie sich verletzt, verstummte sie meist, zog sich zurück und kam sich abgelehnt und minderwertig vor, was damit zusammenhing, dass sie ihren aufsteigenden Emotionen keinen freien Lauf lassen konnte. Sie pflegte sich mit feinen, provozierenden Nadelstichen zu revanchieren, die darauf abzielten, das Selbstbewusstsein ihres Mannes zu untergraben. Während eines Beratungsgesprächs wurde beiden schließlich klar, in welche Sackgasse sie geraten waren. Ihre Beziehung war so lange ernsthaft in Gefahr, wie der Ehemann nicht erkannte, welch verheerende Wirkung seine Wutanfälle hatten, und seine Frau es nicht schaffte, ihre Gefühle stärker zum Ausdruck zu bringen.

In meiner langjährigen Arbeit mit depressiven Patienten stellte ich fest, dass Menschen – Frauen wie Männer – mit einer streng religiösen Erziehung, besonders wenn sie aus nordeuropäischen Kulturen stammen, dazu neigen, sich zurückzuziehen, sobald sie sich mit Ärger und Wut konfrontiert sehen. Werden sie provoziert, reagieren sie gewöhnlich mit depressiven Gefühlen. Menschen dagegen, die in Familien mit einer liberaleren Haltung zu religiösen Fragen aufgewachsen sind und noch dazu aus Südeuropa stammen, tendieren zu verdeckteren Formen der Depression und sind eher bereit, ihre Wut in einem offenen Gefühlsausbruch abzureagieren.

Feindselige Gefühle
unterdrücken oder herauslassen?

Seiner Wut einfach freien Lauf zu lassen ist nicht für jeden depressiven Menschen eine heilsame Erfahrung. Auf den ersten Blick scheint hierin ein Widerspruch zu der These zu liegen, dass die Depression selbst häufig ein Ausdruck verkappter Feindseligkeit ist und dass jemand mit der Fähigkeit, seine Gefühle freier zu äußern, auch seine Tatkraft und positive Aggressivität zurückgewinnt. Die Wut, die depressive Menschen empfinden, resultiert zu einem Teil jedoch aus ihrer Überempfindlichkeit: Ihre geringe Selbstachtung führt dazu, dass sie – begründet oder unbegründet – das Gefühl haben, von anderen abgelehnt zu werden. Wenn sie sich verletzt fühlen, hat das oft mehr mit ihrer eigenen verzerrten Wahrnehmung zu tun, als dass jemand sie tatsächlich kränken wollte.

Falls eine gewisse Wut, mit der ein depressiver Mensch zu kämpfen hat, daher rührt, dass er – in Wirklichkeit oder in seiner Einbildung – verletzt wurde, dann wird er durch die Fähigkeit, dieses Verletztsein durch Wut zum Ausdruck zu bringen, einen Teil seiner Spannung entladen können, doch wird die tiefer liegende Depression dadurch nicht automatisch behoben sein. Von einem Menschen, der sein Leben lang unter seiner Überempfindlichkeit gelitten hat und der seine Aggressionen streng kontrolliert, können wir kaum erwarten, dass plötzliche Wutausbrüche, wie sie etwa einige Begegnungsseminare fördern, sein eingewurzeltes Verhaltensmuster ändern werden. Eine solche Erfahrung kann sogar ins Auge gehen und ihn gerade wegen seiner ihn überwältigenden und unvertrauten Gefühle in höchste Panik treiben.

Nicht alle depressiven Menschen unterdrücken ihre Aggressivität. In manchen Fällen sind Wut und Gewalttätigkeit ebenso sehr Folge wie Ursache der Depression. «In der Schule habe ich nicht viel getaugt», sagte der Sechzehnjährige. «Ich konnte mich nicht aufs Lernen konzentrieren. Ich versuchte es mit dem Fußball, aber ich schaffte es nicht, in die Mannschaft zu kommen. Zu Hause – Mama ist der Teufel auf Rädern. Dauernd schreit sie mich an. Und was für Ausdrücke. Dauernd hackt sie auf mir rum und macht, dass ich mir wie ein Nichts vorkomme. Kein Wunder, dass Papa sie verlassen hat. Jemand wie ich hat keine Zukunft. Nur etwas Geld – und dann abhauen von hier.» Dieser Junge stammte nicht etwa aus dem Märkischen Viertel, sondern aus einem Villenhaushalt am Wannsee. Er war von der Polizei verhaftet worden, weil er in ein Uhrengeschäft eingebrochen war, den Verkäufer niedergeschlagen und Waren gestohlen hatte. Er wollte sie verkaufen, um mit dem Geld die Stadt zu verlassen. Zu Hause beschimpft, ohne Vater, mit dem er sich hätte identifizieren können, ohne Anerkennung in der Schule oder unter Gleichaltrigen, war er tatsächlich in einer verzweifelten Lage. Seine Hoffnungslosigkeit hatte ihn dahin gebracht, dass er zu einer Gewalttat griff, um dieser Situation zu entfliehen und zugleich etwas von der Wut zu entladen, die er auf sie hatte.

Wenn Menschen keinen Kontakt zu ihren Emotionen haben, besonders wenn sie andere für ihr Leiden verantwortlich machen, dann bleibt die Feindseligkeit im Allgemeinen, statt unterdrückt oder verdrängt zu werden, ganz an der Oberfläche und verbirgt die ihr zugrunde liegende Depression.

Anna R. war mitten in ihren Wechseljahren. Körperlich fühlte sie sich wohl, abgesehen von zeitweiligen Hitzewallungen und Schwindelanfällen. Sie litt auch an Schlafstörungen und schlechtem Appetit, schien aber sonst guter Dinge zu sein. Niemand vermutete, sie sei depressiv. Doch das Zusammenleben mit ihr war sehr schwierig. Ständig fand sie an ihrem Mann und den Kindern etwas auszusetzen. Wenn die Wohnung auch nur etwas unordentlich war, zeterte sie gleich los, bis die Zeitungen aufgesammelt und die Aschenbecher geleert waren. Wenn ihr Mann abends später von der Arbeit heimkam, machte sie ihm sofort eine Szene. Nie konnte sie auf gemeinsame Pläne für das Wochenende festgelegt werden, aber wenn es dann so weit war, dass sie einen Ausflug machen oder Freunde besuchen wollten, dann plagte sie ihren Mann, warum er keine vernünftigen Pläne gemacht hätte.

Es gibt so etwas wie eine «wütende» Depression. Anna R.s Fall erinnert an den Typ des Firmenchefs, dessen Depression sich in einem schroffen, gereizten und ungeduldigen Wesen äußert. Zu Hause zeigt er sich stets kurz angebunden und will mit den Alltagssorgen seiner Familie nicht behelligt werden. Im Büro entgeht ihm auch nicht das kleinste Versehen eines Angestellten, und es vergeht kaum ein Tag, an dem er nicht jemanden angebrüllt hätte. Gelegentlich greift er zur Flasche oder sucht in kurzen Affären Bestätigung. Nie würde er sich eingestehen, dass er depressiv ist oder es jemals war. Solches Leugnen wird gewöhnlich begleitet von offenen und zum Teil heftigen Wutgefühlen sowie der Neigung, anderen die Schuld für die eigenen Fehler zuzuschieben.

Doch muss man wissen, dass nicht jeder, der depressiv ist, deshalb zwangsläufig auch – bewusst oder unbewusst – wütend ist. Wir haben gesehen, dass es eine direkte und unkomplizierte depressive Reaktion gibt, die durch Enttäuschung, Zurückweisung oder Verlust ausgelöst werden kann. Während jemand, dem dies widerfahren, zeitweilig depressiv ist, gelingt es ihm vielleicht nicht, seine Wut zu mobilisieren, sobald er provoziert wird, doch die Wut spielt unter den Ursachen der Depression keine entscheidende Rolle.

Gereiztheit überwinden, indem man verzeiht

Eine Diskussion über Aggression und Wut wäre unvollständig, ginge man nicht auf das Wesen der Gereiztheit ein. Gereiztheit ist etwas anderes als Wut. Sie unterscheidet sich auch von der Depression. Eine akute Depression kann im Gegenteil einen verletzten und enttäuschten Menschen vor den verheerenden Folgen der Gereiztheit bewahren.

Unter Gereiztheit versteht man einen anhaltenden, hartnäckigen Zustand der Aggressivität. Der «gereizte» Mensch empfindet Hass und Zynismus, Gefühle, die er durch wirkliche oder eingebildete Verletzungen vonseiten seiner Umwelt rechtfertigt. Die Gereiztheit unterscheidet sich von der verdrängten oder unterdrückten Aggression, die bei manchen psychoneurotischen und depressiven Zuständen zu beobachten ist, und ist etwas völlig anderes als direkte Wut.

Dem «gereizten» Menschen fehlt es an Einsicht. Für gewöhnlich ist er unempfindlich für die Gefühle anderer. Meist ist er vor allem dann unglücklich, wenn er die Menschen seiner Umgebung nicht beherrschen oder kontrollieren kann, besonders wenn seine Forderungen nicht unmittelbar erfüllt werden. Er kann Kränkungen und Zurückweisungen nicht ertragen, die oftmals unbeabsichtigt oder gar keine solchen sein mögen, und er scheint Vergnügen daran zu finden, an den Menschen seiner Umgebung Fehler festzustellen.

Um die Gereiztheit zu beheben, ist ein neues Wertsystem notwendig, das dem Betreffenden die Möglichkeit gibt, sich über Kränkungen hinwegzusetzen und den anderen zu verzeihen. Diese Änderung ist nicht leicht. Immer wenn die Gereiztheit ein entscheidender emotionaler Faktor eines psychischen Krankheitsbildes – eines Erregungszustandes, einer Depression oder auch des Alkoholismus – ist, sind die Heilungsaussichten recht gering. Der «gereizte» Mensch ist zu sehr damit beschäftigt, nach Möglichkeiten zu suchen, sich zu revanchieren, andere leiden zu lassen und seine eigene Mitschuld an seinem Unglück zu leugnen, um offen depressiv zu werden. Er ist eigentlich depressogen, das heißt, er hat die Fähigkeit, andere Menschen, wenn sie dauernd mit seiner Verbitterung in Kontakt kommen, deprimiert zu machen.

Der depressive Mensch hingegen ist meistens bereit zu *verzeihen* und willig, einen neuen Anfang zu machen, sobald die Depression nachlässt. In seinem Wertsystem hat die Liebe eine große Bedeutung, und dies bleibt so, auch wenn sein Denken von Wut und Verzweiflung beherrscht wird.

Verzeihen zu können ist eine wesentliche Voraussetzung zur Überwindung von Gereiztheit, ohne diese Fähigkeit könnten zwischenmenschliche Beziehungen – die nun einmal die Gefahr von Verletzungen und Missverständnissen in sich bergen – nicht gedeihen. Die Kunst des Verzeihens hat in der psychologischen Literatur bisher kaum Beachtung gefunden, das mag an der religiösen beziehungsweise spirituellen Färbung dieses Begriffs liegen. Jeder kennt den Satz: «Und vergib uns unsere Schuld, wie auch wir vergeben unseren Schuldigern» aus dem Vaterunser. Erst in jüngster Zeit hat man die wichtige Rolle des Verzeihens wieder entdeckt und räumt ihm heute in der Therapie einen gebührenden Stellenwert ein.

Wie verzeiht man? Sicher nicht, indem man übergehen und vergessen soll, was der andere getan hat. Um verzeihen zu können, müssen wir die in einer Beziehung erlittene Verletzung und aufgestaute Wut zur Kenntnis nehmen, erleben und in Worte kleiden – um diesen Gefühlen dann endlich freien Lauf zu lassen, weniger um des anderen als um unserer selbst willen. Eine fünfunddreißigjährige Frau erfuhr, was es heißt, nicht verzeihen zu können: «Jahrelang nahm ich es meinen Eltern übel, dass sie meine beiden Brüder immer bevorzugt haben. Zum Beispiel weigerte sich mein Vater, mir für meine Ausbildung die gleiche finanzielle Unterstützung zukommen zu lassen wie ihnen – obwohl ich immer die besseren Noten nach Hause gebracht habe. Meine Mutter war ganz seiner Meinung. Meine Brüder durften studieren, während für mich nur eine Lehre infrage kam.

Ich kam nicht von der Stelle, solange der Ärger an mir nagte, ungerecht behandelt worden zu sein. Es hat mich große Mühe gekostet, dieses Gefühl zu überwinden. Ich musste erst einmal verstehen, warum meine Eltern so geworden sind, wie sie sind, und einsehen, dass ich erwachsen und für mein Leben selbst verantwortlich bin. Ich musste lernen, ihnen zu verzeihen, sonst wäre ich aus der emotionalen Abhängigkeit, in die mein Groll mich getrieben hatte, nie herausgekommen.»

Verzeihen muss nicht immer zur Versöhnung führen. Manchmal sind die Menschen, denen wir etwas zu verzeihen haben, bereits gestorben, sodass es nicht mehr möglich ist, sich mit ihnen auszusöhnen. Manchmal besteht die Gefahr, dass jemand die Gelegenheit zu erneuter Kränkung nutzt, sodass wir ihm um des eigenen Seelenfriedens willen besser ganz aus dem Weg gehen. Manchmal sind die Kommunikationsstile, Lebensweisen und Werthaltungen so verschieden, dass eine Fortsetzung der Beziehung weder geraten erscheint noch möglich ist. Aber es geschieht sehr oft, dass durch das Verzeihen der Weg frei wird, sich mit einem Menschen, der in unserem Leben eine wichtige Rolle gespielt hat oder immer noch spielt, endlich auszusöhnen. Ohne Verzeihen keine Versöhnung – und welche Partnerschaft könnte ohne sie auskommen und sich weiterentwickeln?

Kapitel 10

Schuldgefühle
oder: Der Schuld-Macher

Wenn schon die Aggressivität zu einem zwiespältigen Merkmal unserer Gesellschaft geworden ist, so gibt es noch ein weiteres, ebenso zwiespältiges und häufig ignoriertes Merkmal, das für ein Verständnis der Depression beim westlichen Menschen nicht minder wesentlich ist: das Schuldgefühl.

Die Kultur prägt die Art, wie jemand seine Gefühle erlebt. Es erstaunt daher nicht, dass manche Emotionen in einigen Kulturen verbreitet sind, die in anderen keine Rolle spielen. So trifft zum Beispiel das westliche Krankheitsbild der Depression – also ein psychiatrisches Syndrom mit bestimmten affektiven, kognitiven, somatischen und das Verhalten betreffenden Symptomen – wohl nur auf europäische und nordamerikanische Kulturen zu. Denn ein vergleichbares Konzept der Depression sucht man in nichteuropäischen Kulturen vergebens, etwa in Nigeria, China, Japan, Malaysia oder bei den kanadischen Eskimos. Doch auch wenn es hier keine *Begriffe* für depressive Störungen gibt, die mit den unsrigen vergleichbar wären, können die Menschen in diesen Kulturen sehr wohl unter Depressionen leiden. Sie erleben, verarbeiten und formulieren die Symptome nur anders und führen sie auf andere Ursachen zurück.

Bestimmte Anzeichen der Depression sind kulturübergreifend. So fanden Wissenschaftler in kulturvergleichenden Studien zum Phänomen «Depression» heraus, dass einige depressive Merkmale wie Schlafstörungen, Appetitverlust, Antriebsschwäche sowie Störungen des Körpergefühls und der Motorik in nahezu allen Kulturen anzutreffen sind. Von anderen Merkmalen wie Schuldgefühlen, Selbstwertverlust, Selbstmordgedanken und Hoffnungslosigkeit scheinen hingegen Nichteuropäer nur selten bis gar nicht betroffen zu sein.

Schuld ist beim westlichen Menschen ein Hauptfaktor der De-

154

pression – als Ursache wie auch als Wirkung. Da Schuldgefühle einen Verlust an Selbstachtung zur Folge haben, können sie zu Depressionen führen, und der deprimierte Mensch kann Schuldgefühle haben, weil er deprimiert ist. Die Folgen von Schuldgefühlen können verheerend sein.

Immer wenn Emilie W. unglücklich war, hatte sie Angst, dass ihr Mann sie nicht mehr lieben würde. Immer wieder fragte sie ihn, ob er sie gern habe. Anfangs beteuerte er dies. Später, als dieselbe Frage immer erneut auftauchte, wurde er ungeduldig. Sie wiederum ängstigte sich dann noch mehr, ihn zu verlieren. Zwischendurch hatte sie Anfälle von irrationaler Eifersucht und durchsuchte Anzug und Brieftasche ihres Mannes nach Hinweisen, dass er vielleicht mit einer anderen Frau etwas hätte. Wenn er auf Geschäftsreisen ging, konnte sie nachts nicht schlafen. Wiederholt drängte sie ihn, seine Stellung aufzugeben und eine andere zu suchen, bei der er nicht so viel auf Reisen war. Dabei kam es ihr nie in den Sinn, dass ihre Ängste in Schuldgefühlen wurzeln könnten, dass ihr Gefühl, unattraktiv und als Ehefrau zu versagen, eine Form der Selbstbestrafung waren – dass ihre letzte Bestrafung der Verlust des geliebten Mannes sein würde.

Warum verspürte Emilie W. das Bedürfnis, bestraft zu werden? Und warum in dieser Form? Sie war zum zweiten Mal verheiratet. Ihren jetzigen Mann hatte sie kennen gelernt, als sie noch mit dem ersten verheiratet gewesen war. Ihre erste Ehe war von Anfang an problematisch gewesen. Mit neunzehn Jahren war sie von zu Hause fortgelaufen und hatte einen jungen Mann geheiratet, den sie kaum kannte. In der Folgezeit begann er, stark zu trinken, und mehrmals schlug er sie in einem Wutanfall zusammen. Auf seiner Arbeitsstelle hielt er es nie länger als ein paar Monate aus. Meist wurde er nach einer Auseinandersetzung mit seinen Vorgesetzten fristlos entlassen. Da Emilie W. aber überzeugt war, dass die Ehe ein unauflösbarer Vertrag sei, hielt sie es trotzdem jahrelang bei ihrem Mann aus und versuchte, das Beste daraus zu machen.

Als sie dann ihren jetzigen Mann kennen lernte, bereitete ihr dies starke Schuldgefühle. Doch je länger diese Beziehung dauerte, desto mehr unterdrückte sie ihre Schuldgefühle und sagte sich, sie habe doch auch ein Recht darauf, endlich einmal Glück und Geborgenheit zu finden. Sechs Monate nachdem sie ihren ersten Mann verlassen hatte, beging dieser Selbstmord. Seitdem schwankte sie zwischen der Überzeugung, dass sie seinen Tod nicht verursacht habe, und dem Gefühl, dass er, wäre sie bei ihm geblieben, vielleicht noch am Leben wäre. Zwar bezeichnete sie ihr Gefühl nicht als Schuld, doch fühlte sie sich stark verantwortlich für das, was mit ihm geschehen war. Sie erzählte niemandem von ihrem Konflikt. So wurde sie allmählich depressiv und zugleich immer ängstlicher, dass ihr neuer Mann, mit dem sie sehr glücklich war, sie schließlich verlassen würde.

Im Verlauf eines ärztlichen Beratungsgesprächs erkannte Emilie W. zum ersten Mal die Verbindung zwischen ihrer Depression und ihren Angst- und Schuldgefühlen. «Ich hielt es für das Beste, das alles aus meinen Gedanken zu verdrängen. Ich habe nie mit jemandem über diese Dinge gesprochen. Ich sehe jetzt, dass das falsch war. Es wäre mir nie eingefallen, dass ich mich so furchtbar verantwortlich für etwas fühlen würde, das so wenig in meiner Macht stand.»

Selbst wenn Schuldgefühle nicht die Ursache der Depression sind, stellen sie sich doch leicht ein, sobald jemand entmutigt ist. Ein zweiunddreißigjähriger Vorarbeiter verlor plötzlich seine Arbeit, und ein paar Monate darauf verließ ihn seine Frau. Er nahm – unberechtigterweise – an, er habe beide Missgeschicke selbst verursacht. «Hätte ich sie nur anders behandelt, dann hätte sie mich nicht verlassen. Und meine Arbeit – wenn ich nur Überstunden gemacht hätte, dann hätten sie mich nicht rausgeschmissen.» In Wirklichkeit aber hatte seine Frau ihn nie geliebt. Sie hatte ihn im Anschluss an ein Liebesverhältnis geheiratet, in dem sie sich zurückgesetzt fühlte, und fand seit dem ersten Tag ihrer Ehe, dass ihm all das fehlte, was sie «von einem richtigen Ehemann erwartete». Und was seine Arbeit betraf, so hatte der Arbeitgeber ihn nur entlassen, weil er mehrere wichtige Aufträge verloren hatte, sodass er die Stelle einsparen musste. Da er unfähig war, die beiden Ereignisse in der richtigen Perspektive zu sehen, gab er sich ständig selbst die Schuld. Zuweilen ging seine Anfälligkeit für Schuldgefühle über jedes vernünftige Maß hinaus. «Letzte Woche, an meiner Arbeitsstelle, wurden 50 Mark aus einem Spind gestohlen. Ich weiß, es ist verrückt, aber als die Polizei die Sache untersuchte, fühlte ich mich, als hätte ich es getan. Auch wenn ich mir die verrückte Idee aus dem Kopf schlug, ich glaubte, ich würde sowieso beschuldigt.»

Es besteht ein Unterschied zwischen Depressionszuständen, die aus Schuldgefühlen herrühren, und solchen, die mit Schuldgefühlen nichts zu tun haben. Der Psychiater P. F. Regan wies nach, dass depressive Patienten mit stärker ausgeprägten Schuldgefühlen nur schlecht auf biologische Behandlungsmethoden ansprechen. Dagegen tritt bei depressiven Patienten, bei denen Schuldgefühle keine entscheidende Rolle spielen, unter der gleichen Behandlung für gewöhnlich eine rasche Besserung ein. Schuldgefühle verstärken die Hartnäckigkeit der Depression. Häufig treiben sie den Menschen an, das schulderzeugende Verhaltensmuster stets zu wiederholen, bis sie sich mit ihm auseinander setzen müssen.

Depressive Alkoholiker können dafür ein gutes Beispiel sein. Eine einundfünfzigjährige Frau kam in die Behandlung, weil sie seit dem unerwarteten Tod ihres Mannes vor zwei Jahren von Einsamkeit und Hoffnungslosigkeit gequält wurde. Sie hatte Zuflucht beim Alkohol gesucht, um ihrer Depression wenigstens zeitweilig zu entkommen, und so war es ihr zur Gewohnheit geworden, täglich fast einen halben Liter Whisky zu trinken.

Ihre Versuche, mit Hilfe der Anonymen Alkoholiker allein ihrem Verlangen Herr zu werden, blieben erfolglos. Ja, je mehr sie sich auf ihr Alkoholproblem konzentrierte, desto schuldiger fühlte sie sich und desto mehr trank sie. Durch die Psychotherapie und mit Hilfe eines antidepressiven Medikaments ließ ihre Depression allmählich nach. Trotzdem trank sie weiter, bis sie zu erkennen vermochte, dass es ihr quälendes Schuldgefühl selbst war, das sie dazu trieb, immer wieder zu trinken. Als sie ihre Neigung aufgab, sich schuldig zu fühlen, gewann sie ein höheres Maß an innerer Freiheit, wodurch sie den Alkoholkonsum kontrollieren und schließlich ganz unterlassen konnte.

In der psychoanalytischen Theorie gilt ein starkes Über-Ich als Teil der Persönlichkeitsstruktur des für Depressionen anfälligen Menschen. Das in der Kindheit gebildete Über-Ich hat zwei Hauptelemente. Das eine ist ein Gefühl für Recht und Unrecht – wir nennen es das Gewissen. Wenn der Einzelne seinem Gewissen zuwiderhandelt, wenn er meint, dass er gegen seine Grundsätze – oder die eines anderen, die er für die eigenen hält – verstoßen hat, so folgen daraus Schuldgefühle. Das andere Element ist das Ich-Ideal. Wenn jemand glaubt, er sei so ziemlich der Mensch, der er gern sein möchte, so kann er einigermaßen zufrieden sein. Je größer aber der Abstand zwischen dem, was er ist, und dem, was er sein möchte, umso größer ist sein Gefühl des Versagens. Manchmal kann das Über-Ich so stark ausgeprägt sein, dass die Maßstäbe, denen der Betreffende meint genügen zu müssen, unerreichbar hoch sind.

Das Über-Ich ist nicht dasselbe wie das Gewissen. Ersteres enthält starke emotionale Komponenten, während Letzteres ein eher intellektuelles Wissen um das eigene Wertsystem ist. W. H. Auden definierte in seinem Buch ‹*A certain world*› diesen Unterschied folgendermaßen:

«Das Über-Ich spricht laut und in Befehlen oder Ausrufen – ‹TU DIES! TU DAS NICHT! BRAVO! DU SCHWEINEHUND!› Das Gewissen spricht leise und in der Frageform – ‹Glaubst du wirklich?› ‹Ist das wirklich wahr?›

Wenn wir sagen, dass die beiden Stimmen sich unterscheiden, so heißt dies natürlich nicht, dass sie nie übereinstimmen würden. In einer perfekten Gesellschaft würden sie sogar immer übereinstimmen …

… Da das Über-Ich eine Schöpfung der Gesellschaft ist, liegen seine Grenzen als Führer unseres Verhaltens darin, dass es nur so lange wirksam bleibt, als die gesellschaftlichen Verhältnisse sich nicht ändern. Ändern sie sich, dann weiß es nicht mehr, was es sagen soll. Bei sich zu Hause verwendeten die Spartaner kein Geld. Wenn sie aber in Länder kamen, in denen es gebräuchlich war, waren sie daher hilflos den Versuchungen des Geldes ausgesetzt, und in der Antike sagte man, dass ein Spartaner immer bestechlich sei.»

Der Schuld-Macher

Anders als der Spartaner in der Fremde hat der depressive Mensch die Neigung, sich schuldig zu fühlen. Das macht ihn besonders verletzlich gegenüber denjenigen, die ihn zu kontrollieren wissen, indem sie seine Schuldgefühle aktivieren. Da er häufig unter der Annahme leidet, er sei irgendwie im Unrecht, lässt er sich leicht davon überzeugen, dass er in jeder Situation, ungeachtet der realen Tatsachen, der Schuldige sei.

Eine neununddreißigjährige Frau konsultierte den Psychiater, weil sie seit mehreren Monaten immer wieder allen Lebensmut verlor und oft mit dem Gedanken an Selbstmord spielte. «Mein Mann sagt, bei mir stimmt etwas nicht. Wir haben furchtbare Auseinandersetzungen. Er sagt, ich zerstörte unsere Ehe, und wenn ich nicht zur Vernunft käme, müsste er mich verlassen.»

In den anschließenden Sitzungen ergab sich folgendes Bild von ihrem Mann: unflexibel, eigensinnig, ein Mensch, der sich selbst einen hohen Leistungsstandard abverlangte und seine Frau unausgesetzt kritisierte. Je nachdem warf er ihr entweder vor, sie sei eine unfähige Hausfrau, könne ihre Kinder nicht erziehen, sei eine schlechte Gastgeberin oder eine langweilige Geliebte. Wenn sie dann traurig wurde und weinte, warf er ihr vor, sie sei hysterisch. «Hat er denn Recht? Bin ich eine völlige Niete? Verdiene ich all die furchtbaren Sachen, die er zu mir sagt?»

Der Psychiater bestand darauf, ihren Mann kennen zu lernen, um sich ein klares Bild von der Wechselbeziehung zwischen den beiden machen zu können. Während der ganzen Sprechstunde verhielt der Mann sich eher wie ein Kollege des Arztes als wie der Ehemann der Patientin. «Was können wir für sie tun, Herr Doktor? Sie ist zu empfindlich. Natürlich habe ich eine hohe Meinung von ihr – ich liebe sie. Sie ist anscheinend sehr deprimiert. Glauben Sie, dass sie ernsthaft krank ist? Es gibt Fälle von Geisteskrankheit in ihrer Familie, wissen Sie. Oder vielleicht hat sie Ihnen nichts davon erzählt?» Er stritt ab, irgendetwas getan oder gesagt zu haben, das seine Frau hätte verletzen können. «Mir fehlt absolut nichts. Ich brauche weder von Ihnen noch von sonst wem einen Rat.» Er weigerte sich, an einer weiteren Sitzung teilzunehmen.

Während der nächsten beiden Monate berichtete die Patientin öfter, dass ihr Mann sich immer mehr wütend über den Zeitaufwand beklagte, den ihre Therapie erforderte. Auch behauptete er, er stehe im regelmäßigen Kontakt mit ihrem Therapeuten – «um über die Fortschritte auf dem Laufenden zu bleiben» –, was nicht der Fall war. Er ließ Bemerkungen fallen wie: «Dein Arzt sagte mir, dass du nicht genug tust, um vorwärts zu kommen.» Sein Widerstand gegen ihre Therapie trat genau in dem Moment ein, als die Patientin selbst wieder ein wenig Selbstachtung gewonnen hatte und sich besser gegen seine Kritik wehren konnte.

Nicht immer geht der Schuld-Macher so plump zu Werke, wenn er dem Ehegatten, den Eltern, dem Kind oder einem Mitarbeiter das Gefühl gibt, er oder sie sei ein abscheulicher Mensch. Häufig geschieht dieses Wechselspiel in viel harmloserer Form. «Schau doch, wie unglücklich du deine Mutter machst.» Oder: «Warum kannst du nicht etwas dankbarer sein für alles, was wir für dich getan haben?» Ähnliche Bemerkungen, fallen gelassen im rechten Moment, in der richtigen Stimmlage und mit der richtigen Körpersprache, genügen zumeist, um den leicht deprimierten Menschen dem Willen und der Kontrolle des Schuld-Machers gefügig zu halten. Solche Manöver sind zuweilen so subtil, dass manche Psychotherapeuten Video-Aufnahmen zu Hilfe nehmen müssen, um einer Familie zu zeigen, wie destruktiv ihre Kommunikationsmuster sind.

Welche Motive hat der Schuld-Macher? Zumeist ist er sich seiner Wirkung auf andere völlig unbewusst, denn die Motive für eine solche Einflussnahme liegen unter zu vielen Schichten seines Unbewussten begraben. Manchmal ist der Schuld-Macher sadistisch und bezieht ein gewisses Vergnügen daraus, wenn er sieht, wie sein Opfer sich windet. Mitunter kann er dadurch eigene Schuldgefühle loswerden, die vielleicht aus Problemen herrühren, die seiner Einsicht mehr oder minder verschlossen sind. Wenn er jemanden findet, dem er die Schuld geben kann, so befreit ihn dies zeitweilig von eigenen Spannungen und Leiden. Manchmal wurzelt sein Verhalten in Neid und Konkurrenz: Indem er dem anderen das Gefühl gibt, er sei unfähig und schuldig, kann er sich selbst als der Tüchtigere empfinden.

Der Schuld-Macher kommt selten in die Praxis des Therapeuten, außer um sich zu rechtfertigen. In der Regel hat er zu wenig Einsicht. Solange er jemanden hat, dem er die Schuld geben und den er kontrollieren kann, ist er mehr oder minder wirksam gegen Depressionen geschützt. Meist ist es sein Opfer, das schließlich depressiv wird und meint «Ich mache wohl nie etwas richtig» und «Es ist alles meine Schuld».

Mit Schuldgefühlen fertig werden

Schuldgefühle sind an sich nichts Anormales, selbst wenn sie zu Depressionen führen. Die Fähigkeit, angemessene Schuldgefühle zu haben und zu akzeptieren, sowie die Entwicklung geeigneter Methoden, mit Schuldgefühlen fertig zu werden, gelten seit jeher als notwendige Attribute der intakten Persönlichkeit. Das Schuldgefühl ist ein wichtiger Mechanismus, der den Menschen davor schützt, sich auf Verhaltensweisen einzulassen, die für ihn oder andere schädlich sein könnten. Wenn das Schuldgefühl geleugnet wird oder wenn der Einzelne es nicht anerkennt oder nicht weiß, wofür er sich schuldig fühlen soll, dann gerät er leicht in Situationen, die seine Selbstachtung gefährden. Vielleicht ist ihm nicht klar, wie sehr er sich schadet, bis er akut depressiv wird.

«Ich habe die Freude an allem verloren», klagte ein sechsundvierzigjähriger Geschäftsmann. «In den letzten beiden Jahren ging alles schief. Ich habe Telefongespräche aufgeschoben und folglich Kunden verloren. Am Wochenende, zu Hause, bin ich zu müde, um mich mit den Kindern zu beschäftigen. Meine Frau und ich sprechen kaum noch ein Wort miteinander. Wenn wir es tun, dann endet es häufig im Streit.» In der Therapie nach möglichen Auslösern seines Missmuts befragt, teilte er mit, dass er seit fast zwei Jahren ein Verhältnis mit der Sekretärin eines seiner Kunden habe. «Das kann mir aber doch nichts anhaben. Tatsächlich, es ist das einzige Vergnügen, das ich habe, ein- oder zweimal im Monat mit ihr ins Bett zu gehen. Außerdem, was ist daran so ungewöhnlich? Jeder spielt doch heute ein wenig rum.» Es dauerte einige Monate, bevor er überzeugt werden konnte, dass diese sexuelle Beziehung bei ihm, ganz gleich was die anderen tun oder lassen mochten, Schuldgefühle weckte. Sein Verhalten stand im Gegensatz zu seiner Erziehung. Er hatte als Kind eine Konfessionsschule besucht und bis Anfang zwanzig sich stark in der kirchlichen Arbeit engagiert. Vor seiner Ehe hatte er nie Geschlechtsverkehr gehabt.

Er hatte zunächst auch weiterhin an den strengen Forderungen seiner Ethik festgehalten, bis andere Notwendigkeiten, besonders das Geschäftsleben, ihn zu Kompromissen zwangen. Stück für Stück gab er seine eingewurzelten Wertmaßstäbe auf. Obwohl Nichtalkoholiker, genehmigte er sich jetzt hin und wieder ein paar Whisky. Dann und wann frisierte er sein Spesenkonto. «Das tut doch jeder. Täte man es nicht, dann würde man nicht überleben.» Wenn ihn zuweilen Schuldgefühle drückten, so ignorierte er es. Als er etwa Mitte dreißig war, betrachtete er Religion als «ein wirkliches Handikap, wenn du es schaffen willst». Bis er jenes Verhältnis anfing, war sein Familienleben relativ harmonisch gewesen. Danach verwandelte es sich, weitgehend infolge seiner unerkannten Schuldgefühle, in ein Schlachtfeld.

«Was soll ich denn bloß mit diesen Schuldgefühlen tun, jetzt, wo ich sie erkannt habe?», fragte er. «Ich kann schließlich nicht dahin zurückkehren, wo ich vor zwanzig Jahren stand.» Es gab nur zwei Möglichkeiten für ihn: entweder seine Wertvorstellung über die eheliche Treue zu ändern oder sein Verhältnis zu beenden und zu versuchen, sein Familienleben wieder intakt zu bringen. Er beschloss, seine Liebesaffäre abzubrechen. Aber es war für ihn keine leichte Entscheidung. Er zweifelte, ob er, überall umgeben von sexueller Freizügigkeit, immer noch mit seinen ursprünglichen Wertmaßstäben zurechtkommen würde.

Die Wertvorstellungen einer Kultur

Unsere Gesellschaft ist reich an verwirrenden und widersprüchlichen Wertvorstellungen. Man denke zum Beispiel nur an die Debatten über den Paragraphen 218. Während die einen glauben, das Leben beginne im Augenblick der Zeugung und Abtreibung sei Mord, meinen andere, es gebe eine medizinische und soziale Indikation, in bestimmten Fällen eine Abtreibung vorzunehmen. Wieder andere sind überzeugt, dass männliche Gesetzgeber nicht befugt seien, willkürlich über das Recht der Frau am eigenen Körper zu bestimmen, und meinen, sämtliche Krankenhäuser sollten Abtreibungen vornehmen, selbst wenn sie sich in der Hand religiöser Gruppen befänden, welche die Abtreibung ablehnen.

Alles, was Menschen miteinander in unmittelbaren Kontakt bringt – vom Fernsehen bis zum Düsenflugzeug –, konfrontiert den Einzelnen mit einer Vielzahl von möglichen und widersprüchlichen Entscheidungen im Bereich der ethischen Normen. Infolgedessen wird es für ihn immer schwieriger zu erkennen, wo und wann er Schuld empfinden soll. Dies wiederum führt zwangsläufig zu einer Betäubung des Gefühls für persönliche Verantwortung.

Welch ein Unterschied zu der Welt, in der Freud lebte! Die ersten Psychoanalytiker erarbeiteten ihre Theorie in einer Zeit relativ stabiler Werte. Sie konnten den Menschen vor dem Hintergrund unveränderlicher Umwelteinflüsse studieren. Sie konnten einen Patienten «heilen», indem sie sein Ich von den Hemmungen befreiten, die ein hartes, strenges Über-Ich ihm aufzwang, ohne ihn in eine Welt wie die unsrige hinauszustoßen, die nicht zwischen neurotischen und realen Schuldgefühlen unterscheidet und die den Menschen, der nach Selbstverwirklichung strebt, und den Psychopathen nicht auseinander hält.

«Diese Gesellschaft hat etwas Lähmendes an sich», beschrieb der Präsident einer Universität die derzeitige Situation. «Während auf der einen Seite unsere Wertvorstellungen immer unverbindlicher werden, nimmt auf der anderen Seite die Gängelung durch die Bürokratie ständig zu, sodass man manchmal geradezu genötigt ist, sich wie ein Psychopath zu verhalten, um überhaupt noch etwas zu erreichen. Wer davor zurückschreckt, riskiert, frustriert und handlungsunfähig zu werden.»

Der notorische Psychopath kümmert sich nicht um die Bedürfnisse oder Rechte anderer. Er verfolgt ausschließlich die eigenen Ziele, wobei er oft andere Menschen ausbeutet und benutzt. Schuldgefühle sind ihm fremd. Der Boss einer großen Filmgesellschaft versuchte humorvoll zu sein, als er dem Psychiater seiner Frau, den er erst aufsuchte, nachdem sie einen ernsthaften Selbstmordversuch gemacht hatte, folgende Geschichte erzählte:

«Wir waren ein paar Tage in Los Angeles … Geschäftsreise, Verträge, Sie wissen schon. Wollten unseren Kunden etwas bieten und hatten da dieses Mädchen aufgetrieben, hübsch, blond, aber geistig zurückgeblieben. Versprachen ihr eine Rolle in einem unserer Filme, wenn sie uns mal dranließe. Machte sie auch, einen nach dem anderen. Tolle Sache – und wie die hinterher staunte, als wir ihr sagten, sie soll sich verdrücken!»

Dieser Mann war psychopathisch. Im Alltagsleben galt er als dynamischer, energischer und cleverer Geschäftsmann, der etwas von Geld verstand. Der Psychopath als Heros der Gesellschaft: Das ist – zumindest – verwirrend. Millionen Menschen haben heute den Sinn für Schuld verloren und damit die normale Schutzfunktion, die Schuldgefühle haben. Häufig gewinnen sie diese erst wieder, wenn eine akute Depression sie zwingt, sich mit ihrem vergewaltigten Gewissen auseinander zu setzen.

Nicht immer gehen Schuldgefühle mit der Depression einher. Wo sie aber vorhanden sind, da haben sie starken Einfluss auf die Form und Intensität der Depression. Die Auseinandersetzung mit der Depression bedeutet für viele, dass sie sich erstmals wieder berechtigten Schuldgefühlen aufschließen.

Es ist an der Zeit, dass sich unsere Gesellschaft wieder über grundlegende Werte verständigt, an denen der Einzelne sich orientieren kann. Auf einer Tagung über «Moralische Werte in der Psychoanalyse» stellte Rabbi Roland B. Gittelsohn fest: «Jeder Arzt geht bei seinen Kranken davon aus, dass die menschliche Natur wie alle Natur physikalischen Gesetzen unterworfen ist, Gesetzen der Ernährung, des Bewegungsapparats und so fort. Obwohl er diese Gesetzmäßigkeiten für absolute, der Natur innewohnende Eigenschaften hält, weiß er zugleich, wie relativ sie sind, wenn er sie auf einen bestimmten Patienten in einer besonderen Situation bezieht: Sie gelten nicht in genau derselben Weise für jeden Einzelnen ...

Gilt das für moralische Werte nicht ebenso? ... Es gibt bestimmte moralische Gesetze, deren Befolgung für alle Menschen (innerhalb einer Kultur) unabdingbar ist, so sie ein gesundes und glückliches Leben führen wollen.»

Kapitel 11

Erfolg
oder: Am Ziel – was nun?

Die Depression wird oft als «Erfolgskrankheit» bezeichnet. Gerade dann, wenn der Arzt in seiner neuen Praxis Erfolg hat, wenn der Geschäftsmann Direktor seines Unternehmens wird, der Erfinder schließlich sein Patent zugeteilt bekommt, gerade dann geschieht es häufig, dass ihr Leben einen Purzelbaum schlägt und Depressionen ausbrechen.

Nach dem Peter-Prinzip werden viele Menschen um eine Stufe zu hoch für ihre Fähigkeiten befördert, wobei sie sich dann auf diesem Niveau der Unfähigkeit stabilisieren. Es gibt jedoch eine Alternative zu dieser Vorstellung: Die Beförderung kann eine Depression bewirken, und dann erscheint die Depression als Leistungsschwäche. Denn sobald jemand sein Ziel erreicht, das er lange angestrebt hat, erhöht sich das Risiko, depressiv zu werden, merklich.

Erfolg bringt häufig wichtige – soziale, wirtschaftliche und manchmal geographische – Veränderungen mit sich sowie größere Verantwortung und stärkere Zwänge. Aufgrund eines tief wurzelnden Schuldgefühls glauben aber viele Menschen unbewusst, sie verdienen das, was sie erreicht haben, gar nicht und wenden nun unbewusst alle ihre Kräfte auf, es zu untergraben. Bei jedem löst das Erreichen eines großen Lebensziels eine Neubeurteilung seines Selbstwertgefühls und seiner Vorstellungen aus.

In einer «Aufstiegsgesellschaft», wie die Soziologen unsere Gesellschaft nennen, ist es lebenswichtig, erfolgreich zu sein und gewisse äußere Zeichen eines Eigenwerts vorweisen zu können. Hier besteht eine enge Verbindung zur Selbstachtung. Das Ziel mag eine höhere Stellung in einer Firma, ein größeres Einkommen, der Abschluss einer Doktorarbeit oder eines Buches, der Ruhm als großer Sportler oder der Sieg in einer politischen Wahl sein – stets wird die Selbstachtung durch ein Gelingen bestärkt, während das Nichtgelingen Selbstbeschuldigungen nach sich zieht.

Je abhängiger das Selbstbild eines Menschen von äußeren Leistungsbeweisen ist, desto weniger werden diese Leistungen ihn befriedigen. Ein Wissenschaftler beschrieb seinen Kampf mit dem Ehrgeiz folgendermaßen: «Seit ich ein kleiner Junge war, fühlte ich mich gezwungen, Erfolg zu haben. Meine Eltern trieben mich in der Schule voran. Wenn ich nicht überall eine glatte Eins hatte, dann war ich, schon mit zehn oder elf Jahren, voller Angst und ohne Hoffnung. Mein Abiturzeugnis war glänzend. Man sollte meinen, das sei genug, um meine Selbstzweifel zu beruhigen. Aber ganz und gar nicht. Ich fragte mich, ob ich auch auf der Universität Erfolg haben würde. Später machte ich mir Sorgen, ob meine Forschungen meinen Einsatz lohnen würden. Als ich nach dreißig Jahren eine der höchsten wissenschaftlichen Auszeichnungen erhielt, meinte ich auch da noch, dass ich in die Arbeit, für die ich so viel Anerkennung erhielt, mehr zufällig hineingestolpert war.»

Selbst wenn wir das Ich in uns nicht messen können, suchen wir doch hier und dort nach Möglichkeiten, den Eigenwert der Persönlichkeit in Zentimetern und Metern auszudrücken. Jede Gesellschaft hat ihre eigenen Maßstäbe. Von alters her dient das Geld, das einer hat oder nicht hat, zur Bestimmung des persönlichen Werts. In seinem Buch ‹Anatomy of melancholia› (1621) schrieb Robert Burton: «Mit einem Wort, jeder für seine eigenen Ziele. Unser *Summum Bonum* ist die Ware; die Göttin, die wir verehren, ist Dea Moneta, Königin Geld, der wir täglich opfern, die unsere Herzen, Hände, Gefühle, alles steuert: Diese mächtigste Göttin, von der wir emporgezogen, hinabgestoßen, erhöht, anerkannt werden, die einzige Herrin unserer Handlungen, für die wir beten, laufen, reiten, gehen, kommen, arbeiten und uns kabbeln wie die Fische um eine ins Wasser gefallene Brotkrume. Nicht Wert, Tugend, Weisheit, Tapferkeit, Wissen, Ehrlichkeit, Frömmigkeit oder sonst eine Eigenschaft ist es, für die wir geachtet werden, sondern Geld, Größe, Amt, Ehre, Autorität.»

Die enge Beziehung, die heute mehr denn je zwischen Geld und

Selbstachtung besteht, ist überall sichtbar. Nicht selten fühlen die Menschen sich nur dann einigermaßen wohl, wenn sie eine gewisse Summe auf dem Bankkonto haben. Man kann beobachten, wie die Stimmung mancher Leute mit dem Auf und Ab an der Börse schwankt. Da persönliche finanzielle Probleme oft sehr real und zwingend sind, ist es in der Therapie häufig schwierig, das starke Gefühlsmoment nachzuweisen, das in der Auffassung des Betreffenden vom Geld mitschwingt, selbst wenn es mit den eigentlichen Tatsachen nur wenig zu tun hat.

Viele erfolgreiche Männer und Frauen finden dagegen ihre Bestätigung allein in ihrer Arbeit, weil sie ihre ureigensten Fähigkeiten bestätigt sehen. Betrachten wir ihren Lebenslauf, so zeigt sich eine logische Beziehung zwischen dem, was sie heute tun, und den Interessen und natürlichen Neigungen, die sie in der Kindheit und Jugend zeigten. Der erfolgreiche Geschäftsmann hatte einst in der Schule eine Gruppe von Jugendlichen organisiert, die den Leuten in der Nachbarschaft Hausarbeiten abnahmen. Er fungierte als Vermittler und nahm eine Gebühr dafür, dass er den Job und den Arbeitswilligen ausfindig machte und die beiden zusammenbrachte. Dreißig Jahre später leitete er mit viel Geschick eine ähnliche Arbeit für eine Computerprogrammierfirma, die er aufgebaut hatte. Ein bekannter Schriftsteller erinnerte sich, dass sein Drang zu schreiben bis in die Zeit zurückreichte, als er mit sieben Jahren selbst Zeichnungen für Kinderbücher entwarf und mit neun Jahren eine Nachbarschaftszeitung herausgab, die er auf der Schreibmaschine abtippte, vervielfältigte und von Haus zu Haus verkaufte.

Allerdings gibt es oft Umstände, die Menschen daran hindern, jene Art Arbeit zu tun, für die sie die besten Voraussetzungen mitbringen. Wenn aber jemand *tatsächlich* die Wahl hat und dann nicht darauf achtet, die eigenen Interessen in harmonischer Übereinstimmung mit seiner Persönlichkeit zu verfolgen, ist er in Gefahr, sich seine Befriedigung in der Arbeit zu verscherzen. Darüber hinaus gibt es zuweilen mächtige, wenngleich subtile soziale Zwänge, die sogar jemanden unzufrieden machen können, der einen ihn an sich befriedigenden Platz gefunden hat. Eine zweiundfünfzigjährige Hausfrau, die wegen ihrer depressiven Stimmung einen Therapeuten aufsuchte, klagte darüber, dass sie sich immer weniger zutraute: «Ich gebe mir alle Mühe, eine gute Ehefrau und Mutter zu sein. Aber mein Mann ist beruflich sehr eingespannt, und meine drei Kinder sind inzwischen erwachsen und gehen ihre eigenen Wege. Hin und wieder verabrede ich mich mit Freundinnen zu einem Einkaufsbummel, und zweimal in der Woche arbeite ich ehrenamtlich in einem Pflegeheim. Ich kümmere mich um den Haushalt und koche die Mahlzeiten. Ich koche sehr gerne.

Bevor die Kinder kamen, habe ich mehrere Jahre als Sekretärin gearbeitet. Nicht dass ich von dieser Arbeit begeistert war, aber wir konnten das zusätzliche Geld gut gebrauchen. Wenn ich heute wieder berufstätig wäre, würde mein Gehalt auf das Einkommen meines Mannes angerechnet. Aber wenn ich zu Hause bliebe, hätte ich das Gefühl, etwas Wichtiges zu versäumen.»

Im Verlauf der Therapie wurde deutlich, dass sie eigentlich nie irgendwelchen beruflichen Ehrgeiz hatte. Schon als kleines Mädchen und noch als Teenager hatte sie davon geträumt, verheiratet zu sein und ein eigenes Heim und Kinder zu haben. In allen Einzelheiten hatte sie sich ausgemalt, wie sie Kuchen backen, Kochrezepte sammeln, Kissenbezüge nähen und Blumen in ihrem Garten ziehen würde; wie die ganze Familie nach dem Abendessen zusammensitzen und die Ereignisse des vergangenen Tages besprechen würde. «Ich habe mir nie etwas anderes gewünscht. Aber nun, wo alles so ist, wie ich es haben wollte, macht es mir keine rechte Freude mehr.»

Mit der Zeit hatte sie sich immer mehr von der gängigen Meinung beeinflussen lassen, dass die Hausarbeit eine minderwertige Tätigkeit sei und mit ihr etwas nicht stimmen könne, wenn sie an den Aufgaben einer Hausfrau und Mutter Freude fand und nicht die geringste Lust verspürte, in die Berufswelt zurückzukehren.

Oft vertauscht man seine wirklichen Gefühle mit Gefühlen, die von einem erwartet werden. Ein erfolgreicher Arzt klagte, er komme abends dermaßen erschöpft nach Hause, dass er sich kaum noch um seine Familie kümmern oder sich erholen könne. «Es ist der furchtbare Druck, unter dem ich arbeite. Den ganzen Tag mit meinen Patienten, von acht Uhr morgens bis sieben Uhr abends. Man kann nicht diese Last der Verantwortung tragen wie ich und dann von mir erwarten, dass man am Abend noch fröhlich und unternehmungslustig ist. Ich kann einfach nicht kürzer treten.»

Dieser Patient machte zwei grundsätzliche Denkfehler. Der erste war, dass er als Arzt meinte, Patienten, die zu ihm kamen, nicht ablehnen zu können, obgleich er sie, wenn er zu viel zu tun hatte, an andere Ärzte hätte überweisen können. Der zweite betraf seine Auffassung von der Arbeit, dass diese nämlich schwer und irgendwie unangenehm sein müsse. Außerdem hatte er seine Identität als Mensch in der Rolle des Arztes aufgegeben. Da er sich den idealen Arzt als konservativ, nachdenklich, still und reserviert vorstellte, hatte er sogar in seinem Privatleben seine Neigung zu Fröhlichkeit, Spontaneität, Humor und Emotionalität unterdrückt, um sich diesem Bild besser anzupassen. Als er durch die Psychotherapie erkannte, dass ihm seine Arbeit wirklich Freude machte und er seine Patienten mochte, dass er sein Leben durchaus als eine Einheit auffassen konnte, statt es in Abschnitte, hier Berufsleben, dort Privatleben, aufzuteilen, und dass er sich nicht jeden Augenblick hinter einer Maske der Förmlichkeit zu verbergen brauchte, fand er schlagartig seine Energie wieder. Die Tage gingen rascher vorbei, und er war abends nicht mehr müde. Er hatte aufgehört, sich und sein Leben mit dem Etikett wie «Arbeit» oder «Vergnügen» zu versehen, und stellte fest, dass er von Augenblick zu Augenblick leben konnte – ohne die zusätzliche Last, unbewusst all sein Tun kontrollieren zu müssen.

Die meisten Menschen, die Erfolg haben, zahlen dafür einen hohen Preis, opfern irgendetwas Wertvolles – zum Beispiel Familie oder Freundschaften. Haben sie einmal die gesteckten Ziele erreicht, dann wird ihnen vielleicht schmerzlich bewusst, was sie nun entbehren müssen. Die Depression, die sie dann durchmachen, aber bietet ihnen die Chance, ihr Gleichgewicht wiederherzustellen.

Gisela L. war neunundvierzig, als sie depressiv wurde. Sie war eine bekannte Industrie-Designerin, hatte preisgekrönte Autos, Limonadenflaschen und Schreibmaschinen entworfen. Doch allmählich, über einen Zeitraum von sechs Monaten hinweg, verlor sie jedes Interesse an ihrer Arbeit. Sie schob Pflichten auf, zog sich zurück und mied geselligen Umgang. Nun hatte sie zwei wichtige Projekte, mit denen sie nicht zurande kam. «Ich schaffe es nicht», klagte sie. «Trotz allem bin ich ein Versager.»

Seit früher Jugend hatte sie ein besonderes künstlerisches Talent gezeigt und sich intensiv bemüht, es auszubilden. Sie fand in ihrer Arbeit sehr viel Befriedigung. Als sie allmählich berühmt wurde, fühlte sie sich ihren Eltern und Brüdern immer mehr entfremdet. Ihr Vater, Verkäufer in einem Gemüseladen, und ihre Mutter, die als Sekretärin arbeitete, hatten sie unterstützt, damit sie die Kunstakademie besuchen konnte, und sie wünschten ihr den Erfolg. Als sie anfing, in den «besseren», gebildeten Kreisen zu verkehren, schämte sie sich der Umgangsformen und des Äußeren ihrer Eltern. Manchmal verabscheute sie sich deswegen. Als sie einen bedeutenden Kunstpreis gewann, wartete sie bis zur letzten Minute, bis sie sie zur Preisverleihung einlud. Da ihre Eltern sich unerwünscht fühlten, kamen sie nicht.

Gisela L. entdeckte auch, dass sie trotz aller Ehrungen nicht das bekam, was sie sich vom Erfolg erhofft hatte – Beliebtheit und Freundschaft. Da sie im Gymnasium und auf der Akademie ausschließlich für die Arbeit gelebt und noch nebenbei einen Teilzeitjob gehabt hatte, war ihr Leben einsam gewesen. Sie war isoliert – aber sie dachte nicht viel darüber nach. Außerdem hatte sie in der Schule das Gefühl, anders als die anderen zu sein. «Ich war ehrgeizig. Die meisten wollen sich anscheinend später im Leben mit wesentlich weniger begnügen als ich. Ich war nicht gerade unbeliebt, aber beliebt war ich auch nicht. Ich dachte, dass ich eines Tages, wenn ich es geschafft hätte, schon Freunde haben würde.»

Ihr Erfolg zog zwar tatsächlich viele Menschen an, aber statt dass sie sich wirklich für sie persönlich interessiert hätten, kam es den meisten, wie sie traurig erkannte, nur darauf an, sie auszunutzen. Für manche bedeutete sie Geld, für andere den Kontakt mit einer Berühmtheit. Sie verstand es nicht, enge persönliche Beziehungen zu knüpfen. Sogar als sie heiratete, entschied sie sich für einen Mann, der sich nicht zu ihr als Mensch hingezogen fühlte, sondern in ihr nur die große, prominente Künstlerin sah. Die Ehe bestand aus nichts als Streit und Eifersucht. Sie dauerte vier Jahre und war kinderlos. Die Einsamkeit, die Gisela L. in ihren jungen Jahren verleugnet hatte, brach nun wieder voll über sie herein. Ihr tiefes menschliches Bedürfnis nach Nähe war durch ihre beruflichen Erfolge nicht erfüllt worden und konnte es auch nicht werden. Im Gegenteil, gerade der Erfolg war es, der sie von ihren Eltern getrennt hatte und ihr jetzt Schuldgefühle einbrachte. Ihre Anstrengungen hatten sie betrogen. «Ich bin wirklich ein Versager. Ich wünschte, ich hätte nie die kleinste Begabung gehabt. Es hat mich zu viel gekostet.»

Einer der Gründe, warum Erfolg so teuer bezahlt werden muss, ist der Konkurrenzdruck, unter dem Erfolgreiche stehen. Er fördert die Einsamkeit und macht es ihm schwer, jemanden zu finden, mit dem er sich aussprechen kann. Ein Verkaufsleiter beschrieb dieses Dilemma mit den Worten: «Als ich zu Hause eine Menge Schwierigkeiten hatte – meine Frau war unglücklich, und wir hatten einen Streit nach dem anderen, was stets mit Scheidungsdrohungen endete –, gab es niemanden, mit dem ich hätte sprechen können. Im Dienst hatte ich, würde ich sagen, zwar Arbeitskameraden, aber denen konnte ich mich nicht anvertrauen. Es gab da so den Anschein von Kameraderie, aber unter der Oberfläche war immer diese Rangelei um die besten Posten. Außerdem darf man im Geschäftsleben einfach keine persönlichen Probleme haben. Jeder hat sie. Aber wenn man das zugibt oder es zeigt, dann wird man gleich als labil abgestempelt. Das ist ein böses Konkurrenzspiel ... Und da ich niemanden hatte, dem ich von meinen Gefühlen erzählen konnte, nahm das alles in meinem Kopf gewaltige Formen an. Dauernd musste ich an das denken, was mich beunruhigte. Nie konnte ich einen Überblick gewinnen. Ich wurde nur immer verzweifelter wegen zu Hause und über mein Leben im Allgemeinen.»

Erfolg bringt oft eine gewisse Traurigkeit mit sich, denn das Erreichen eines Ziels bedeutet fast immer auch ein Ende. Das Ende der Schulzeit, für die meisten Menschen ein Schlusspunkt, ruft nicht selten ein Gefühl des Verlusts hervor. Den «richtigen» Mann oder die «richtige» Frau finden und heiraten, das jüngste Kind zur Universität schicken, ein Projekt beenden – all dies vermittelt gleichzeitig ein Gefühl des Erfolgs und ein Gefühl des «nie wieder». Die Einsicht «Es ist vorbei» und die Frage «Was mache ich nun?» wirken zusammen und mobilisieren Depressionen und eine damit erzwungene Neubeurteilung des eigenen Standorts.

Als Edith G. mit zweiundzwanzig Jahren heiratete, wusste sie, dass ihr Mann Heinrich kein Geld hatte und sie sich beide nur einen bescheidenen Lebensstandard leisten konnten. Sie war bereit, sich damit abzufinden, so lange, bis er sein Architekturstudium beendet hatte. Den Wunsch nach Kindern schoben sie auf, und Edith arbeitete unterdessen als Sekretärin an der Universität. Nach dem Examen erhielt er eine gute Stellung bei einer großen Firma. Ein Jahr darauf wurde ihr erstes Kind geboren.

Da ein junger Architekt nicht gerade viel verdient, nahm Edith G. bald danach einen Halbtagsjob als Buchhalterin an. Sie lebten weiterhin in ihrer kleinen Zweizimmerwohnung. Das Baby schlief im Wohnzimmer. «Das wird nicht immer so bleiben», dachte sie. «Noch ein paar Jahre, dann haben wir's geschafft, dann genießen wir das Leben.» Im Sommer fuhren sie zur Erholung an die nahe gelegene Ostsee, im Winter teilten sie sich mit Freunden eine Flasche Chianti und eine Pizza. Ab und an besuchten sie ihre Eltern in München. Zweimal im Monat gingen sie ins Kino. Sonst saßen sie vor dem Fernseher oder spielten Schach. Edith und Heinrich G. «warteten». An seinem neununddreißigsten Geburtstag wurde Heinrich als Prokurist in die Firmenleitung berufen. Seine Arbeit wurde sehr geschätzt. Er erhielt einen Firmenwagen. Nun war es für sie und ihre beiden Kinder – sie gingen schon zur Schule – endlich so weit, sich eine große Eigentumswohnung zu kaufen.

Ein paar Monate nachdem sie dort eingezogen waren, bekam Edith panikartige Zustände, wenn sie aus dem Haus gehen sollte. Nachts schlief sie schlecht. Sie hatte keine Lust, die neuen Nachbarn kennen zu lernen. Die Einrichtung der Wohnung schob sie auf. Sie und ihr Mann fingen an, sich häufig aus nichtigem Anlass zu streiten. «Was ist nur los?», fragte sie sich besorgt und beängstigt.

Zum ersten Mal in ihrer Ehe musste Edith G. nun ohne die ständige Sorge leben, dass sie nicht genug Geld, genug Platz, genug Zeit hatten. Jetzt aber war ein ganzer Bereich ihres Lebens verschwunden, und damit manche kleinen Freuden, die sie und ihr Mann gehabt hatten – ohne dass sie es wussten, denn sie hatten stets nur an den Tag gedacht, «an dem wir es schaffen werden». Der Augenblick, auf den sie sich fünfzehn Jahre gefreut hatten, war gekommen, aber keiner von beiden war darauf vorbereitet. Stattdessen erstickten Depressionen Edith G.s Begeisterung. Auch ihr Interesse an Sex ließ nach, und sie fragte sich, ob sie Heinrich noch wirklich liebe. Diese und ähnliche Fragen hatte sie sich seit Jahren nicht mehr gestellt. War sie überhaupt eine gute Mutter? Würde sie mit den neuen Nachbarn auskommen? Würden sich die Kinder dem Schulwechsel anpassen können? Jetzt, wo sie nicht mehr zu ihrem Buchhalterjob eilen, nebenbei noch Haushalt und Kinder versorgen und einem jungen Architekten Mut machen musste, hatte sie plötzlich das Gefühl, überflüssig zu sein.

Die Ehefrauen und Ehemänner erfolgreicher Manager und Managerinnen sind häufig die Opfer des Erfolgs. Oft werden sie depressiv, greifen zum Alkohol oder suchen in anderen selbstschädigenden Angewohnheiten einen Ausweg. Die Kinder aus solchen Familien rebellieren nicht selten offen gegen das ihnen gebotene Vorbild von harter Arbeit und Leistung und haben nur einen Wunsch, aus dem Käfig von Schule, Beruf und Erfolg auszubrechen und «etwas Eigenes anzufangen». «Meine Mutter trinkt», sagte ein junges Mädchen, «und Papa ist zu Hause immer müde und reizbar. Er ist viel auf Reisen. Ich habe versucht, mit ihnen zu sprechen, aber sie hören einfach nicht zu. Sie haben alles, was sie sich nur wünschen können – ein schönes Haus, das ich am liebsten nie wiedersehen möchte, ihren Mercedes, ihre Freunde. Papa ist Chef einer Autofirma. Aber all die Mühe und der Erfolg haben sie nicht glücklich gemacht. Ich glaube, sie wären glücklicher, wenn sie nicht so viel hätten. Es scheint, sie halten es mit sich selbst nicht aus. Ich weiß, es ist nicht meine Schuld, aber irgendwie hab ich doch das Gefühl, ich bin schuld. Und deshalb kann ich einfach nicht mehr darüber nachdenken. Ich weiß nicht, was für ein Leben ich mir wünsche, aber ganz gewiss nicht das ihre!»

Sie stellen die Statussymbole unserer Gesellschaft und den Konkurrenzbetrieb, in dem ihre Eltern aufgehen, infrage. Selbst noch unsicher in der Suche nach ihren Zielen, weisen sie die Werte ihrer Eltern entschieden zurück und zwingen diese, ihre Auffassung vom Erfolg zu überdenken. Ein depressiver Geschäftsmann schilderte eine solche Auseinandersetzung mit seinem zweiundzwanzigjährigen Sohn: «Zuerst war ich wütend auf ihn wegen seiner Einstellung zur Schule. Er hatte ziemlich arrogante Ansichten darüber, was gelehrt oder nicht gelehrt werden sollte, statt einzusehen, dass Lehrer mit etwas mehr Erfahrung als er diese Entscheidungen viel besser treffen können. Aber mit meiner Wut machte ich alles nur noch schlimmer. Er hörte auf, mit mir über seine Ideen zu sprechen. Ich wollte ihn studieren lassen, Jura oder Medizin. Aber er hatte dauernd die ausgefallensten Ideen. Heute wollte er Küchenchef werden, morgen Bauer auf dem Land. Je mehr ich versuchte, ihn zur Vernunft zu bringen, desto schlimmer wurde er. Schließlich gab ich alle Versuche auf. Es war, als wollte er, indem er mir nicht zuhörte, mir zu verstehen geben, dass ich ein Versager bin, dass all meine Bemühungen, etwas zu werden – mein Vater war einfacher Arbeiter –, umsonst gewesen waren.»

Die Depression – sei sie durch Konflikte mit den Kindern oder ein anderes Ereignis ausgelöst – tritt meist in dem Moment ein, wo jemand das Ziel erreicht hat, nach dem er gestrebt hat. Dies ist dann der Augenblick, wo er neu überdenken muss, wer er ist, was ihm das Leben in Zukunft bedeutet und in welche Richtung er weitergehen will.

Kapitel 12

Abhängigkeit
oder: Das empfindliche Gleichgewicht

Das Gefühl der Hilflosigkeit, das die Depression begleitet, ist beängstigend. In Augenblicken tiefer Depression ist es dem Einzelnen manchmal nicht möglich, die alltäglichen Aufgaben zu versehen, die er normalerweise mit Leichtigkeit ausführt. So musste zum Beispiel eine Frau, als sie die Praxis ihres Scheidungsanwalts verließ, dessen Sekretärin bitten, sie bis zur U-Bahn zu begleiten, ein Weg, den sie seit zehn Jahren kannte.

Hilflosigkeit verstärkt die depressive Stimmung und lässt den Betreffenden oft in starke Abhängigkeit von den Menschen seiner Umgebung geraten. «Brauchen» tritt an die Stelle von «Gernhaben». Die depressive junge Frau ist überzeugt, dass ihr jetziger Freund der Einzige sei, der ihre romantischen Erwartungen je erfüllen könne, und sie ängstigt sich davor, dass er sie möglicherweise eines Tages verlassen könnte.

Ein Grund, warum Depressionen das Gefühl der Hilflosigkeit und Abhängigkeit verstärken, liegt darin, dass Ärger und Wut aufgestaut werden. Je abhängiger jemand wird, desto wütender wird er unter der Oberfläche, während er gegen seine Hilflosigkeit ankämpft. Da es ihm schwer fällt, seine Wut auszuleben und aggressiv zu sein, macht ihn sein wachsender Zorn nur noch hilfloser. Nicht selten beobachtet der Psychiater bei depressiven Patienten eine beschleunigte Zunahme von Energie und Selbstvertrauen, wenn die Wut zum Ausdruck gebracht und die Aggression freigesetzt worden ist. «Als ich in die Therapie kam, gelang mir so gut wie gar nichts mehr», berichtete ein Patient. «Ich konnte mich nicht mehr konzentrieren, ich überzeugte niemanden mehr von meinen Ideen, ich kriegte überhaupt nichts mehr hin. Es folgten lange Wochen, in denen Stück für Stück einfach nur Wut aus mir herausbrach. Ich saß da mit geballten Fäusten und hämmerte auf den Stuhllehnen herum. Jedes Mal, wenn ich in diesen Zustand geriet, fühlte ich, wie sich in meinem Inneren etwas löste und wie gleichzeitig mein Selbstbewusstsein wuchs.»

Gefühle der Hilflosigkeit können sich leicht einstellen, wenn die Abhängigkeitsbedürfnisse besonders stark sind – einer der üblichen Anlässe zur Depression. Wie wir bereits betonten, wird die Depression auch oft durch einen Verlust ausgelöst. Je stärker der Einzelne von dem Menschen oder den Dingen, die er verloren hat, abhängig war, desto deprimierter wird er nun sein.

Co-Abhängigkeit

Ist die Abhängigkeit besonders groß, dann tritt manchmal sogar ein Verwischen der Grenze zwischen den beiden beteiligten Menschen ein. In der frühen Kindheit ist es ganz natürlich, wenn das drei Monate alte Baby noch nicht zwischen sich selbst und seiner Mutter als einem unabhängigen Menschen unterscheidet. Ein gewisser Überrest dieses Verwischens der Grenzen zwischen Du und Ich bleibt bei den meisten Menschen erhalten und kann sich im Liebeserleben wiederholen. «Ich kann nicht ohne dich leben» – dies kann ein Zeichen für das tiefe und aufrichtige Empfinden eines Menschen für einen anderen sein. Es kann aber auch wörtlich gemeint sein in dem Sinn, dass die Ich-Stärke eines Menschen die dauernde Liebe und Anerkennung des anderen voraussetzt. Es ist, als fehlte irgendetwas an der Persönlichkeit, die nur vollständig sein kann, wenn ein anderer das fehlende Bindeglied zum Ich liefert.

Ein solches Verwischen von Grenzen ist auch das Merkmal einer Beziehung, die als Co-Abhängigkeit bezeichnet wird. Von Co-Abhängigkeit spricht man, wenn das Leben eines Menschen ganz von dem Alkohol- oder Drogenmissbrauch eines Angehörigen bestimmt wird. Sosehr er sich auch bemüht, die unersättlichen Bedürfnisse des Süchtigen zu befriedigen, er führt einen aussichtslosen und frustrierenden Kampf. Er sitzt in einer Falle, aus der er sich meist nur um den Preis schwerer Schuldgefühle befreien kann. In gewisser Weise

177

ist er auf die Abhängigkeit des anderen angewiesen. Die erwachsenen Kinder von Alkoholikern befinden sich zum Beispiel in einer solchen Situation. Bei einer Co-Abhängigkeit sind Depressionen die unausweichliche Folge.

Wie verletzlich ein Mensch ist, dessen Selbstgefühl von einem anderen abhängt, liegt auf der Hand. Um eine solche Beziehung aufrechtzuerhalten, geht er häufig sehr weit und unterwirft sich möglicherweise Misshandlungen und dominierenden Verhaltensweisen vonseiten desjenigen, von dem er abhängig ist, nur um dafür die Sicherheit zu erhalten, dass der andere, wie er glaubt, «immer für ihn da sein» wird. Wenn sich dann dieser andere zurückzieht oder ihn zurückweist, ist es nicht der Verlust einer engen und bedeutsamen Beziehung, mit dem er fertig werden muss, sondern die Zerstörung eines Systems, das für die Aufrechterhaltung seiner Identität und Ganzheit unentbehrlich geworden ist.

«Ich klebte wirklich an Peter», sagte eine junge Frau. «Wenn ich bei ihm war, fühlte ich mich großartig. Mein übriges Leben hatte nur durch ihn einen Sinn. Wenn er verreiste, geschäftlich oder um einen Verwandten zu besuchen, fühlte ich mich wie verloren und einsam. Ich wusste, dass er mich liebte. Aber ich brauchte die dauernde Versicherung seiner Liebe. Ich konnte nicht schlafen. Mir tat alles weh. Ich hatte panische Angst, er könnte mich eines Tages verlassen. Und eines Tages tat er es. Nicht plötzlich. Er entfernte sich einfach immer weiter von mir. Ich war furchtbar verzweifelt. Ich war überzeugt, ich würde nie wieder jemanden finden, den ich so lieben könnte. Ich brauchte ihn. Ich konnte ohne ihn nicht weiterleben. Eines Abends, nachdem er abrupt das Telefon eingehängt hatte, nahm ich eine Überdosis Schlafmittel. Ohne Peter war ich nichts, ein Niemand.»

Angst vor Abhängigkeit

Eine solche Abhängigkeit, die mit einem Verlust des eigenen Selbst einhergeht, ist natürlich extrem. Der Durchschnittsmensch ist in unterschiedlichem Maß von den Menschen und Dingen seiner Umwelt abhängig. Wie er mit seinen Abhängigkeitsbedürfnissen zurechtkommt, ist in seiner Kindheit vorprogrammiert worden. Eine der ersten Eigenschaften, die das Kind in seinen Beziehungen zur Umwelt entwickeln muss, ist – wie E. H. Erikson sagt – Vertrauen, ein Vertrauen, das aus Gewissheit entsteht. Es beruht auf der Eindeutigkeit der verbalen und nichtverbalen Botschaften, die ihm von seiner Familie mitgeteilt werden. Ein hohes Maß an Unsicherheit in der Umgebung des Kleinkindes, besonders wenn diese Unsicherheit durch eine ängstliche und ambivalente Haltung der Mutter ihm gegenüber bedingt ist, führt zu einem tief sitzenden Gefühl, dass man «nichts und niemandem je wirklich vertrauen kann».

Aus einem solchen Mangel an Vertrauen ergeben sich ernsthafte Schwierigkeiten, die das normale Abhängigkeitsbedürfnis des Menschen in irgendeiner Weise beeinträchtigen. Der Erwachsene, der aus einem solchen Familienmilieu stammt, wird, statt sich einzugestehen, dass auch er einen anderen braucht – wenn auch in Grenzen –, meist von einem Extrem ins andere fallen. Entweder wird er nach der unerreichbaren restlosen Erfüllung seines nichtbefriedigten Abhängigkeitsbedürfnisses suchen, oder er wird schon das ganz normale Maß an Abhängigkeit verleugnen und sich an die Philosophie halten, wonach «jeder jederzeit auf eigenen Füßen stehen muss».

Martin S. war neunundvierzig, als er seinen ersten Herzinfarkt hatte. Bis dahin war er ein harter, energischer Mann gewesen. Als Vertriebschef eines großen Industrieunternehmens hatte er manche Nacht und manches Wochenende durchgearbeitet und war viel gereist, um Kunden selbst zu besuchen. Es war ihm nie eingefallen, einen Teil der Verantwortung seinen Assistenten zu übertragen, obwohl sie äußerst zuverlässig waren. «Wenn ich nicht alles selber mache», behauptete er, «dann wird es nie richtig gemacht.»

Sein Arzt riet ihm, seine Arbeitsweise zu ändern, wenn er seine Gesundheit erhalten wollte. Vor allem solle er jeden Tag eine längere Pause einlegen und im Übrigen seinen Mitarbeitern alle Aufgaben übertragen, die nicht unbedingt seine Entscheidung oder seine Erfahrung verlangten. Wegen seiner unbewussten Angst und seines ausgeprägten Widerwillens, sich auf irgendjemand außer sich selbst zu verlassen, nahm er den ärztlichen Rat auf die leichte Schulter. Nach einem Jahr kam er mit seinem zweiten Infarkt ins Krankenhaus.

Die Bereitschaft, ein gewisses Maß an Abhängigkeit zu akzeptieren, entscheidet mit darüber, ob jemand Krankheit oder emotionale Probleme zu akzeptieren und zu überwinden vermag. Ein Mensch, der seine Abhängigkeitsbedürfnisse normalerweise verleugnet, fühlt sich besonders bedroht, wenn er seine neue Situation nicht beeinflussen und kontrollieren kann. Wenn ein solcher Mensch depressiv wird, kann sich sein Gefühl der Hilflosigkeit wie eine Lawine ausbreiten. Die anfängliche Hemmung und Konzentrationsschwäche sind an sich nicht schwerwiegend, aber seine Reaktion auf die Tatsache, dass er nicht mehr für sich selbst sorgen kann, sowie sein Gefühl, die Kontrolle zu verlieren, können die depressive Verstimmung rasch verschlimmern. Mitunter kann sie panikartige Formen annehmen.

Die meisten Menschen verbinden mit dem Begriff Unabhängigkeit falsche Vorstellungen. Unabhängigkeit bedeute völlige Freiheit von irgendwelchen Abhängigkeitsbedürfnissen. Echtes Selbstvertrauen gründet aber auf der vernünftigen Anerkennung der Tatsache, dass es – ganz gleich, wie tüchtig und selbstbewusst jemand ist – Umstände und Situationen gibt, in denen er sich auf den anderen verlassen muss. Ein übertriebenes Bedürfnis nach Unabhängigkeit hält viele davon ab, nach der helfenden Hand des Arztes oder Freundes zu greifen, wenn sie diese einmal benötigen.

Alma D. fürchtete so sehr, von anderen abhängig zu werden, dass sie, als sie auf Drängen ihres Mannes hin zum ersten Mal in die Sprechstunde des Therapeuten kam, nicht länger als fünf Minuten auf einem Fleck sitzen bleiben konnte. «Ich kann besser denken, wenn ich stehe», sagte sie. «Ich laufe gern herum, wenn ich spreche.» Sie bestand darauf, die Sitzung vorzeitig abzubrechen, und teilte dem Therapeuten mit, sie könne die nächste Sprechstunde nicht gleich verabreden – sie wollte noch einmal anrufen. Als sie dann anrief, verwickelte sie ihn in eine endlose Diskussion darüber, welcher Zeitpunkt beiden am besten passen würde.

Ihr Mann Philipp klagte darüber, dass das Zusammenleben mit ihr für ihn nervenraubend und deprimierend war. In dem knappen Jahr, das sie nun verheiratet waren, zeigte sich Alma D. in sprunghaftem Wechsel mal kritisch und ablehnend, mal liebevoll und entgegenkommend.

Für Alma D. selbst waren die drei Jahre, die sie vor der Ehe befreundet gewesen waren, in jeder Hinsicht angenehm und harmonisch verlaufen. Aber einmal verheiratet, konnte sie sich nicht mit ihrem Gefühl abfinden, ihrem Mann gegenüber verpflichtet und von ihm abhängig zu sein. Sie dachte sich daher ein festes Schema für ihr Zusammenleben aus: «Alles in unserer Ehe sollte auf der Basis fünfzig zu fünfzig geschehen», erklärte sie. «An einem Wochenende im Monat besuchen wir deine Familie, am nächsten meine …» Philipp D. fand sich zunächst mit ihren Wünschen ab, bis ihm eines Nachts, als sie sich liebten, das Problem seiner Frau schlagartig klar wurde. «Mir ist, als wären wir nur ein Wesen», sagte er zärtlich. Sie antwortete eiskalt: «Eines wollen wir gleich mal klarstellen! Ich halte nichts von Einheit und solchem Schmus. Wir beide sind getrennte Einzelwesen. Außerdem glaube ich sowieso, dass du zu abhängig von mir wirst.»

Er geriet ziemlich aus der Fassung. Aber je mehr er seine Vorstellung zu erklären suchte, dass zwei Menschen, die sich lieben, ein wechselseitiges Bedürfnis nach der Nähe des anderen haben, das sich nicht mathematisch messen lässt, desto mehr beharrte sie darauf, dass seine Abhängigkeit von ihr anomal sei. Verletzt und wütend fing er an, es ihr heimzuzahlen. Mehrmals in den folgenden Monaten schrie er sie an: «Wenn es dir nicht passt, wie es ist, dann pack deine Koffer und hau ab!» Dann wieder – er wurde immer hoffnungsloser – bettelte er: «Ich brauche dich, Alma. Ich will mit dir zusammen sein. Ich begreife nicht, warum du immer den Gedanken an Gemeinsamkeit so ablehnst.»

Alma D. hatte einfach Angst vor Gemeinsamkeit. In einem Leben voller Unsicherheiten hatte sie es gelernt, sich nur auf sich selbst zu verlassen. Als sie vier Jahre alt war, starben ihre Eltern bei einem Verkehrsunfall. Sie und ihre beiden Brüder wurden unter verschiedenen

Tanten und Onkeln herumgereicht. Mit sechzehn war sie ein ungewöhnlich selbständiges und unabhängiges Mädchen, das von ihren Freunden bewundert und von ihren Lehrern respektiert wurde. Neben der Schule und in den Sommerferien arbeitete sie für ihren Unterhalt. Als sie Philipp D. kennen lernte, war sie in einer leitenden Stellung bei einem mittleren Industriebetrieb tätig, wo sie mühelos Entscheidungen traf und ihren Aufgabenbereich fest in der Hand hatte.

Solange Alma D. sich von allen intensiveren, außer den oberflächlichsten Beziehungen mit Männern fern hielt, ging es ihr gut. Sie hatte gern Freunde, die ihr geistig unterlegen waren. Stets behielt sie in einer Beziehung die Oberhand. Nur einmal, kurz bevor sie ihren Mann kennen lernte, hatte sie ein Verhältnis mit einem Mann, der auf sie eine starke erotische und sexuelle Anziehung ausübte. Sie geriet in einen tiefen Zwiespalt, wand sich hin und her zwischen der Sehnsucht nach ihm und der Angst, von ihm zurückgewiesen zu werden. Innerlich revoltierte sie gegen diese Beziehung. Sie wollte einfach nicht wahrhaben, wie wichtig ihr der Mann war. Und schließlich beendete sie das Verhältnis Knall auf Fall.

Als sie sich, mit einunddreißig Jahren, entschloss zu heiraten, geschah dies nicht nur, weil sie meinte, es sei für sie an der Zeit, sondern sie glaubte auch, nun endlich den Mann gefunden zu haben, dem sie vertrauen konnte, der ihr Bedürfnis nach Unabhängigkeit respektieren und ihr gleichzeitig die Liebe und Unterstützung geben würde, die sie ersehnte. Doch sie hatte unterschätzt, wie sehr ihr Unabhängigkeitsbedürfnis mit der dauerhaften Bindung an einen Mann kollidieren würde. Sie hatte nicht bedacht, wie ihre Unfähigkeit, sich an einen Mann anzulehnen oder diesem solche Anlehnung zu gestatten, das empfindliche Gleichgewicht der Abhängigkeit stören und zu einem gefährlichen «Ungleichgewicht» führen würde: Die ganz normalen Abhängigkeitsbedürfnisse ihres Mannes hatten sich in ein verzweifeltes und hilfloses Flehen um ihre Liebe verwandelt.

Abhängigkeit in der Ehe

Bei den meisten Ehekonflikten spielen unklare Vorstellungen über das Wesen und den Sinn der Abhängigkeit mit. Noch mehr Unklarheit verbreitet die traditionelle, wenngleich überholte Annahme, dass Abhängigkeit ein geschlechtsspezifisches Merkmal sei. Von den Frauen glaubt man, sie seien abhängig. Den Männern wird das Recht verwehrt, abhängig zu sein. Initiative und Selbstbestimmung sollen demnach unweiblich sein. Einen anderen brauchen – das sei unmännlich. Obgleich die Aufklärungsbemühungen der emanzipierten Frauen einiges bewirkt haben, um mit solchen falschen Vorstellungen über die Weiblichkeit aufzuräumen, ist immer noch das scheinbar unausrottbare Dogma lebendig, dass zur Männlichkeit eine Stärke gehöre, die Augenblicke der Hilflosigkeit ausschließe.

In manchen Fällen bringt ein Mensch ein ungemein starkes Abhängigkeitsbedürfnis mit. Für ihn ist die menschliche Nähe in der Ehe oder einem Liebesverhältnis dann der Nährboden für eine so starke Abhängigkeit, dass es zu einem Verlust seiner Individualität führen kann. «Ich habe jedes Interesse verloren, irgendetwas ohne meinen Mann zu unternehmen», sagte eine dreiundzwanzigjährige Frau, die erst seit sechs Monaten verheiratet war.

«Früher habe ich Tennis gespielt, war oft mit Freunden zusammen und bin allein ins Kino gegangen. Vor der Hochzeit gab ich meine Stellung auf, um zu Hause zu bleiben – damit ich mich um die Einrichtung der Wohnung kümmern konnte. Aber heute habe ich zu nichts mehr Lust. Seit Monaten habe ich keine Freundin mehr angerufen. Dauernd bin ich müde. Tagsüber hocke ich vor dem Fernseher, aber meistens warte ich darauf, dass Berthold nach Hause kommt. Er spielt am Wochenende Golf. Oh, wie ich das hasse. Ich bin so einsam, wenn er nicht da ist.» War er bei ihr, dann war sie lebhaft und energisch. Ohne ihn fühlte sie sich lustlos, ziellos. Solange sie noch keine engere emotionale Bindung hatte, war ihr diese ihre Veranlagung, so abhängig zu werden, gar nicht bewusst gewesen.

Abhängigkeit im Berufsleben

Solche übermäßige Abhängigkeit ist auch in der Arbeitswelt zu beobachten. Bernd F. war schon durch seine Erziehung sehr abhängig von anderen, zuerst vom Beifall seiner Lehrer und später vom Beifall seiner Vorgesetzten im Dienst. Er war Abteilungsleiter einer großen Versicherungsgesellschaft. Sein unmittelbarer Vorgesetzter war der Bezirksdirektor des Unternehmens, ein lebhafter und anspruchsvoller Mann, der Bernd F.s Zuverlässigkeit sehr schätzte, ihn aber auch oft kritisierte. Mehrmals hatte er sogar dessen Beförderung verhindert, um sich die Mühe zu sparen, einen Nachfolger für ihn zu suchen. Bernd F.s Stimmungsschwankungen waren stark von den Stimmungen seines Chefs abhängig. Obwohl er empört war, als er erfuhr, dass er auf Veranlassung seines Chefs bei mehreren Beförderungen übergangen worden war, blieb er weiterhin an seinem Arbeitsplatz und weiterhin von dem spärlichen Lob abhängig, das er von Zeit zu Zeit erntete. Manchmal dachte er daran, die Firma zu wechseln, aber nie fand er Zeit und Energie genug, sich eine andere Stellung zu suchen. «Anscheinend bin ich nicht fähig, mich hier loszureißen», meinte er. «Es ist, als hätte ich keine andere Wahl.» Extreme Abhängigkeit führt zum Verlust des Selbstvertrauens und damit zu chronischer Depression. Die Abhängigkeit hat die Eigenschaft, sich fortzuzeugen. Je öfter Bernd F. die kärgliche Anerkennung seiner Vorgesetzten erhielt, desto heißer wurde sein Appetit auf Anerkennung.

Abhängigkeit nach langem Krankenhausaufenthalt

Menschen, die längere Zeit in einer Klinik verbringen müssen, verlieren oft völlig das Zutrauen zu sich selbst, mit dem sie zuvor das Leben meisterten. Wenn in letzter Zeit versucht wird, den Klinikaufenthalt von Patienten mit psychischen Störungen zu verkürzen, so beruht dies auf der Beobachtung, dass ein langer Klinikaufenthalt die ursprünglich durch Angst und Depressionen ausgelöste Hilflosigkeit nur noch verstärkt. Nach monatelanger Trennung von den Anforderungen des täglichen Lebens gewöhnt sich der Patient so sehr an die Alltagsroutine des Krankenhauses, wo ihm nichts abverlangt wird, dass er allmählich das Vertrauen verliert, mit den täglichen Belangen selbst fertig zu werden. Das Leben außerhalb der Klinikmauern wird für ihn unwirklich. Er konzentriert sich immer mehr auf die Kleinigkeiten des Kliniklebens. Oft fürchtet er sich allein schon vor dem ersten Schritt nach draußen: «Werde ich es schaffen? Werde ich versagen? Will ich denn wirklich hinaus?» Trotz der Entbehrungen des Anstaltslebens ist es, als müsste er erst davon entwöhnt werden, um wieder auf eigenen Beinen stehen zu können.

Ähnliche Probleme ergeben sich auch bei der Pflege der Alten. Solange alte Menschen ihre vertraute Umgebung haben, die Forderungen des täglichen Lebens erfüllen können, kommen sie für gewöhnlich ganz gut zurecht. Eine plötzliche Krankheit, die sie in die Klinik oder das Pflegeheim bringt, kann zu einem raschen Verfall ihrer bisherigen Selbständigkeit führen, mit der sie sich um ihre eigenen Angelegenheiten kümmerten. In vielen Dingen, die sie vorher selbst besorgten, werden sie nun von den Pflegern abhängig. Wenn ein solcher Zustand erzwungener Abhängigkeit zu lange anhält, dann ist es manch einem unmöglich, jemals seine Selbständigkeit wiederzufinden.

Abhängigkeit als Macht

Die Befreiung aus einer Abhängigkeitssituation ist meist schmerzhaft. Der Mensch kann sich an einen Menschen oder an einen Arbeitsplatz gewöhnen wie an eine Droge. Die Entzugssymptome können ebenso schwer sein.

Das bisher Gesagte wird allerdings kompliziert, wenn man bedenkt, dass die Hilflosigkeit selbst eine Position der Stärke bedeuten kann. Aus dem Abhängigsein lässt sich ein beträchtlicher, ja ungesunder Nutzen ziehen. Wenn die Hilflosigkeit belohnt wird, wenn der abhängige Mensch erkennt, welchen Einfluss er hat, dann kann er die Situation beherrschen, indem er einfach gar nichts tut. Jede Gruppe – besonders die Familie – kann durch eine solche Taktik gelähmt werden. «Meine Schwiegermutter hat uns alle an der Leine», erzählte ein Mann. «Sie fährt nicht Auto – sie sagt, sie kann es nicht. Sie hilft meiner Frau nicht im Haushalt – sie sagt, sie fühlt sich zu schwach. Sie unternimmt nichts, um eine eigene Wohnung zu finden – sie sagt, sie kann die Einsamkeit des Alleinlebens nicht aushalten. Sie lebt jetzt seit sechs Jahren bei uns. Sie ist erst siebenundfünfzig. Sie zog zu uns, als mein Schwiegervater starb. Immer wenn wir versuchen, sie loszuwerden, wird sie krank. Nie ist es etwas Schlimmes, gerade genug, damit wir nichts unternehmen. Sie regiert unser Haus, ohne einen Finger zu rühren.»

Wer die Hilflosigkeit benutzt, um Macht auszuüben, braucht für gewöhnlich einen Mitspieler – jemanden, der seine Abhängigkeit fördert und eine gewisse Befriedigung aus ihr bezieht oder zumindest dieses System wechselseitiger Abhängigkeit nicht durchschaut. Jeder Versuch, bei einem solchen Menschen ein Gefühl für Unabhängigkeit wiederherzustellen, verlangt eine veränderte Einstellung bei denen, die vielleicht unwissentlich oder im Dienst ihrer eigenen Bedürfnisse seine Hilflosigkeit gefördert haben.

Abhängigkeit und Depression in Übergangsphasen

Gerade jene Augenblicke im Leben, in denen es aufgrund des natürlichen Abhängigkeitsbedürfnisses zu Konflikten kommen kann, sind depressionsgefährdet. Eine solche Zeit ist die Jugend, in der der Heranwachsende den alten Kampf zwischen dem Wunsch nach Unabhängigkeit von der Familie und dem Wunsch nach Geborgenheit für sich ausfechten muss. Zwar will er hinaus in die Welt – doch, wie der Dichter Robert Frost schreibt –

Zu Hause, das ist der Ort, wo man,
wenn du anklopfst,
dich einlassen muss …

Wenn Eltern dieses empfindliche Gleichgewicht der Bedürfnisse beim Jugendlichen – bei dem sein übermäßiges Vertrauen leicht mit seiner Angst vor dem Versagen und seiner Anfälligkeit für Depressionen kollidieren kann – nicht anerkennen, dann können sie die Entwicklung seines Selbstvertrauens ernstlich gefährden. «Dauernd zeigt mir mein Vater, wie wenig Vertrauen er zu mir hat», sagte ein Sechzehnjähriger. «Immer macht er mich runter. Er vergleicht mich mit Typen, die sportlicher als ich sind. Er hält mir die Leuchten in der Schule vor Augen. Immer wenn ich mal einen Fehler mache, einen ganz belanglosen, wie damals, als ich den falschen Zug nahm und er zwanzig Minuten länger am Bahnhof warten musste, brüllt er mich an. Ich bin ganz davon abhängig, was er von mir denkt, mehr als mir lieb ist. Das merkt er anscheinend gar nicht.»

Auch die Pensionierung ist ein Augenblick, in dem plötzlich Gefühle bewusst und Depressionen ausgelöst werden. «Ich habe nie gewusst, wie sehr ich die Arbeit brauchte. Es ist schwer, sich dreinzufinden. Nach dreißig Jahren bei ein und derselben Firma, das gleiche Büro, die gleichen Kollegen, da kriegt man schon so seine Gewohnheiten. Dann, plötzlich, aus und vorbei. Als würde der Teppich unter dir weggezogen. Die Kinder sind fort. Nur noch die Frau und ich zu Hause. Das Einzige, was uns sicher ist, ist das Älterwerden.»

Kapitel 13

Adoleszenz
oder: Die schwierige Zeit der Ablösung

Frank M. lag auf seinem Bett und starrte an die Decke. Alles in seinem Zimmer kam ihm heute so klein vor: der schmale Schreibtisch mit der verstellbaren Lampe, an dem er immer seine Hausaufgaben machte, das Bücherregal mit dem zerlesenen Exemplar von ‹Wo die wilden Kerle wohnen› neben seinen Rittersagen und Charlotte Brontës Roman ‹Jane Eyre›, den sie gerade im Englischunterricht durchnahmen. Seine Beine taten ihm weh. Ein schmerzhafter Krampf in seinen Zehen zwang ihn, sich aufzurichten und den steif gewordenen rechten Fuß zu massieren. Sein Vater hatte ihm gesagt, solche Beschwerden kämen vom Wachsen. Plötzlich stiegen ihm Tränen in die Augen.

Frank war dreizehn Jahre alt und wünschte sich nichts sehnlicher, als endlich einundzwanzig und erwachsen zu sein. Er malte sich aus, wie Detektiv Magnum aus der Fernsehserie im eigenen Sportwagen durch die Stadt zu fahren, umschwärmt von schönen Frauen und die Taschen voller Geld. Sein eigener Herr zu sein und kommen und gehen zu können, wie es ihm passte! Nur noch acht Jahre waren es bis dahin. Wenn er aber diese acht Jahre auf das Alter seines neunundvierzigjährigen Vaters und seiner fünfundvierzigjährigen Mutter hochrechnete, wären seine Eltern bereits alte Leute. Schon jetzt fand er, dass sie oft reichlich müde wirkten. Je älter er würde, desto näher rückte ihr Tod. Er schluchzte leise auf, unterdrückte diesen Impuls aber sogleich: Ein Junge weint nicht, ermahnte er sich. Er schaltete das Radio ein. Tina Turner sang «What's love got to do with it», und die Musik verscheuchte seine trüben Gedanken. Noch ehe sie zu Ende gesungen hatte, war er eingeschlafen.

Jugendliche sind ganz besonders anfällig für depressive Stimmungen, denn der Übergang von der Kindheit zum Erwachsenenalter ist einer der stärksten Einschnitte im Leben eines Menschen. Eben noch gehörten sie zu den behüteten und scheinbar sorgenfreien Kleinen, für die ein Ausflug zu McDonald's oder in den Zoo das Größte ist, nun sind sie plötzlich älter und anspruchsvoller geworden und müssen sich mit den Zielen und Werten ihrer Eltern auseinander setzen. Ihr sexuelles Verlangen wird stärker, gleichzeitig wächst ihr Drang nach größerer Unabhängigkeit, sie sind lieber mit Freunden zusammen als mit ihrer Familie. Vor allem wollen sie natürlich von ihren Mitschülern anerkannt werden – oder von Cliquen, die auf die Schule und alles, was mit ihr zusammenhängt, pfeifen.

Die Zeit des Heranwachsens ist mit viel Kummer verbunden, der in der Regel unbemerkt bleibt, weil die meisten Jugendlichen ihn hinter einem linkischen und gewollt selbstbewussten Auftreten verbergen. Jetzt müssen sich die Erfahrungen aus anderen Ablösungssituationen bewähren: Als Kind mussten sie lernen, ein selbständiges, von der Mutter unabhängiges Wesen zu sein; sie sind nach draußen gegangen, um mit den Nachbarskindern Verstecken zu spielen, haben beherzt Vaters oder Mutters Hand losgelassen, um den riesigen, mit kleinen Pulten ausgestatteten Raum zu betreten, wo es nach Kreide roch und man nicht nur das Schreiben und Rechnen lernte, sondern auch, wie man gewinnt und verliert. Wenn sie nun aus den Kinderschuhen herauswachsen und damit beginnen, ihr Leben nach eigenen Vorstellungen zu gestalten, bedeutet das für Mädchen wie für Jungen eine Zeit größter Verunsicherung.

Es ist also nicht verwunderlich, dass Jugendliche besonders anfällig für Depressionen sind. In dem gut sieben Jahre währenden Prozess des Umbruchs und der Wiedererlangung eines seelischen Gleichgewichts, den der Heranwachsende vom dreizehnten bis zum zwanzigsten Lebensjahr durchmacht, sind depressive Phasen unvermeidlich. Das gilt ganz besonders in einer Kultur wie der unsrigen, die viele der traditionellen Wegmarkierungen aufgegeben hat, an denen sich Jugendliche zu anderen Zeiten orientieren konnten – Zeiten, da ihnen zwar ein hohes Maß an Verantwortung übertragen, zugleich aber auch ein Rahmen verlässlicher Werte geboten wurde, mit dessen Hilfe sie ihren Platz in der Welt finden konnten.

Erwachsenwerden in einer instabilen Gesellschaft

Gesundheit und Leben eines jungen Menschen, der in unserer heutigen Gesellschaft aufwächst, sind ganz offensichtlich gefährdet. Die wachsende Anzahl von Kindern und Jugendlichen, die Selbstmord begehen oder es zumindest versuchen, spricht eine deutliche Sprache und zeigt, wie hoffnungslos und verzweifelt sich viele von ihnen fühlen.

Kinder- und Jugendpsychiater erklären diesen traurigen Zustand damit, dass unsere Gesellschaft immer unmenschlicher wird und das Familienleben seine integrative Rolle verloren hat. Der Einzelne ist nur noch eine statistische Größe in den Verwaltungscomputern und muss als Zielscheibe herhalten für immer neue Werbekampagnen – so wie es der Psychoanalytiker Erich Fromm vor etlichen Jahren vorhergesagt hat. Für verantwortungsbewusste Eltern ist es bitter zu erkennen, dass ihnen nur eine begrenzte Zeit zur Verfügung steht, um ihren heranwachsenden Kindern die wichtigsten Werthaltungen mit auf ihren Lebensweg zu geben, bevor diese in eine Welt hinausgehen, die nach der Devise *Anything goes* zu funktionieren scheint.

Weil das Leben zu Hause und das Leben außerhalb der Familie immer weiter auseinander klaffen, wird es für Eltern zunehmend schwieriger, ihren Kindern Regeln zu vermitteln und Grenzen zu setzen. Gleichzeitig braucht aber jeder Heranwachsende gerade in den stürmischen Jahren der Adoleszenz einen verlässlichen Rahmen und klare Erwartungshaltungen, an denen er sich orientieren kann. Zusätzlich geschwächt wird der Einfluss der Familie dadurch, dass Jugendliche sich sehr stark von den Normen und Werten ihrer Altersgenossen leiten lassen. Viele Erziehungsberechtigte haben es inzwischen weitgehend aufgegeben, sich für die Charakterbildung und das Betragen der ihnen anvertrauten Jugendlichen verantwortlich zu fühlen – teils aus Gleichgültigkeit oder weil sie nicht die nötige Qualifikation besitzen, teils aber auch, weil ihnen die Gesetze keinen Spielraum mehr dafür lassen.

Jugendliche nehmen sich nicht einfach das Leben, weil sie in einer instabilen Gesellschaft leben, es sind immer auch private, persönliche Gründe mit im Spiel. So kann jemand einen Selbstmordversuch begehen – ob mit oder ohne Erfolg – aus einer naiven Neugier auf den Tod und ohne wirklich seinem Leben ein Ende setzen zu wollen. Ein anderer möchte vielleicht jemandem einen Schreck einjagen, Aufmerksamkeit auf sich ziehen, oder er tut es aus Wut, um sich zu rächen. Wieder andere sehen in einem Selbstmordversuch die einzige Möglichkeit, vor etwas davonzulaufen, vor Verletzung, Zorn, Schuldgefühlen oder Hoffnungslosigkeit. Und gewiss sind auch einige unter ihnen Opfer einer Kindesmisshandlung geworden.

Von der Verhaltensänderung zur Einsicht

Die besondere Problematik der Depression von Heranwachsenden erschließt sich angesichts der Tatsache, dass in dieser Übergangzeit eine für die psychische Entwicklung entscheidende Verlagerung stattfindet: Wurden Konflikte bis dahin überwiegend auf der Ebene des Verhaltens gelöst, geschieht dies von nun an immer öfter durch intellektuelle und emotionale Einsicht. Da diese Entwicklung bei Jugendlichen noch nicht abgeschlossen ist, unterscheiden sich ihre depressiven Stimmungen sehr von denen eines Erwachsenen. Zwar können sie sich ebenfalls in Merkmalen wie Niedergeschlagenheit, häufigem Weinen, Anspannung und einer pessimistischen Einstellung äußern, in den meisten Fällen nimmt die Depression Jugendlicher jedoch Formen an, die es sehr erschweren zu erkennen, ob die Betreffenden tatsächlich depressiv sind. In der Regel verbirgt sich ihre depressive Stimmung hinter Verhaltensauffälligkeiten, deren häufigste Symptome Diebstahl, Drogenmissbrauch, Bettnässen oder nachlassende schulische Leistungen sind.

Als Frank M. fünfzehn geworden war, ließen seine Eltern sich scheiden. Äußerlich gesehen schien ihn dieses Drama kaum zu berühren. Monatelang war er Zeuge ihrer nächtlichen Auseinandersetzungen, in denen seine Mutter seinem Vater vorwarf, eine Geliebte zu haben, während dieser ihre Anschuldigung bestritt. Schließlich eröffneten sie ihm, dass sie sich scheiden lassen wollten und dass

Frank bei seiner Mutter leben und seinen Vater nur noch am Wochenende sehen würde. Als sie ihn fragten, wie er sich dabei fühlte, murmelte er nur: «Das ist doch euer Problem, was geht mich das an.»

Bis zu diesem Zeitpunkt hatte Frank stets dem Drängen seiner Freunde widerstanden, wie sie Drogen zu nehmen. Nun begann er mit Marihuana zu experimentieren, und nach kurzer Zeit drehte er sich mehrmals in der Woche einen Joint. Er war bis dahin immer ein guter Schüler gewesen, jetzt brachte er nur noch schlechte Noten nach Hause. Seine Eltern machten sich Sorgen um ihn und beschlossen, ihn gemeinsam zu einem Abendessen in einem Restaurant einzuladen, um mit ihm über das zu reden, was sie für sein Problem hielten. In üblicher Teenager-Manier bestritt Frank, dass es irgendetwas gäbe, was er mit ihnen zu bereden hätte. Als seine Mutter ihn schließlich fragte, ob es ihm etwas ausmache, dass sein Vater mit einer anderen Frau zusammenlebte, antwortete er: «Was soll ich denn dazu sagen, ich bin doch bloß ein Junge, oder?»

Nach langem Sträuben ließ er sich dazu bewegen, einen Psychiater aufzusuchen. Bei seinem ersten Gespräch mit dem Arzt sagte er von sich aus kaum ein Wort und antwortete auf dessen Fragen so knapp wie nur möglich. In der zweiten Sitzung konnte der Psychiater ihm entlocken, dass er gerne Fußball spielte und bestimmte Rockgruppen toll fand, und sie unterhielten sich die ganze Stunde lang über Rockkonzerte und Sportereignisse. Frank teilte dies brühwarm seinem Vater mit, der daraufhin wütend den Arzt anrief und sich beschwerte, er gebe sein schwer verdientes Geld nicht dafür aus, dass sein Sohn nur bei ihm herumsitze und über Gott und die Welt rede. Der Psychiater versuchte ihm zu erklären, dass es bei der Behandlung eines Jugendlichen zunächst darauf ankomme, dessen Interesse zu wecken und eine vertrauensvolle Beziehung herzustellen, bevor man auf heiklere Themen zu sprechen kommen könne. Doch seine Erläuterungen trafen auf taube Ohren. Franks Therapie fand ein vorzeitiges Ende. Erst als Frank sich tagelang in seinem Zimmer einigelte und seine Mutter ihn nicht mehr dazu bewegen konnte, zur Schule zu gehen, wurde die Behandlung auf ihr Betreiben hin wieder aufgenommen.

Diesmal änderte der Psychiater seine Strategie: Da er wusste, wie wichtig es ist, bei der Behandlung von Jugendlichen deren Familie in die Therapie mit einzubeziehen, sein Patient sich aber darauf verlassen können musste, dass das, was zwischen ihm und dem Arzt besprochen wird, streng vertraulich bleibt, schlug er vor, dass Frank zur nächsten Sitzung seine Eltern mitbrachte. Bei der Gelegenheit könnten sie den Therapeuten kennen lernen, und dieser würde sich ein besseres Bild über die Art der Beziehung zwischen Frank und seinen Eltern machen können. «Von mir aus», antwortete Frank schon mal vorbeugend, «mir ist das egal.»

Als alle drei dem Psychiater gegenübersaßen, herrschte eine spürbare Spannung zwischen ihnen. Franks Mutter brach in Tränen aus, als sie darüber sprach, welche Sorgen sie sich wegen ihres Sohnes machte, während sein Vater sich auf die wiederholt vorgebrachte Überzeugung versteifte, es fehle Frank bloß an mehr Disziplin. Frank selbst sagte kaum etwas, bis er plötzlich, vom Therapeuten mehrmals provoziert, aufsprang und schrie: «Ich habe eure Probleme satt, ich will endlich mein eigenes Leben leben! Das ganze letzte Jahr über habe ich nichts anderes getan, als mir Sorgen um euch zu machen!» Er blickte seine Mutter an: «Glaubst du, ich bekomme nicht mit, wenn du bis drei Uhr morgens weinend im Wohnzimmer sitzt und eine Zigarette nach der anderen rauchst? Und du», wandte er sich an seinen Vater, «meinst du, es macht mir nichts aus, dass immer diese Frau dabei ist, wenn du mich zum Essen einlädst, und ich dich ohne sie überhaupt nicht mehr zu sehen kriege?»

«Damit hat er einen wichtigen Punkt angesprochen», erklärte der Therapeut den leicht fassungslosen Eltern. «Nur trägt sein Versagen in der Schule nicht gerade dazu bei, dass er mit seinen Gefühlen fertig wird, und so frisst er alles in sich hinein. Hier müssen Frank und ich mit unserer Arbeit ansetzen, damit es ihm gelingt, sich stärker für sich und sein Leben verantwortlich zu fühlen. Die Voraussetzungen dafür scheinen mir gar nicht so übel zu sein.»

Während der darauf folgenden Sitzungen, die wieder mit Frank allein stattfanden und in deren Verlauf er sich immer offener und spontaner zeigte, stellte sich heraus, dass er an einer Reihe von depressiven Beschwerden litt: Er wachte frühmorgens auf, schlief wieder ein, verschlief die Zeit des Aufstehens und kam zu spät zur Schule; er war oft müde und hatte Schwierigkeiten, sich beim Lernen zu konzentrieren und rechtzeitig seine Hausaufgaben zu machen; seine Freunde traf er nur noch selten, und hin und wieder brauchte er einen Joint, um «in Stimmung» zu kommen.

«Lass uns Folgendes versuchen», schlug der Psychiater ihm vor, «ich werde dir ein Medikament verschreiben, ein so genanntes Antidepressivum. Du brauchst keine Angst zu haben, es macht nicht abhängig und putscht dich auch nicht künstlich auf, es ist viel besser als Marihuana. In ein paar Wochen bist du aus deinem Formtief heraus, und dann wird es mit der Schule auch wieder besser klappen.»

Im Unterschied zu vielen anderen Jugendlichen erklärte sich Frank mit diesem Vorschlag einverstanden. Bereits nach einem Monat konnte er berichten, dass er sich viel munterer fühlte und auch seine schulischen Leistungen besser geworden waren. Er hatte sogar beschlossen, wieder in seinen Fußballverein einzutreten, nachdem er über ein Jahr lang nicht mehr gespielt hatte.

Eltern verschließen oft die Augen

Leider hat nicht jede Depression im Jugendalter einen so glücklichen Ausgang wie bei Frank M. Viele Eltern lehnen es rigoros ab, ihren Sohn oder ihre Tochter bei einem Therapeuten anzumelden, selbst wenn die Alarmsignale kaum noch zu übersehen sind. Die Gründe dafür sind vielfältig. So befürchtet eine Mutter vielleicht, die – real vorhandene oder nur eingebildete – Kontrolle über ihre Kinder zu verlieren. Von psychischem Kindesmissbrauch muss man schon sprechen bei dem Vater, dessen Sohn sich zwei Wochen zuvor das Leben genommen hatte und der das Mitgefühl eines Freundes mit den schrecklichen Worten abwehrte: «Ach, ich bin schon darüber hinweg. Man kann nicht ewig trauern.» Andere Eltern benutzen das unausgeglichene und häufig selbstzerstörerische Verhalten ihres Kindes, um ihre eigenen Wünsche und Frustrationen auszuleben und abzureagieren. Eine Mutter zum Beispiel verteidigte die sexuelle Promiskuität ihrer Tochter gegenüber einem Lehrer, der zu einer Therapie geraten hatte: «Ich finde es völlig in Ordnung, dass sie ihr Leben genießt. Die anderen Mädchen sind bloß eifersüchtig, weil sie so hübsch ist und jede Menge Verehrer hat. Ich weiß, wie man sich fühlt, wenn man fünfzehn ist und keinen Freund hat. Als ich in ihrem Alter war, hat mein Vater mir jede Verabredung mit Jungen verboten. Ich werde nichts dergleichen tun, ich will, dass sie glücklich ist.»

Viele Erwachsene sind darin geübt, Unangenehmes einfach nicht wahrzunehmen, auch wenn es gar nicht mehr zu übersehen ist. Vor einigen Jahren hatte ich die Gelegenheit, als Berater an der Anhörung eines kommunalen Ausschusses teilzunehmen, bei der es um den Drogenmissbrauch von Jugendlichen in einer Kleinstadt ging – alles Töchter und Söhne aus gut situierten Familien. Ich war erstaunt, dass Eltern wie auch Lehrer behaupteten, in ihrer Stadt gäbe es überhaupt kein Drogenproblem. Der Polizei, der örtlichen Krankenhausleitung und den Jugendlichen selbst hingegen war dieses Problem aus unmittelbarer Erfahrung vertraut, und sie berichteten darüber in allen Einzelheiten. Trotzdem sprach sich die überwiegende Mehrheit des Ausschusses dagegen aus, irgendwelche präventiven Maßnahmen in Erwägung zu ziehen.

Jugendliche nehmen den Rat und die Hilfe Erwachsener nicht mehr so gerne in Anspruch, wie sie es nach Meinung vieler Eltern tun sollten. Einen Therapeuten zu konsultieren stellt in ihren Augen die Unabhängigkeit infrage, die sie gerade erst erworben haben. Was würden außerdem ihre Freunde sagen, wenn herauskäme, dass sie zu einem «Seelenklempner» gehen? Die Stigmatisierung, die immer noch mit einer Therapie verbunden ist, empfindet ein junger Mensch zweifellos viel stärker als ein Erwachsener, da sein Urteilsvermögen naturgemäß noch begrenzt ist. Ein eingeschränkter Blickwinkel zählt jedoch zu den Hauptmerkmalen der Depression, was die Situation eines depressiven Teenagers nicht gerade einfacher macht.

Was Eltern tun können,
um depressiven Jugendlichen zu helfen

Es folgen nun einige Hinweise, wie Erwachsene einem Jugendlichen helfen können, mit seinen seelischen Krisen besser fertig zu werden, und wie sie ihn, sollte er bereits depressiv geworden sein, bei der Suche nach einer geeigneten ärztlichen oder psychotherapeutischen Hilfe unterstützen können. Es liegt mit in ihrer Hand zu verhindern, dass junge Menschen zu chronischen Versagern werden, in Schule und Ausbildung scheitern, wenig Selbstgefühl entwickeln, Zuflucht suchen in Alkohol- und Drogenmissbrauch wie in sexuellen Abenteuern mit all ihren Folgen oder sich aus lauter Verzweiflung das Leben nehmen.

Achten Sie auf die Anzeichen einer Depression!

Jeder Erwachsene, der mit Jugendlichen zu tun hat, sollte auf Anzeichen und Signale achten, die für eine Depression im Jugendalter typisch sind. In manchen Fällen zeigt sich die Gemütsstörung ganz offen: Der Jugendliche macht einen depressiven Eindruck, er ist schlecht gelaunt, traurig und müde, schläft zu wenig oder zu viel, zieht sich in sich zurück. Er klagt über Langeweile und Perspektivlosigkeit, neigt zu Selbstbeschuldigungen und mangelndem Selbstvertrauen, äußert sogar den Wunsch zu sterben (was niemals ignoriert werden darf). Bei der Mehrzahl der Jugendlichen jedoch verbirgt sich die Depression hinter einem selbstschädigenden Verhaltensmuster: Ihre schulischen Leistungen verschlechtern sich, sie haben zu vielen Aktivitäten keine Lust mehr, die ihnen bisher Spaß gemacht haben. Wutausbrüche, extrem aufsässiges und feindseliges Verhalten sowie wiederholte Vorfälle an der Grenze des Strafbaren können das zugrunde liegende Problem kaschieren.

Denken Sie auch daran, dass bestimmte Ereignisse eine depressive Reaktion auslösen können: die Scheidung der Eltern, der Tod eines nahen Angehörigen, der Abbruch einer Liebesbeziehung, große Rückschläge und Misserfolge in der Schule oder die Zurückweisung durch Freunde. Zur Erinnerung: Eine Depression ist an und für sich kein abnormaler Zustand. Es wäre völlig verfehlt, einem depressiven Jugendlichen automatisch zu unterstellen, er sei labil. Was er braucht, ist ein verständnisvolles Eingehen auf seine Schwierigkeiten. Erst wenn die Verhaltensauffälligkeiten sich über eine unverhältnismäßig lange Zeit hinweg als nicht beeinflussbar erweisen, muss unbedingt fachlicher Rat eingeholt werden.

Seien Sie für den Jugendlichen erreichbar!

Zweitens kommt es darauf an, dass der Gesprächsfaden zwischen Eltern und heranwachsenden Kindern nicht abreißt. Die Grundlagen für ein gelingendes Miteinander werden bereits in der Kindheit gelegt, durch das wechselseitige Geben und Nehmen in einer liebevollen Beziehung, im Spiel und im Unterricht. Auch wenn die Jugendlichen sich von der Familie abnabeln und ihren eigenen Weg suchen, kann die Bindung an das Elternhaus auch weiterhin eine wichtige Rolle in ihrem Leben spielen. Das gilt vor allem dann, wenn die Eltern es verstanden haben, die Individualität des Jugendlichen zu achten und zu fördern und Anteil an seinen Interessen und Aktivitäten zu nehmen, sodass der Sohn oder die Tochter von Zeit zu Zeit, wenn sie sich überfordert fühlen oder einen Rat brauchen, in den Schoß der Familie zurückkehren können.

Es entbehrt nicht der Ironie, dass heutzutage so viele Eltern Wert darauf legen, sich um Gottes willen nicht in das Leben ihrer heranwachsenden Kinder «einzumischen». Mütter und Väter, die auf ihre elterliche Autorität pochen, werden als überholtes Relikt aus alter Zeit belächelt oder kritisiert. Gegenwärtig scheinen viele Eltern in einem Zwiespalt zu stehen zwischen ihrem Anspruch, Jugendliche mit Respekt und als Gleichberechtigte behandeln zu wollen, und der Einsicht, dass sie von ihrer Autorität Gebrauch machen müssen, wenn sie ihnen Lebensweisheit und Leitbilder vermitteln möchten. Die Eltern von heute bewegen sich zwischen zwei Extremen. Auf der einen Seite gibt es Eltern, die ihre Kinder vernachlässigen und misshandeln, während am entgegengesetzten Pol Mütter und Väter eine übertriebene Laisser-faire-Haltung einnehmen und wie zwanghaft nur das eine Ziel verfolgen: ihre Kinder allzeit glücklich und zufrieden zu sehen. Sie scheinen vergessen zu haben, dass sie schon etwas länger auf dieser Erde weilen als ihre Sprösslinge und somit Gelegenheit hatten, die eine oder andere Lebenserfahrung zu sammeln, die sie an ihre Kinder weitergeben sollten.

Helfen Sie dem Jugendlichen bei seiner Suche nach Vorbildern!

Schließlich sollten Eltern und andere Erwachsene dafür sorgen, dass die Jugendlichen, die aus den Helden ihrer Kinderzeit herausgewachsen sind, neue Vorbilder finden können. Sicher werden viele für sie unerreichbar bleiben, etwa die Autoren ihrer Lieblingsbücher, die sie meist nicht einmal auf einem Foto erkennen würden, berühmte Filmregisseure, Nobelpreisträger oder Olympiateilnehmer. Aber es gibt auch potenzielle «Helden» in ihrer unmittelbaren Umgebung: ein Lehrer vielleicht, der Fußballtrainer oder die Pfadfinderführerin, ein Pfarrer oder ein Freund der Familie, auch der Vater oder die Mutter eines gleichaltrigen Freundes können als Vorbild infrage kommen. Entscheidend ist, dass sie nicht nur physisch, sondern auch emotional für den Jugendlichen erreichbar sind. Erwachsene, die eine solche Rolle übernehmen, müssen sich darüber im Klaren sein, wie wichtig sie als Ratgeber, Vertrauter und Mentor für die Entwicklung des heranwachsenden Jungen oder Mädchens sind. Sie sollten alles in ihren Kräften Liegende tun, um ein Klima zu schaffen, in dem junge Menschen voll Zuversicht in die Zukunft blicken und dazu motiviert werden, ihrem Leben einen Sinn zu geben.

Kapitel 14

Depression im Alter oder: Kein Grund zu resignieren

«Quecksilber in einer zersprungenen Schale»

Orson Welles erzählt in seinem Filmklassiker ‹ *Der Glanz des Hauses Amberson*› (nach einer Romanvorlage von Booth Tarkington) die Geschichte eines reichen und angesehenen Familienclans um die Jahrhundertwende in einer kleinen Stadt im Mittleren Westen. George Miniver Amberson ist der verwöhnte und selbstbewusste Spross der Familie. Auf einem der prächtigen Feste, die die Ambersons auf ihrem viktorianischen Herrensitz veranstalten, verkündet er, dass es für ihn kein höheres Ziel im Leben gebe, als Jachtbesitzer zu sein. Nach dem Tod seines Vaters gelingt es George, die Verbindung zwischen seiner Mutter Isabel und einem verwitweten alternden Beau zu hintertreiben. Als Isabel stirbt, stehen George und seine Tante Fanny mittellos da und sind gezwungen, das Herrenhaus zu verkaufen und zur Miete zu wohnen. Georges Onkel geht nach Übersee, um dort eine Stelle in einem amerikanischen Konsulat anzutreten. In einer bewegenden Szene verabschieden sich George und sein Onkel voneinander. Beide wissen, dass es das letzte Mal ist, und der Onkel sagt: «Leben und Geld benehmen sich wie Quecksilber in einer zersprungenen Schale. Und wenn sie fort sind, können wir nicht sagen, wohin, oder was, zum Teufel, wir mit ihnen angefangen haben.»

Das Leben lässt sich in der Tat mit Quecksilber in einer zersprungenen Schale vergleichen. Je älter man wird, umso rascher fliegen die Jahre dahin. Ein Verlust folgt auf den anderen, ob jemand nun reich ist oder arm. Zeiten, in denen man sich traurig und deprimiert fühlt, bilden jetzt nicht mehr die Ausnahme, sondern werden zur Regel. Ein erfolgreicher Rechtsanwalt beschrieb seine Erfahrung mit dem Älterwerden so: «Als ich vierzig wurde – na ja, ein bisschen komisch war es schon, aber ich bin ganz gut darüber hinweggekommen. Mit fünfzig war man schon fast daran gewöhnt. Aber sechzig – das war ganz etwas anderes. Der Schock sitzt mir noch jetzt, nach sechs Jahren, in den Knochen. Ich meine, plötzlich hat man das Gefühl, dass einem die Zeit davonläuft. Ich ertappe mich manchmal bei diesen scheußlichen Rechenspielen: 65 minus 15 sind 50 – das war so gut wie gestern. Aber 65 plus 15 sind ... 80!

Ich bin immer ein aktiver Mensch gewesen, im Beruf wie auch im Privatleben. Ich habe eine Familie, auf die ich stolz sein kann, einen Beruf, der mir Freude macht – eigentlich habe ich in meinem Leben immer Glück gehabt. Es gibt so vieles, was ich noch tun möchte. Reisen zum Beispiel. Ich bin erst an einem Bruchteil der Orte gewesen, die ich immer schon einmal sehen wollte. Oder ein Buch schreiben vielleicht, wie viele meiner Kollegen. Mehr Zeit für die Enkelkinder haben.

Seit meinem fünfundsechzigsten Geburtstag also wache ich morgens um vier Uhr auf und kann einfach nicht wieder einschlafen. Immer wieder, wenn ich am wenigsten darauf gefasst bin, überfällt mich plötzlich diese Traurigkeit. Das macht mich ganz krank. Und wie's der Zufall will, scheinen meine Frau und ich in letzter Zeit ständig zu irgendwelchen Beerdigungen zu gehen. Dabei hasse ich Friedhöfe.»

Älterwerden und Gesundheit

Wenn man älter wird, gewinnt die Frage der Gesundheit immer mehr an Gewicht. Ein Stechen im Brustkorb lässt sich nicht mehr, wie noch mit zwanzig oder dreißig, als Magenverstimmung abtun, ebenso wenig wie ein schraubstockartiges Engegefühl, das von der linken Schulter bis zum Handgelenk ausstrahlt, auf ein zu ausgiebiges Training geschoben werden kann. Gespräche scheinen sich auf einmal nur noch um Mammographie und Prostatatests zu drehen statt um Börsentipps und Bettgeschichten.

Erich B. gehörte zu den Menschen, mit denen das Leben es gut gemeint hatte. Er war gerade mit seiner Frau Monika von einem Kurzurlaub in der Schweiz zurückgekehrt, als sein Hausarzt ihn anrief, um ihm die Ergebnisse der Blutuntersuchung mitzuteilen, die kurz vor seiner Abreise gemacht worden war. «Die Werte sehen sehr gut aus, Herr B.», sagte der Arzt, «nur der Prostatawert ist etwas höher als normal. Sie sollten sich einen Termin bei einem Urologen geben lassen. Bloß keine Panik. Es muss gar nichts zu bedeuten haben, aber wir wollen doch sichergehen.»

Beim Urologen bekam Erich ein Instrument ins Rektum geschoben, das wie eine Miniaturrakete aussah. Es wurde ein Ultraschallbild gemacht, auf dem die Umrisse der Prostata, ihre Form und ihre Größe zu sehen waren. «Sieht ganz okay aus», lautete der Kommentar des Facharztes. Dann spürte Erich B. acht scharfe Nadelstiche, während winzige Pinzetten aus der Minirakete schossen und Gewebeproben für die Biopsie entnahmen. «Bis Dienstag also», sagte der Arzt zum Abschied, «dann werde ich die Ergebnisse haben.»

«Es war seit Jahren das schlimmste Wochenende, das ich erlebt habe», berichtete Erich B. später dem Psychiater, den er im Anschluss an den chirurgischen Eingriff mehrmals aufsuchte. «Am Freitag machte er die Biopsie. Die ganze Zeit musste ich an meinen alten Freund Jochen Stark denken, der vor zehn Jahren Prostatakrebs hatte. Sie konnten ihn gerade noch rechtzeitig operieren. Doch mit dem Sex war es danach für Jochen vorbei. Verglichen damit, was gewesen wäre, hätte man ihn nicht operieren können, war das noch das kleinere Übel.

Ich fing an, die Todesanzeigen in der Zeitung zu studieren. Kann mich nicht erinnern, früher jemals Todesanzeigen gelesen zu haben. Und natürlich stieß ich auf zwei Anzeigen von Männern, die gestorben waren, alle beide in meinem Alter.

Ich fühlte mich so verdammt ohnmächtig. Samstag, Sonntag, Montag – ich schlief nachts kaum noch länger als vier Stunden. Auf nichts mehr konnte ich mich konzentrieren. Meine Frau tat ihr Bestes, um mich zu beruhigen und abzulenken, aber es half alles nichts. Sonntagnachmittag gingen wir ins Kino. Ich habe überhaupt nichts von der Handlung mitbekommen. Wir sind rausgegangen, bevor der

Film zu Ende war. Ich sah bereits alles den Bach hinuntergehen, was mir lieb und teuer ist. Mein Leben, meine Frau, meine Kinder – vorbei.

Endlich kam der Dienstag. Der Arzt hatte versprochen, mich zwischen zehn und elf Uhr anzurufen. Ich saß wie festgenagelt neben dem Telefon. Als er sich um halb zwölf immer noch nicht gemeldet hatte, hielt ich es nicht mehr aus und rief ihn an. Gerade habe er mich anrufen wollen, sagte er – mit einem leisen Seufzer in der Stimme, wie ich mir einbildete. ‹Es ist ein Neoplasma›, teilte er mir ohne Umschweife mit. Ich fragte ihn, was das heiße. ‹Es ist bösartig›, antwortete er. Ein eisiger Schreck durchfuhr mich, ich begann am ganzen Körper zu zittern und konnte kaum sprechen. ‹Krebs?›, fragte ich. Er beantwortete meine Frage nicht direkt, sondern sagte nur: ‹Kommen Sie heute Nachmittag in meine Sprechstunde, dann können wir in Ruhe darüber reden.›

Dann passierte etwas Seltsames. Der Arzt saß da hinter seinem Schreibtisch und erklärte mir, dass ich eine Computertomographie machen lassen müsse und dass möglicherweise die langen Knochen in meinem ganzen Körper geröntgt werden müssten. Wenn damit alles in Ordnung sei, das heißt, wenn sich noch keine Metastasen außerhalb der Vorsteherdrüse gebildet hätten, würde er einen Operationstermin für mich festsetzen – es sei denn, ich zöge Bestrahlungen vor, wozu er mir aber nicht raten könne. Zu meiner eigenen Überraschung fing ich an, mich besser zu fühlen. Nach all den Tagen hatte ich zum ersten Mal wieder das Gefühl, die Dinge unter Kontrolle zu haben. Sicher, ich musste mich einem chirurgischen Eingriff unterziehen, aber es wurde endlich etwas getan, sie würden den verdammten Tumor angreifen und herausschneiden. Ich blickte den Arzt geradeheraus an und sagte: ‹Wann können wir die Show über die Bühne gehen lassen?›

‹Die Tests können wir sofort machen, mit der Operation müssen wir noch ein paar Wochen warten, wegen der Blutung durch die Biopsie.› Und wie beiläufig fügte er hinzu: ‹Es gibt da eine neuartige Operationsmethode, mit der die Chance, die sexuellen Empfindungen und die Potenz zu erhalten, viel größer geworden ist.›»

Bei Erich B. hatten sich noch keine Metastasen außerhalb der Prostata gebildet. Seine Aussichten, den Krebs zu besiegen, waren von daher wahrscheinlich sehr gut. Er würde keine Bestrahlungen brauchen, und es würden auch keine weiteren Operationen nötig sein, nur auf regelmäßige Nachuntersuchungen in den nächsten Jahren musste er sich einstellen.

Erich B. war in seinem Leben noch niemals ernsthaft krank gewesen. Es war das erste Mal, dass er auf unsanfte Weise mit seiner eigenen Sterblichkeit konfrontiert wurde. Ungefähr zwei Monate nachdem er wieder an seinen Arbeitsplatz zurückgekehrt war, begann er sich ständig deprimiert zu fühlen. Am schlimmsten war es morgens nach dem Aufwachen, und erst gegen Mittag hellte sich seine Stimmung ein wenig auf. In der Nacht schlief er unruhig, und bei Tag merkte er, dass er geistig nicht mehr so präsent war wie sonst. Sein Interesse an Dingen, für die er sich sonst begeistern konnte, ließ nach. Als er sich bei dem flüchtigen Gedanken an Selbstmord ertappte – was ihm früher nie in den Sinn gekommen wäre –, beschloss er, einen Psychiater aufzusuchen.

«Sie machen gerade eine depressive Phase durch, was unter den gegebenen Umständen ja auch kein Wunder ist», konnte ihn der Psychiater beruhigen. «Genau der richtige Zeitpunkt, um sich gründlich mit jemandem auszusprechen. In der Situation, in der Sie sich befinden, bleibt es nicht aus, dass Gefühle hochkommen, die gewöhnlich unter der Oberfläche bleiben. Ich denke, nach einigen Sitzungen werden Sie sich schon sehr viel besser fühlen. Anderenfalls können wir dann immer noch ein antidepressives Medikament in Betracht ziehen, um Ihre physische Flexibilität zu unterstützen und zu stärken.»

Erich B. brauchte ungefähr ein Dutzend Psychotherapiestunden, bis sich seine depressive Stimmung gelegt hatte. Medikamente waren in seinem Fall nicht nötig. Seit seiner Operation sind inzwischen vier Jahre verstrichen, und er erfreut sich weiterhin guter Gesundheit und führt ein aktives Leben. Dass er seine Depression erkannt hatte und konstruktiv mit ihr umzugehen verstand, hat ihn nicht nur vor der Falle einer chronischen Depression bewahrt, sondern außerdem seine Chancen verbessert, auch körperlich gesund zu bleiben. Ein solcher Zusammenhang konnte durch wissenschaftliche Studien bestätigt werden.

Älterwerden und Depressionen

Schätzungen zufolge sind ungefähr acht Prozent aller Frauen und Männer über fünfundsechzig Jahre im klinischen Sinne depressiv. Vermutlich leiden jedoch zwanzig bis fünfunddreißig Prozent der älteren Menschen, die körperlich krank sind, ebenfalls an einer Depression. Männer begehen in diesem Alter viermal so häufig Selbstmord wie der Durchschnitt der Bevölkerung.

Die Depressionen älterer Menschen erkennt man oft nicht an einer sichtbaren Veränderung ihrer Stimmung oder ihres Verhaltens, sondern sie äußern sich meist in einer Vielfalt körperlicher Beschwerden, die in kein Krankheitsbild passen und in der Regel mit unerklärlichen Schmerzen verbunden sind. Sie schlafen meist schlecht, essen wenig und verlieren an Gewicht; zuweilen klagen sie über Konzentrationsschwierigkeiten, wirken zerstreut und lustlos und haben oft Schwierigkeiten, sich an etwas zu erinnern. Selbstmordgedanken, die ein untrügliches Anzeichen für eine Depression sind, treten – anders als man glaubt – auch bei älteren Menschen selten ohne eine gleichzeitige Depression auf.

All diese Symptome finden sich auch bei Patienten, deren Organismus durch eine chronische körperliche Krankheit geschwächt ist. Oft kann nur der Fachmann beurteilen, ob jemand eine schwere Depression durchmacht oder an etwas Schlimmerem leidet, etwa an der Alzheimerschen Krankheit, die sich gewöhnlich in hochgradigem Gedächtnisschwund sowie einem fortschreitenden Verfall der mentalen Funktionen äußert und deren tragischer Verlauf unaufhaltsam ist. Depressionen im Alter können ein Alarmsignal sein, mit dem sich eine vorzeitige Demenz ankündigt. Eine Depression kann jedoch auch selbst der Grund sein, warum ältere Menschen vergesslich werden, im Alltag nicht mehr zurechtkommen, in sich gekehrt und apathisch wirken. In diesem Fall finden sie gewöhnlich zu ihrer alten Form zurück, sobald die Depression mit Hilfe von Medikamenten oder einer Psychotherapie behoben ist.

Ungefähr ein Jahr nachdem Elise G.s Mann Klaus gestorben war, stellten die Töchter eine auffällige Veränderung im Verhalten ihrer Mutter fest. Die Achtundsechzigjährige war immer eine Frau gewesen, die mitten im Leben stand. Nachdem ihre Kinder aus dem Haus waren, kehrte sie in das Berufsleben zurück und nahm eine Teilzeitbeschäftigung als Buchhalterin an. Zusätzlich betreute sie einmal in der Woche die Patienten eines nahe gelegenen Krankenhauses, brachte ihnen Bücher und Zeitschriften mit und machte Besorgungen für sie. Doch dann kam der Tag, an dem Elises Mann im Foyer ihres Appartementhauses zusammenbrach und binnen weniger Minuten einem Herzinfarkt erlag. Danach gab Elise G. all ihre Aktivitäten eine nach der anderen auf, bis sie schließlich die meiste Zeit allein bei sich zu Hause verbrachte. Sie schlief viel, saß stundenlang vor dem Fernseher oder räumte ziellos Sachen von einem Schrank in den anderen. Es kam immer wieder vor, dass sie das schmutzige Geschirr aus der Spülmaschine räumte und unabgewaschen in den Küchenschrank zurückstellte. Mehrmals passierte es ihr, dass sie die Waschmaschine in Gang gesetzt und vergessen hatte, Wäsche einzulegen. Eines Tages fand der Hausmeister ihres Appartementhauses Teile ihres Silberbestecks zwischen den Mülleimern. Er brachte es ihr zurück und berichtete Elises ältester Tochter Susanne von dem merkwürdigen Verhalten ihrer Mutter.

Bei zahlreichen Anlässen konnten Susanne und ihre beiden Schwestern beobachten, wie ihre Mutter immer vergesslicher und verwirrter wurde. Sie waren überzeugt, dass Elise G. unaufhaltsam auf eine irreversible Altersdemenz zusteuerte. Ihr Hausarzt war derselben Meinung wie sie. Die Töchter überlegten bereits, ob ihre Mutter in einem Pflegeheim nicht besser aufgehoben wäre als zu Hause. Vor diesem letzten Schritt, so beschlossen sie, sollte Elise sich jedoch einer psychiatrischen Untersuchung unterziehen, in ebenjenem Krankenhaus, in dem sie früher ehrenamtlich Patienten betreut hatte.

Die Ärzte und das Pflegepersonal der psychiatrischen Abteilung beobachteten, dass Elise G.s Gedächtnisstörungen und Verwirrtheitszustände immer dann auftraten, wenn sie gerade eine depressive Phase durchmachte. Sobald sie weniger depressiv wirkte, verbesserten sich ihre geistigen Fähigkeiten in auffälliger Weise. Die Ärztin, die sie behandelte, führte mit ihr einen Mini-Mental-Status-Test durch, mit dem Ergebnis, dass Elise G. sich nach drei Minuten an keine der drei Fragen, die man ihr gestellt hatte, erinnern konnte; fragte man sie jedoch fünfzehn Minuten später noch einmal danach, fielen ihr alle drei wieder ein. Ein solcher Befund spricht eher für eine Depression als für eine Altersdemenz.

Ihre Ärztin war sich nun sicher, dass Elise G. an einer Depression litt, und verordnete ihr ein antidepressives Medikament. Gleichzeitig widmete sie sich ihr jeden Tag eine halbe Stunde lang. Als Elise G. wieder in der Lage war, sich normal mit jemandem zu unterhalten, sprach die Ärztin mit ihr über die Probleme, mit denen man gewöhnlich im Alter konfrontiert wird. Wichtig war, dass Elise die Trauer über den Tod ihres Mannes überwand und ihre Unabhängigkeit zurückgewann. Um sich nicht wertlos und überflüssig zu fühlen, musste sie so weit wie möglich die Kontrolle über ihr Leben behalten. Die Ärztin rief ihr das Gute in Erinnerung, das sie in all den Jahren erfahren hatte, und hob besonders das liebevolle Verhältnis zwischen Elise G. und ihren Töchtern hervor, durch die sie so viel Unterstützung erfahren hatte.

Zur Überraschung und zur Freude aller Beteiligten, vor allem von Elise G. selbst, kehrte sie nach einem achtwöchigen Krankenhausaufenthalt nach Hause zurück – nicht mehr ganz die Frau, die sie früher einmal gewesen war, aber gesund genug, um selbständig zu leben, die eine oder andere ihrer früheren Aktivitäten wieder aufzunehmen, sich mit Freunden zu treffen und über ihre Enkelkinder zu freuen. Gesellschaft leistete ihr dabei eine weißbraun getigerte Katze – ein Geschenk ihrer Tochter Susanne.

Depressionen als Folge eines Schlaganfalls

Dreißig bis fünfzig Prozent der Patienten, die einen Schlaganfall überlebt haben, leiden anschließend an Depressionen. Interessant ist, dass es anscheinend einen engen Zusammenhang gibt zwischen der Depression und der infolge einer Verstopfung durch ein Blutgerinnsel oder einer Gewebeblutung geschädigten Gehirnpartie. So werden Patienten, bei denen die linke Stirnregion ihres Gehirns von einem Schlaganfall betroffen worden ist, sehr viel häufiger depressiv als andere. Natürlich schließt das nicht aus, dass auch solche Patienten depressiv werden können, bei denen irgendeine andere Gehirnpartie in Mitleidenschaft gezogen wurde. Wird die Depression eines Schlaganfall-Patienten nicht behandelt, dann verringern sich seine Chancen beträchtlich, innerhalb einer Zweijahresfrist nach der auslösenden Krankheit von seinen körperlichen Beschwerden zu genesen.

Ein Patient, der in der Folge eines Schlaganfalls depressiv geworden ist, spricht in der Regel gut auf die Behandlung mit einem geeigneten Antidepressivum an. Das Medikament mildert nicht nur seine psychischen und kognitiven Beeinträchtigungen, sondern es versetzt ihn darüber hinaus in die Lage, sich aktiver an den erforderlichen Rehabilitationsmaßnahmen zu beteiligen, sodass sich sein körperlicher Zustand insgesamt viel nachhaltiger verbessert.

Nebenwirkungen von Antidepressiva bei älteren Menschen

Ältere Patienten müssen bei der Einnahme von Antidepressiva besonders vorsichtig sein, denn einige dieser Medikamente haben unerwünschte Nebenwirkungen, für die man im Alter besonders anfällig wird, wie zum Beispiel eine orthostatische Hypotonie oder anticholinergische Komplikationen wie ein trockener Mund, Verstopfung und Sehtrübungen. Die neueren SSR-Hemmer, etwa Fluoxetin und Sertralin, bei denen solche Nebenwirkungen offenbar seltener beobachtet werden, haben sich rasch zu den bevorzugten Antidepressiva für ältere Menschen entwickelt. Da mit zunehmendem Alter auch mit einer größeren Anzahl weiterer Gesundheitsprobleme, einschließlich eines Herzleidens, gerechnet werden muss, bedarf es einer sorgfältigen Abwägung des Für und Wider, bevor man die Behandlung mit einem Antidepressivum beginnt. Dabei muss auch die individuell unterschiedliche Reaktion des Körpers auf ein Medikament berücksichtigt werden – das betrifft zum Beispiel die Zeitspanne, in der ein Arzneimittel resorbiert und ausgeschieden wird. All dies macht regelmäßige Überprüfungen während der gesamten Dauer der medikamentösen Therapie erforderlich.

Hinzu kommt, dass ältere Menschen oft auch noch andere Medikamente einnehmen, daher müssen die Wechselwirkungen zwischen diesen Mitteln und dem Antidepressivum bekannt sein und einer gewissenhaften Kontrolle unterliegen. Die Behandlung mit Antidepressiva kann jedoch kein Ersatz sein für die Auseinandersetzung mit der psychischen und sozialen Situation des älteren depressiven Menschen.

Mit Veränderungen und Verlusten kreativ umgehen

«Wie man sät, so erntet man», heißt es in der Bibel. Dieser Satz erweist sich im Laufe eines Lebens als nur allzu wahr. Die Kraft und die Flexibilität, die ein Mensch benötigt, um mit der veränderten Lebenssituation und den sich häufenden Verlusterlebnissen im Alter fertig zu werden, erwirbt er in jungen Jahren. Ob jemand mit siebzig auf die Unterstützung der Menschen in seiner unmittelbaren Umgebung hoffen kann, hängt davon ab, ob er es in den Jahrzehnten zuvor verstanden hat, familiäre und freundschaftliche Bindungen einzugehen und zu pflegen. Zum Wohlbefinden im Alter trägt auch der Abschluss einer privaten Alterssicherung zu einem möglichst frühen Zeitpunkt bei, durch die das Vermögen steuerfrei anwachsen kann und zur Verfügung steht, wenn die gesetzliche Rente für den Lebensbedarf einmal nicht ausreichen sollte.

Birgit und Oliver A. verkauften ihr Haus in Gelsenkirchen, wo sie dreißig Jahre ihres Lebens zugebracht hatten, und siedelten nach Mallorca um. Sie träumten davon, ihre Nachmittage mit Golfspielen zu verbringen und Abend für Abend auf der Terrasse ihres Appartements zu sitzen und die Sonne im Meer untergehen zu sehen.

Doch Birgit und Oliver A. waren nicht ausreichend auf ihr Alter vorbereitet. Sie waren beide nicht besonders kontaktfreudig, und so fiel es ihnen schwer, in der neuen Heimat Freunde zu finden. Oliver hatte sich erheblich verschätzt, als er glaubte, die Eigentumswohnung auf Mallorca mit dem Ertrag aus dem Verkauf ihres Reihenhauses in Gelsenkirchen finanzieren zu können. Mallorca kannten sie bisher nur von den zwei bis drei Ferienwochen, die sie alle paar Jahre dort verbracht hatten. Nun aber, da sie Tag für Tag mit der ungewohnten Hitze und dem gleißenden Sonnenlicht leben mussten, verbrachten sie den größten Teil ihrer Zeit hinter geschlossenen Fenstern, während die Stromrechnung für die Klimaanlage in ungeahnte Höhen kletterte.

Das Ehepaar A. hatte drei Kinder, die alle erwachsen und verheiratet waren. Die beiden Töchter lebten in der Nähe von Gelsenkirchen, und der Sohn wohnte in Köln. Natürlich hatten sie gehofft, dass ihre Kinder und Enkelkinder sie regelmäßig besuchen würden. Aber am Ende ihres ersten Jahres auf Mallorca hatte nur ihr Sohn ihnen einen einzigen Besuch abgestattet – allein und für gerade mal drei Tage. Selber öfter als einmal im Jahr nach Deutschland zu fliegen überstieg Birgit und Oliver A.s knappes Budget.

Oliver A. war den größten Teil seines Berufslebens Geschäftsführer eines kleinen Ladens für Herrenkonfektion gewesen. Die Arbeit hatte ihm Freude gemacht, vor allem der regelmäßige Kontakt mit der Kundschaft, die er im Laufe der Jahre recht gut kennen gelernt hatte, fehlte ihm jetzt. Er hätte diese Tätigkeit, wenn er gewollt hätte, auch noch länger ausüben können. Sie aufzugeben war ihm nicht leicht gefallen. Jetzt bestand sein Tagewerk in der Hauptsache darin, die Zeitung zu lesen, Einkäufe zu machen und fernzusehen. Sein Traum vom Golfspielen hatte sich als zu kostspielig herausgestellt, sodass er es sich nur selten leisten konnte. Zunehmend verfiel er in

209

eine düstere und gereizte Stimmung. Als Birgit A. merkte, dass ihr Mann immer deprimierter wurde, beschlich sie das Gefühl, dass sich ihr Appartement mit seinen geweißten Wänden, dem ockerfarbenen Dach und dem Blick auf graubraunes, ausgedörrtes Land, eingebettet in hundert andere baugleiche Nachbarappartements, in ein Gefängnis verwandelt hatte.

Auf ihr Drängen hin suchte Oliver A. einen Psychiater auf. Der Arzt verschrieb ihm ein antidepressives Medikament und überwies ihn an eine Therapieberatungsstelle. Im Laufe der nächsten Wochen schien es Oliver A. etwas besser zu gehen, aber es kam zu keinem wirklichen Durchbruch. Als er sich dann über diverse körperliche Beschwerden und Schmerzen zu beklagen begann, für die der Allgemeinarzt, den er konsultierte, keine Erklärung wusste, reichte es Birgit A. endgültig.

«Schluss mit der Quälerei. Ich mache das nicht mehr mit. Wir gehen nach Hause, Oliver!» Der Ton, in dem sie dies sagte, duldete keinen Widerspruch, wie Oliver aus langjähriger Erfahrung wusste.

Drei Monate nachdem sie eine hübsche Wohnung mit Garten am Stadtrand von Gelsenkirchen bezogen hatten, waren Oliver A.s Depressionen verschwunden. Zurück blieb nur ein leises Unbehagen darüber, dass ihm so etwas hatte passieren können. Seine Depression hatte ihm und seiner Frau nicht nur signalisiert, dass ihr Umzug nach Mallorca ein schwerwiegender Fehler gewesen war, sie zwang sie auch zum Handeln. Sie war der Auslöser dafür, dass Birgit und Oliver A. ihre Angst vor der Blamage überwanden, den einmal erkannten Fehler korrigierten und in die Heimat zurückkehrten, wo sie den Rest ihrer Tage im Kreise ihrer Lieben verbrachten.

Ein zweiundsiebzigjähriger Schiffsmakler dagegen hatte bereits früh die Weichen für sein Alter gestellt: «Ich wusste schon mit vierzig, wo ich meinen Lebensabend verbringen wollte: an der Elbe, in der Nähe von Glückstadt, nur eine Stunde von Hamburg entfernt, wo ich mein ganzes bisheriges Leben verbracht habe. Mein Grundstück mit Elbblick kaufte ich mir also an meinem vierzigsten Geburtstag – damals waren solche Grundstücke noch nicht so unerschwinglich wie heute. Es war ganz mit Bäumen und Sträuchern zugewachsen, man musste sich seinen Weg durch Dickicht und Gebüsch bahnen, wenn man zum Flussufer wollte. Wir sind mehrmals im Jahr hinausgefahren, haben uns mit der Umgebung vertraut gemacht, und ich malte mir aus, wie das Haus aussehen würde, das ich bauen wollte, wenn ich nicht mehr jeden Tag nach Hamburg reinfahren müsste. Als das Haus vor sechs Jahren fertig geworden ist und meine Frau und ich einzogen, hatten wir das Gefühl, bereits ein halbes Leben hier verbracht zu haben.»

Alt zu werden bedeutet nicht zwangsläufig, dass man deprimiert und unglücklich wird. Auch ältere Menschen können ein erfülltes Leben führen, wenn sie mit den Veränderungen, die das Altern mit sich bringt, und den dadurch ausgelösten depressiven Gefühlen konstruktiv umzugehen verstehen. «Move a little slower», heißt es in einem Song von Frank Sinatra. Warum die Dinge nicht ein wenig langsamer angehen? Sich die Zeit nehmen, über das Leben nachzusinnen. Wie heißt es noch bei T. S. Eliot: «Und das Ende unseres Forschens ist, an den Ausgangspunkt zu kommen und zum ersten Mal den Ort zu erkennen.»

Kapitel 15

Das depressogene Milieu oder: Überleben auf Kosten anderer

Zwischen jedem Menschen und seiner Umgebung findet eine dauernde Wechselwirkung, eine Interaktion, statt. Diese Wechselwirkung ist beständig im Fluss. Wenn in der Umgebung eines Menschen etwas geschieht, so reagiert er darauf. Dies wiederum bewirkt eine Reaktion der Umgebung, auf die er wiederum reagiert.

Menschen sind verschieden empfänglich für äußere Einflüsse. Manche sind sehr empfindlich für das, was um sie her vorgeht, andere wieder sind es nicht. Bei denen, die es sind, kann die Umgebung ihre Stimmung stark beeinflussen, indem sie sie in ihrer Selbstachtung bestärkt, ihnen erlaubt, ihren Gefühlen freien Lauf zu lassen, und zu einem optimistischen Klima beiträgt. Wenn die Umwelt hingegen das Ich-Bewusstsein nicht unterstützt, ihm eher verwehrt, Selbstvertrauen zu entwickeln, immer wieder Aggressionen weckt und gleichzeitig deren Freisetzung blockiert, unnötige Schuldgefühle wachruft oder ihm immer wieder Anlass gibt, sich einsam und zurückgewiesen zu fühlen, so können wir ein solches Milieu als depressogen bezeichnen. Dieses Milieu wird bei den meisten Menschen, die in ihm leben, Depressionen hervorrufen.

Denken wir an ein ganz einfaches Beispiel: Wie wirkt eine sarkastische Bemerkung? Wir fühlen uns herabgesetzt, verletzt. Wie stark aber fühlen wir uns verletzt? Dies hängt davon ab, wie sehr wir in unserer Selbstachtung von demjenigen abhängig sind, der die Bemerkung gemacht hat, und wie häufig wir solchen Angriffen ausgesetzt sind.

Hören wir uns folgenden Dialog an:

MANN: Ich werde mich heute Abend etwa eine Stunde zum Essen verspäten. Ich treffe mich mit Frank im Café, um meine Lebensversicherung zu besprechen.

FRAU: Geh nur. Ich wünsch dir viel Spaß ohne mich. Mir egal, wann du nach Hause kommst.

MANN (*etwas verwundert und aufgeregt*): Dir egal? Aber dies ist doch die einzige Gelegenheit, wo wir uns treffen können. Es ist wichtig. Wir gehen ja nicht zum Vergnügen. Wir wollen Dinge besprechen, bei denen es um unsere finanzielle Sicherheit geht – deine sowohl als auch meine. (*Denkt bei sich: Was habe ich nun wieder falsch gemacht?*)

Der Anlass ist hier die Ankündigung des Mannes, dass er sich zum Abendbrot verspäten wird. Die Reaktion seiner Frau ist sarkastisch. Sie will ihn verletzen, ihm Schuldgefühle beibringen. Das gelingt ihr, weil er sie liebt und auf ihre Gefühle Rücksicht nimmt. Falls er ein notorischer Zuspätkommer ist, kann ihre Reaktion vielleicht berechtigt sein. Wenn sie andererseits überempfindlich ist, Angst vor Zurückweisung hat, ihm aus einem gewissen Konkurrenzdenken heraus die Gelegenheit neidet, eine gute Stunde mit einem Freund oder Geschäftspartner zu verbringen, dann ist ihre Reaktion übertrieben – und verzerrt, das heißt, sie geht mehr aus ihren eigenen Bedürfnissen als aus der wirklichen Situation hervor. In diesem Fall trägt sie dazu bei, in ihrer Familie ein depressogenes Klima zu schaffen.

Depressogene Milieus und Selbstachtung

Ein depressogenes Milieu bietet dem Einzelnen keine angemessene Unterstützung für sein Selbstvertrauen. Vielmehr untergräbt sie es und ruft Emotionen und Konflikte hervor, die der für so etwas anfällige Mensch nicht bewältigen kann, ohne depressiv zu werden. Die Wirkung eines solchen Milieus kann harmlos oder schwerwiegend sein – je nach Intensität und Dauer der depressogenen Faktoren.

Meistens fällt es jemandem, der nicht depressiv ist, leicht, Beleidigungen von Leuten, die ihm nichts bedeuten, zu übergehen oder mit einer kurzen, ärgerlichen Bemerkung abzutun. Ist aber der Angreifende jemand, dessen Liebe und Achtung ihm viel wert sind, dann werden ihn zwangsläufig Gefühle wie Schmerz, Schuld und Hoffnungslosigkeit überwältigen. Dies gilt besonders, wenn die Kritik nicht in einem sachlichen Zusammenhang erfolgt, sondern aus unsachlichen und verunglimpfenden Bemerkungen besteht. Wenn die Eltern das Kind tadeln: «Hör auf! Du wirst das kaputtmachen!», dann ist die Wirkung auf das Kind eine ganz andere, als wenn der Ausruf etwa lautet: «Hör auf! Wie kannst du bloß *doof* sein!» Auch Erwachsene reagieren oft – verbal und nichtverbal – in einer Weise aufeinander, die an Eltern-Kind-Beziehungen erinnert, wo es um Selbstdarstellung statt um Sachfragen geht.

Jeder Mensch ist bis zu einem gewissen Grad davon abhängig, wie die anderen, denen er vertraut, ihn sehen. Seine Vorstellung von sich als Mensch kann durch ihre Meinung geklärt oder verwirrt werden. Das Kompliment eines Vorgesetzten bestätigt seine Vorstellung, dass er gute Arbeit leistet. Wird er dagegen bei der Beförderung übergangen oder getadelt, sobald er den kleinsten Fehler macht, aber selten anerkannt, wenn er seine Arbeit termingerecht leistet, so erzeugt dies bei den meisten Menschen eine Mischung aus Schmerz, Groll und Zweifel an ihren eigenen Fähigkeiten und kann zu Depressionen führen. Ist jemand in einer Interaktion, die sich nach dem Muster «Ich bin O. K. – du bist nicht O. K.» vollzieht, der Empfänger, so wird dies sein Selbstwertgefühl notwendig erschüttern, falls er nicht so isoliert und unempfindlich ist, dass kritische und geringschätzige Botschaften ihn nicht erreichen. Fragen, die eher als Anschuldigung vorgebracht werden – «Warum bist du immer so böse?» – «Warum bist du so selbstsüchtig und unbelehrbar?» – «Warum kannst du nicht besser kochen?» –, rufen bei demjenigen, an den sie gerichtet sind, Verwirrung und Zweifel hervor. Selbst wenn ein Körnchen Wahrheit daran ist, werden sie eher Abwehr als Einsicht bewirken. Wenn sie aber völlig unrichtig und unbegründet sind und eher die inneren Konflikte und verzerrten Wahrnehmungen des Kritisierenden als das Verhalten des Kritisierten widerspiegeln, dann können sie dessen Identität ernstlich gefährden.

Ein depressogenes Milieu besteht aus tausend verbalen und nichtverbalen Dialogen, die tagtäglich stattfinden und bei verletzlichen Menschen einen Verlust an Selbstachtung hervorrufen. Die Folge sind Schuldgefühle, ohnmächtige Wut und das chronische Gefühl, nicht verstanden zu werden. Die folgende Unterhaltung zwischen Vater und Sohn zeigt, wie Schuldgefühle «eingeflößt» werden:

VATER: Warum konntest du uns nicht am letzten Wochenende besuchen?

SOHN: Marie und ich hatten den Kindern versprochen, mit ihnen in den Zoo zu gehen. Ich dachte, ich hab dir davon erzählt.

VATER: Ich erinnere mich nicht. Du scheinst ja nicht mehr sehr viel Zeit für deine Mutter und mich zu haben – im Gegensatz zu früher.

SOHN (*leicht verärgert*): Heute sind wir ja da. Außerdem waren wir letzten Monat eine Woche lang bei euch, den größten Teil meines Urlaubs.

VATER: Irgendwie kommst du mir wie ein Fremder vor. Ich werde schließlich auch nicht jünger. Deine Mutter ist sehr unglücklich, wenn du nicht kommst.

Hätte der Sohn den Vater wirklich gemieden, dann hätte dieser eher Anlass, sich zu beschweren. Die Wahrheit war aber, dass sein Sohn, die Schwiegertochter und die Enkel ein bis zwei Wochenenden im Monat bei den Eltern verbrachten. Worüber der Vater im Grunde verstimmt war, das war die völlige wirtschaftliche und persönliche Unabhängigkeit, die sein Sohn nun erreicht hatte. Er trauerte der Macht nach, die er einst über ihn gehabt hatte und die nun dahin war. Darüber war er deprimiert. Doch da er sich dies nicht eingestand, reagierte er in der Weise, dass er seinem Sohn Schuldgefühle «einflößte» – ganz, als hätte dieser ihn zurückgewiesen. Dies half ihm zwar nicht in seiner Einsamkeit und in seinem Wunsch, ihn zu sehen, weiter, aber er erzeugte damit in seinem Haus ein depressogenes Klima.

Milieus, die
nur für manche Menschen depressogen sind

Nicht immer muss ein depressogenes Milieu, eine Familie oder ein Büro, das für den einen depressogen ist, dies auch für den anderen sein. Ein junger Anwalt war frustriert und deprimiert, solange er bei einer großen und straff organisierten Firma arbeitete. Er hatte dort keine eigenen, ihm direkt anvertrauten Mandanten. Seine Arbeit wurde peinlich genau überwacht. Er wollte gern mehr Verantwortung übernehmen, wusste aber, dass dies noch Jahre dauern würde.

Einst war er an der Universität ein hervorragender Student gewesen und war zu seiner Selbstbestätigung nicht auf gute Noten angewiesen. Zudem war er ein «Selbst-Starter», und es fiel ihm schwer, nach den starren Richtlinien dieser Anwaltsfirma zu arbeiten. Nach einer Phase der Mutlosigkeit, unterbrochen durch hitzige Auseinandersetzungen mit seinem unmittelbaren Vorgesetzten, kündigte er und fand eine andere Stellung in einer kleineren, wenn auch weniger renommierten Firma. Dort waren die Kompetenzen jedoch nicht so bindend festgelegt, und er hatte jederzeit Zugang zu den Chefs der Kanzlei. Man forderte ihn auf, so viel Verantwortung zu übernehmen, wie er bewältigen konnte, und er ging mit gestärkter Hoffnung und Begeisterung an seine Arbeit.

Auch wenn ein streng hierarchisch gegliederter Betrieb auf einen nach Selbstverwirklichung strebenden Menschen depressogen wirken mag, kann andererseits ein locker organisiertes Team für jemanden, der auf eine klare Ordnung angewiesen ist, um sich sicher zu fühlen und etwas zu leisten, depressogen sein: «In meiner letzten Stellung fand ich mich einfach nicht zurecht. Nie war ich sicher, was von mir erwartet wurde. Es gab kaum Kontakt, und ich war mir ziemlich selbst überlassen.» Nach seiner Promotion hatte dieser junge Wissenschaftler eine gute Stellung in einem bekannten Unternehmen bekommen, wo jedem Einzelnen viel Freiheit und Verantwortung zugestanden wurde. Er war jedoch übermäßig abhängig von der Meinung anderer. Nun, da er auf sich gestellt war, arbeitete er zehn bis zwölf Stunden täglich, war perfektionistisch und wusste nie, wo die Grenzen lagen. So wurde er seiner selbst immer unsicherer und fürchtete sogar, wegen mangelhafter Leistung entlassen zu werden. Schließlich sah er ein, dass eine fester strukturierte Organisation für ihn geeigneter wäre. Er bewarb sich um eine Stellung an der Universitätsbibliothek, wo er sich, da er seine Pflichten und seinen Standort innerhalb des Instituts besser definieren konnte, sehr wohl fühlte und ausgezeichnete Arbeit leistete.

Milieus, die für alle Menschen depressogen sind

Manche Milieus sind jedoch praktisch für jeden, der darin arbeitet, von Grund auf depressogen. Wenn zum Beispiel das Gefüge einer Organisation zu kompliziert und beengt ist, wie bei vielen Bürokratien der Fall, dann kann diese Situation sowohl für diejenigen, die in der Organisation arbeiten, als auch für Außenstehende, die mit ihr zu tun haben, eine lähmende Wirkung haben. An die Stelle des persönlichen Urteils treten Formulare und Vorschriften. Je erfolgreicher die Beschäftigten sich dem System anpassen, desto mehr büßen sie ihre Entscheidungsfähigkeit und Flexibilität ein. Konstruktives Handeln wird durch Zwanghaftigkeit ersetzt, jeder Vorgang passiert unter Verzögerungen eine Reihe von hierarchischen Stufen – egal, ob es Wochen, Monate oder Jahre dauert.

Die lähmende Trägheit eines solchen Milieus wirkt deprimierend, und zwar so unterschwellig, dass den darin Beschäftigten manchmal ihre eigene Depression verborgen bleibt. «Ich wusste all die Jahre nicht, dass ich depressiv war – ich wusste es nicht, bis ich pensioniert wurde», sagte ein Beamter. «Wir saßen doch scheinbar alle im selben Boot. Ich dachte, so zu sein, das ist normal.»

Depression ist ansteckend

Zu den Merkmalen depressogener Milieus gehört auch, dass sie sich überwiegend aus Leuten zusammensetzen, die selbst an einer chronischen Depression leiden. Meist wissen sie dies selbst nicht, und oft sind Konflikte daran schuld, die sie aus ihrem Privatleben in die Arbeitswelt mitbringen. Energische, unabhängige Leute wandern meistens sehr bald ab. Die Zurückbleibenden verbreiten, der Situation angemessen, ein Gefühl der Sinnlosigkeit, das dauernd die Depression aller anderen verstärkt.

Denn Depression ist ansteckend. Schwestern und Ärzte, die in psychiatrischen Kliniken mit depressiven Patienten arbeiten, gehen oftmals am Abend erschöpft und niedergeschlagen nach Hause. Da sie Tag für Tag von Menschen umgeben sind, die über ihr Unglück jammern, die alle Bemühungen zunichte machen, ihnen Sicherheit und Mut zu geben, und sich hartnäckig weigern, an Geselligkeit oder Freizeitbeschäftigungen teilzunehmen, passiert es oft, dass sie selbst deren Pessimismus und Hoffnungslosigkeit übernehmen. Obgleich sie durch ihre Ausbildung auf dergleichen vorbereitet sind und wissen, dass die Prognose für viele dieser Patienten gut ist, sind sie nicht gegen einen solchen Einfluss gefeit.

Mit anderen Worten: Der depressive Mensch baut sein depressogenes Milieu selbst mit auf. «Ich liebe Karl. Wirklich, ich liebe ihn. Aber wenn Sie ihm nicht helfen können, Herr Doktor, dann weiß ich nicht, ob ich es noch ertragen kann.» So beschrieb eine dreiundvierzigjährige Frau das Zusammenleben mit ihrem depressiven Mann, die Auswirkungen auf sie: «Von Natur aus bin ich ein fröhlicher Mensch. Ich glaube, dass für jedes Problem eine Lösung gefunden werden kann. Aber seit einem Jahr ist Karl so pessimistisch und launisch, dass ich selbst anfange, so zu werden. Nie können wir Pläne machen. Er tut so, als gäbe es keinerlei Zukunft. Er saugt mich förmlich aus.»

In jeder Gruppe – in einer Familie, einer Firma, einer Behörde – beeinflussen diejenigen, die an der Spitze stehen, am stärksten die psychologische Qualität des Milieus. In der Firma sind es der Chef und die leitenden Angestellten, in einem religiösen Orden ist es der Abt, in der Familie sind es die Eltern. Jede Gruppe wird charakterlich geprägt durch diejenigen, die die Gruppe führen. Sind die Führer depressogen, dann ist es das Milieu ebenfalls.

Harald S. wurde mit siebenundvierzig Jahren an die Spitze eines großen Chemiekonzerns berufen. Obgleich er ein technischer Experte ohne jede Verwaltungserfahrung war, wurde von ihm erwartet, einen Betrieb mit Tausenden von Beschäftigten zu führen. Harald S. wusste nicht, dass es ihm gänzlich an Führungsqualitäten mangelte. Er hielt sich selbst vielmehr für einen guten Menschenkenner und wies daher auch den Vorschlag zurück, ein paar Monate ein Manager-Seminar mit gruppendynamischen Kursen zu besuchen.

Von Natur war er ein sehr misstrauischer und empfindlicher Mensch – empfindlich für seine eigenen Gefühle, nicht aber für die der anderen. Entscheidungen fasste er langsam, und über Probleme dachte er gern lange nach, bevor er sich festlegte. Meist hatte er keine Ahnung von den Bedürfnissen seiner Untergebenen und schloss sich gegen sie ab.

Er wollte alles, was in der Firma geschah, fest unter seiner Kontrolle halten. Er suchte zu verhindern, dass jemand genügend Profil und Einfluss gewann, um seine Macht zu gefährden. Obwohl er auf routinemäßige Vorschläge und Anfragen langsam reagierte und energische, schöpferische Angestellte kaum unterstützte, war er nachgiebig, sobald ein Abteilungsleiter, der eine Machtposition in der Firma innehatte, ihm Forderungen stellte. Als zum Beispiel der Verkaufsleiter, der für seine ausgezeichneten Beziehungen zu den Kunden bekannt war, mehr Personal und ein größeres Budget forderte und mit seiner Kündigung drohte, falls die Forderung abgelehnt würde, bewilligte er das Verlangte sofort, wenn auch widerstrebend. Wenn ihm hingegen ein einfallsreicher Plan für eine neue Geschäftspolitik in offener, konstruktiver Weise vorgetragen wurde, dann brütete er Wochen und manchmal Monate darüber. Gab er dann endlich den Startschuss, so versäumte er es in entscheidenden Augenblicken, diese Strategie zu unterstützen. Seine Neigung zu zaudern, außer wenn er zum Handeln gezwungen wurde, schuf ein gefährliches Vakuum in der Spitze des Unternehmens. Dieser Zustand wurde noch verschlimmert durch seine Vorliebe für das Prinzip: Teile und herrsche. So konnte er den einen gegen den anderen ausspielen, die Marketingabteilung gegen die Vertriebsabteilung, die anderen Direktoren gegen seine eigenen Berater. Sein Ziel: die Kontrolle behalten. Die Folge: ein schwer depressogenes Milieu.

Als Harald S. in das Unternehmen eintrat, gab es dort ein halbes Dutzend hervorragender, energischer Führungskräfte. Einer unter ihnen ahnte, was kommen würde, und kündigte sofort, als er erfuhr, wer das Ruder übernehmen sollte. Während der nächsten drei Jahre fand eine allmähliche Auszehrung statt. Einer nach dem anderen kündigte.

Einer unter ihnen machte eine schwere Depression durch, bevor er sich zu einer beruflichen Veränderung entschloss. Christian W. war zwar skeptisch, dann aber doch bereit gewesen, dem neuen Generaldirektor eine Chance zu geben. Sechs Monate nach Harald S.' Eintritt in die Firma legte ihm Christian W. einen Plan vor, der die Marktlage eines ihrer Produkte verbessern sollte. S. ließ diesen Plan drei Monate lang in der Schublade liegen und antwortete, wenn er darauf angesprochen wurde: «Ich werde mich damit befassen, sobald es mir möglich ist.» In der Folgezeit erhielt W. immer verwirrendere und widersprüchlichere Nachrichten aus S.' Büro. Zuerst wurde ihm mitgeteilt, ihm würde wegen geringerer Profitspannen im kommenden Jahr der Etat gekürzt. Dann erhielt er ein Schreiben, mit dem er für einen Vortrag vor dem Aufsichtsrat belobigt wurde.

Auf einer Vorstandssitzung machte er dann eine leicht kritische Bemerkung, dass S. noch immer mit der Stellungnahme zu seinem Marketingplan zögere. Drei Wochen darauf wurde er in S.' Büro gerufen, wo ihm diese Bemerkung vorgehalten wurde. «Wie ich sehe, haben Sie etwas gegen die Art, wie ich diesen Betrieb leite», sagte der Chef. «Wenn es Ihnen hier nicht passt, können Sie selbstverständlich gehen. Ihre Arbeit ist, ehrlich gesagt, ohnehin nicht erste Klasse.»

Erst einen Monat später erhielt W. die längst fällige Stellungnahme zu seinem Plan. S. meinte, er sei zwar gut, fügte aber hinzu, der Zeitplan für ein solches Projekt sei mangelhaft. Daraufhin war

W. begreiflicherweise niedergeschlagen und begann an sich selbst zu zweifeln. Da er vergessen hatte, was er gleich zu Anfang über den neuen Generaldirektor gedacht hatte, glaubte er bald selbst, er könne seine Leistungen nicht mehr richtig beurteilen. Er machte sich Sorgen, war nervös, fand nachts kaum Schlaf und glaubte an manchen Tagen, seine Karriere sei zu Ende. Über zehn Jahre hatte er für dieses Unternehmen gearbeitet, und bis jetzt hatte er nie daran gedacht, die Stellung zu wechseln.

Die Ursachen seiner depressiven Reaktion waren offenkundig. Als sensibler Mensch brauchte er eine gewisse Anerkennung seiner Arbeit von oben. Hätte S. im Klartext gesprochen und ihm gesagt, dass er von seiner Arbeit nichts halte, dann hätte er auf diese offene Zurückweisung klar und entschieden zu reagieren gewusst. Aber dies tat S. nicht. Stattdessen gab er unausgesprochen zweideutige Botschaften wie: «Wir wollen Sie zwar behalten, aber wir werden Ihnen keinerlei Unterstützung geben.» Und: «Ich mache mir nichts aus Ihren Beschwerden und Ihrer Kritik, aber wenn Sie nur genug Druck ausüben – wenn Sie mir drohen –, dann könnte es sein, dass ich Ihren Forderungen nachgebe.»

Und schließlich hatte S. ein geradezu pathologisches Bedürfnis, alles und jedes zu kontrollieren, selbst wenn es auf Kosten des Unternehmens ging. Um sich diese Kontrolle zu sichern, musste er seine Untergebenen demoralisieren. Vier Jahre später, nachdem ein katastrophaler Verlust festgestellt worden war, forderte der Vorstand S. auf, seinen Abschied zu nehmen. Zu diesem Zeitpunkt waren die Schlüsselpositionen der Firma ausschließlich von Leuten besetzt, die sich dem depressiven Milieu, das er geschaffen hatte, angepasst hatten und sich sogar darin wohl fühlten.

Wie Depressionen in der Familie entstehen

Die Prinzipien, nach denen depressogene Milieus entstehen, sind stets dieselben, ob in Betrieb oder Familie. Zu den Taktiken, die in Familien am häufigsten eingesetzt werden, um bei einem anderen Depressionen auszulösen, gehören:

Der Einzelne wird daran gehindert, ein gewisses Maß an Unabhängigkeit zu erreichen, während ein oder mehrere Mitglieder der Familie die Kontrolle ausüben.

Es wird Trennungsangst erzeugt. Das heißt, es wird eine Abhängigkeit gefördert, die das abhängige Mitglied davon überzeugt, dass es ohne die emotionale Unterstützung der anderen nicht überleben kann.

Es werden ambivalente Botschaften übermittelt, welche die Selbstachtung untergraben und gleichzeitig die legitime Selbstverteidigung blockieren – etwa: «Ich liebe dich, obgleich du so bist, wie du bist.»

Es werden immer wieder Schuldgefühle eingeflößt, indem der andere, ungeachtet der tatsächlichen Gegebenheiten, verantwortlich gemacht wird.

Absichten und Motive werden falsch gedeutet, sodass das weniger sichere Mitglied an seinen eigenen Vorstellungen zu zweifeln beginnt, auch wenn sie richtig sind.

Die Familienbeziehungen werden durch Rivalität vergiftet, die sich von Neid und Eifersucht nährt.

Man sorgt für ein monotones, abwechslungsarmes Milieu, das jedem Versuch widersteht, Humor, Spontaneität und Freude zu verbreiten.

Man verwehrt das offene Zeigen von Gefühlen, besonders von gesunden Wutreaktionen.

Man nutzt eine chronische Depression, um seine Wut indirekt auszudrücken und damit andere zu veranlassen, sich hilflos schuldig und verwirrt zu fühlen.

Man blockiert die offene und direkte Kommunikation.

Während der letzten Jahrzehnte haben die Psychotherapeuten zunehmend erkannt, wie wichtig es ist, die ganze Familie zu behandeln und die Therapie nicht auf den einen Menschen zu beschränken, der zum «Patienten» erklärt wird. Dagegen nahm die psychoanalytisch orientierte Therapie an, der depressive Mensch sei, sobald er sich erholt hätte, in der Lage, mit allen außer den destruktivsten Umweltbedingungen fertig zu werden. Es zeigte sich aber, dass bei vielen Patienten irgendwann ein Stillstand eintrat, der die weitere Besserung blockierte. Dies wurde anfangs als «Widerstand» gedeutet. Heute aber weiß man, dass die Familienmitglieder des Patienten häufig ein begründetes Interesse haben, ihn daran zu hindern, seine Depression gänzlich zu überwinden. In solchen Fällen bemühen sich die Therapeuten oft, die Familie in die therapeutische Arbeit mit einzubeziehen, um die depressogenen Elemente zu Hause zu verändern. Manchmal gelingt es dem Patienten mit Hilfe seiner neuen Einsichten, selbst die Einstellung der anderen Familienmitglieder zu ändern. Manchmal aber bricht die Kommunikation innerhalb der Familie völlig zusammen, und dem Patienten bleibt dann oft nichts anderes übrig, als sich von ihr zu trennen.

Die Psychiater G. Bach und P. Wyden beschreiben in ihrem Buch ‹Formen für faire Partnerschaft in Liebe und Ehe› die verschiedenen Formen der Destruktivität, der Feindseligkeit zwischen Ehepartnern, und berichten über eine besonders sadistische List, die sie als «Gaslicht-Trick» bezeichnen. Der Gaslicht-Trick, bei dem es darum geht, die Wahrnehmung des Opfers von sich selbst und seiner Umgebung zu erschüttern, stammt aus dem Film ‹Gaslicht›. Ingrid

Bergman spielt darin eine junge Braut, die von ihrem Mann um den Verstand gebracht wird. Neben anderen satanischen Manövern drehte Charles Boyer, ihr Mann, dauernd die Beleuchtung auf und ab, leugnete aber, dass das Licht flackerte. Seine Frau wusste nicht: Sollte sie an ihre eigene Wahrnehmung glauben, dass nämlich die Lampen flackerten, oder ihrem Mann, der darauf beharrte, dass sie es nicht täten? Im Alltag gibt es genug Variationen dieses Themas: Durch Leugnen der Wirklichkeit wird das Opfer allmählich in die Depression getrieben.

Im folgenden Beispiel ließ sich die Depression eines heranwachsenden Mädchens dadurch erklären, dass ihre Mutter ähnliche Gaslicht-Techniken gegen sie einsetzte. «Ich habe keinerlei Vertrauen zu mir», sagte das Mädchen. «Ich fühle mich nicht attraktiv. Ich bin eine ganz ordentliche Schülerin, aber eigentlich nichts Besonderes. Ich weiß nicht, was ich mit meinem Leben anfangen soll. Aber das macht ja nichts – ich bin erst siebzehn. Viel schlimmer ist, dass ich es nicht fertig bringe, mir eigene Gedanken über mich selbst zu machen. Dauernd muss ich darüber nachdenken, was meine Mutter wohl über mich denken mag. Sie sagt, ich sei fett und blöde. Wenn ich dann weine, fragt sie mich, worüber ich mich denn bloß aufrege. Ein paar Mal wurde ich wütend auf sie. Sie tat, als sei sie wirklich gekränkt, als hätte ich ihr etwas Schreckliches angetan. Sie warf mir vor, ich sei undankbar für all das, was sie für mich getan habe.

Für mich getan? Was hat sie denn schon für mich getan? Ich wäre gern auf eine Oberschule gegangen. Wir konnten es uns leisten. Sie war dagegen. Als ich ein paar Mal etwas später aus der Diskothek heimkam, nannte sie mich Nutte und Schlampe. Ich weiß nicht mehr, was ich tun soll. Ich kann es ihr nie recht machen. Ich kann es mir selbst nicht mehr recht machen.

Von Papa kriege ich keinerlei Unterstützung. Er ist still, er macht nie den Mund auf. Mama erzählte mir, dass sie ihn ein oder zwei Jahre nach der Hochzeit verlassen wollte, dass es aber meinetwegen nicht ging. Immer wenn ich mit ihm über etwas Ernsthaftes sprechen will, weist er mich ab. Trotzdem tut er mir schrecklich Leid. Er ist so eine traurige Figur. Ich verstehe nicht, warum er bei ihr geblieben ist. Sie behandelt ihn, als wäre er ein Nichts, weniger als ein Nichts.»

Die Mutter dieses Mädchens – hart, egoistisch, Schuld einflößend, dominierend – hatte den entscheidenden Einfluss in der Familie. Im Laufe der Jahre war es ihr gelungen, ihren Mann dahin zu bringen, dass er sich in seine eigene private Welt zurückzog, während sie selbst ohne Unterlass ihre Tochter kaputtmachte. Ihre unbewussten Motive waren: Rivalität, worin sich ihr Neid auf die Jugend und Attraktivität der Tochter ausdrückte; Kontrolle, um ihre Tochter daran zu hindern, von ihr unabhängig zu werden; Verleugnung, um die Aufmerksamkeit auf die Probleme und Schwierigkeiten anderer Familienmitglieder zu lenken und Kritik von sich selbst abzuwehren. Der Mann litt seit langem an einer chronischen Depression. Die Tochter war bei ihrem Versuch, sich dem Einfluss ihrer Mutter zu entziehen, akut depressiv geworden und hatte sich an einen Arzt gewandt: Er sollte ihr helfen, ihre Unabhängigkeit zu finden.

Der Verhaltenspsychologe B. F. Skinner hat auf das merkwürdige Phänomen hingewiesen, dass «Glücksspieler anscheinend gegen das Gesetz von Ursache und Wirkung verstoßen, weil sie weiterspielen, auch wenn ihr Nettogewinn negativ ist». Mit anderen Worten: Der Spieler gewinnt oft genug, sodass er, obgleich er am Ende immer verliert, weil eben die Chancen bei Spielautomaten und Glücksspielen gegen ihn programmiert sind, dennoch weiterspielen wird. Skinner erklärt dies durch den Einfluss dessen, was er als «Verstärkung durch das Schema der variablen Proportionen» bezeichnet. Ein ähnliches Gesetz scheint auch menschliche Beziehungen zu regieren: «Ich liebe dich» kann mit Worten und Taten gerade oft genug gesagt werden, um den anderen in der Beziehung gefangen zu halten, auch wenn er immer wieder auf Gleichgültigkeit, ja sogar Verachtung stößt und, wie der Glücksspieler, am Ende verliert. Die «Beziehungs»-Spiele mancher Leute sehen daher so aus: Durch dauernd wechselnde Heiß-Kalt-Botschaften wird der tiefer engagierte Partner so verunsichert, dass Depressionen die unausbleibliche Folge sind.

Eine junge Frau schilderte dem Arzt, wie sie eine solche Beziehung erlebte: «Ich komme nicht los von ihm. An einem Wochenende nimmt er mich mit in die Berge und sagt mir, ich bin sein Leben. Die Woche darauf verschwindet er spurlos für vierzehn Tage, und wenn er dann wiederkommt, tut er so, als sei ich eine Bekanntschaft unter vielen. Er erzählt mir sogar von anderen Mädchen, mit denen er ausgeht. Aber immer wenn ich alle meine Kraft zusammennehme, um der Sache ein Ende zu machen, dann legt er sich mächtig ins Zeug und sagt mir, dass wir irgendwann, irgendwie zusammenleben werden. Manchmal möchte ich nur noch sterben. Ich sehe keine Möglichkeit, ihn loszuwerden.»

Dass eine Situation depressogen ist, wird mitunter erst offenkundig, wenn eine bedeutsame Änderung eintritt. Handelt es sich dabei um eine totale Veränderung – etwa wenn ein fest strukturiertes Milieu sich auflöst –, dann führt der Konflikt zwischen den alten und den neuen Normen zur Verwirrung und Unsicherheit. Je stärker jemand auf die hergebrachte Struktur eingestellt war, desto wahrscheinlicher ist es, dass er Depressionen durchmacht, sobald er sich an die neue Struktur anzupassen versucht.

Immer wenn eine Organisation eine größere Veränderung durchmacht – selbst wenn die Hoffnung besteht, sie auf neuer, effektiverer Ebene zu restrukturieren –, dann werden einige ihrer Mitglieder, die chronisch depressiv waren, sich dessen vielleicht erstmals bewusst, während andere erst in der Reaktion auf die Veränderung depressiv werden. Ein solcher Umbruch bietet dem Einzelnen, welcher der beiden Gruppen er auch angehören mag, eine echte Chance, seine emotionalen Konflikte zu lösen und aus seiner Depression zu lernen: Wie man mit anderen zusammenarbeiten kann, um ein Milieu zu schaffen, das nicht mehr depressogen ist.

Kapitel 16

Der deprimierte Mitmensch oder: Ein anderer Knigge

Diana B. fragte sich, warum sie seit beinahe zwei Monaten von ihrer engen Freundin Laura nichts gehört hatte. Zuerst nahm sie an, Laura sei zu beschäftigt, um auf ihre Briefe zu antworten. Als Wochen vergingen, fragte sie sich, ob sie Laura vielleicht irgendwie beleidigt hatte, doch es fiel ihr nichts Besonderes ein. Eine gewisse Gekränktheit machte allmählich einer Verärgerung Platz: «Zumindest könnte sie mich anrufen.» Schließlich, als sie sich doch sehr zurückgewiesen fühlte, dachte sie sich: wieder eine gute Freundin verloren, und ohne ersichtlichen Grund.

Was Diana B. nicht wusste, denn Laura hatte es ihr nicht gesagt – Laura war deprimiert. Da sie deprimiert war, hatte sie sich von ihren Freunden zurückgezogen, wollte ihnen ihre Stimmung und ihr Unglück nicht zumuten. Sie wollte nicht, dass sie sich vergeblich mühten, «sie aufzuheitern». *Weil der Rückzug ein übliches Merkmal der Depression ist, hat der «andere» oft den Eindruck, dass der depressive Mensch ihn zurückweist.* «Meine Frau ist nicht mehr dieselbe», berichtete der Ehemann. «Wenn ich versuche, mit ihr über das Geschäft, über Freunde oder über die neuen Möbel zu sprechen, ernte ich nicht nur keine Begeisterung, ich bekomme manchmal überhaupt keine Antwort. Bestenfalls ein ‹Hm›. Wenn ich sie zur Rede stelle, entschuldigt sie sich bloß. Wenn ich sie frage, was los ist, so gibt sie keine Antwort. Und frage ich sie, ob ich ihr etwas getan hätte, dann sagt sie ‹Nein›, aber sie tut so, als hätte ich es doch getan. Kein Wunder, dass ich mit den Nerven fertig bin. Ich fühle mich schrecklich verantwortlich, aber ich weiß nicht, wofür.»

Lebt jemand mit einem depressiven Menschen zusammen oder hat sonst wie mit ihm zu tun, dann kann es sein, dass er sich irgendwie für das Unglück des anderen verantwortlich fühlt. Die Schuldgefühle, die bei ihm entstehen, führen nicht selten dazu, dass der Betreffende den depressiven Menschen zu meiden sucht. Gerade weil er sich keiner Schuld bewusst ist, macht der stumme Vorwurf des anderen ihn reizbar und nervös. Als einmal ein Therapeut gefragt wurde, ob die Arbeit mit depressiven Patienten ihm unangenehm sei oder ihn Nerven koste, antwortete er: «Weniger als man meinen sollte, denn ich habe mehr Abstand als die Familienangehörigen des Patienten. *Ich weiß* wenigstens, dass *ich nicht* die Ursache seines Unglücks bin.»

Die anderen werden sich umso eher zurückgewiesen oder schuldig fühlen, je weniger es für den depressiven Menschen einen Grund gibt, deprimiert zu sein. Wo sein Unglück einen leicht erkennbaren Grund hat, brauchen weder er noch seine Angehörigen oder Freunde lange zu rätseln, was wohl mit ihm los sei. Aber wenn die Depression auf ein offenbar glückliches Ereignis – die Geburt eines Kindes, eine berufliche Beförderung oder den Umzug in ein neues Haus – folgt, dann ist die scheinbar fehlende Verbindung zwischen beiden Vorgängen verwirrend.

Nicht selten unterschätzt ein Mensch, der nie depressiv war, das Leiden seines depressiven Mitmenschen wie auch die mögliche Dauer der Depression. «Reiß dich zusammen, Helene! Deine Mutter ist jetzt über drei Monate tot.» – «Wie kannst du behaupten, unsere Ehe sei schrecklich, wo wir doch acht Jahre lang glücklich waren.» – «Ich verstehe nicht, wieso du so verzweifelt über dein Aussehen bist, dass du nicht unter Menschen gehen willst.» – Sätze wie diese, in bestürztem und bösem Ton ausgesprochen, sind die übliche Reaktion auf den depressiven Menschen, wenn seine Angehörigen über den Grund seiner Verstimmung rätseln.

Menschen, die nie Depressionen durchgemacht haben, neigen zur Ungeduld mit dem depressiven Menschen. Es ist eine Ungeduld, die zum Teil durch dessen Langsamkeit und Entschlusslosigkeit sowie durch die lange Dauer der Depression bedingt ist. Diese Ungeduld kann auch eine Reaktion auf die Wut und Aggression sein, die sich hinter der Depression des Partners verbergen.

Wenn jemand nervös ist, dann wird er wahrscheinlich auch bei seinen Mitmenschen Nervosität hervorrufen. Wenn jemand depressiv ist, dann wird er – wie im vorhergehenden Kapitel dargestellt – eine deprimierende Wirkung auf seine Umgebung ausüben. Daher sind diejenigen, die dem depressiven Menschen helfen möchten, oft nicht imstande, sich *empathisch* in ihn hineinzuversetzen, denn seine Hoffnungslosigkeit ist ansteckend. Natürlich verstärkt dies nur wieder die Verzweiflung des depressiven Menschen und seine Überzeugung, abgelehnt und missverstanden zu werden.

Besonders den Anhängern der Meinung, dass Willenskraft alles sei, fällt es schwer, einen deprimierten Menschen zu verstehen oder mit ihm auszukommen. Sie nehmen irrtümlich an, dass «man so ist, wie man sein will», und erkennen in der Einstellung und im Verhalten des depressiven Menschen einen Grundsatz, den sie unerträglich und geradezu provozierend finden. Der Psychiater L. Kubie hat Willenskraft einmal als die Energie definiert, die erforderlich ist, um eine neurotische Blockierung – etwa eine phobische oder zwanghafte Angst – zu überwinden. Für den depressiven Menschen bedeutet Willenskraft schon die Energie, die er braucht, um einfach weiterleben, seinen Pflichten nachkommen, Menschen begegnen, reden zu können – obwohl er im Grunde den Drang verspürt, sich zurückzuziehen. Aber wer selbst nie depressiv war, wer glaubt, man müsse sich nur zwingen, fröhlich zu sein, für den ist die Depression ein geheimnisvolles, widersprüchliches Geschehen.

Eine Frau, die unter einer leichten Depression litt, konnte abends schlecht einschlafen und wachte noch dazu regelmäßig gegen ein Uhr in der Nacht auf. Tagsüber fühlte sie sich dann wie zerschlagen. «Du bist selber schuld, wenn du immer müde bist», redete ihr Mann auf sie ein. «Du musst dich einfach *zwingen*, früher ins Bett zu gehen und ruhig dazuliegen, bis du einschläfst. Es ärgert mich, dass du es nicht wenigstens versuchst.» Je mehr er sie drängte, ihre Schlafstörungen in den Griff zu bekommen, umso schwerer fiel es ihr, überhaupt einzuschlafen. Es endete damit, dass sie sich abends davor fürchtete, ins Bett zu gehen.

Wie jemand auf den depressiven Menschen reagiert, ist eng verknüpft mit der Form der Depression und der Reaktion des depressiven Menschen auf seine Stimmung. «Meine Tochter hat schreckliche Probleme in ihrer Ehe», klagte eine ältere Dame. «Ihr Mann hat eine andere kennen gelernt. Sie weiß davon. Aber keiner von beiden will die Scheidung. Meiner Tochter geht es wirklich schlecht. Sie weint die ganze Zeit. Ich möchte ihr helfen, aber sie lässt mich nicht. Ich habe ihr vorgeschlagen, mit einem Psychiater zu sprechen. Sie sagte, nein, sie habe das nicht nötig. Außerdem hat sie Angst, er würde ihr sagen, sie soll ihre Koffer packen und gehen. Das möchte sie nicht. Ich kann Ihnen nicht sagen, wie unglücklich und hilflos ich bin.» Diese Frau, die mehrmals im Laufe ihres Lebens selbst Depressionen durchlitten hatte, war mit ihrer Tochter nicht ungeduldig. Eher war sie hilflos: «Ich weiß, sie braucht ärztliche Hilfe, und im Grunde weiß sie das auch, aber sie will einfach nichts unternehmen!»

Am schwierigsten ist für die anderen nicht der Umgang mit der offenen, sondern mit der indirekten Form der Depression, die vorliegt, wenn der Betreffende selbst seine Depression nicht erkennt oder seine Konflikte durch Verhaltensformen wie übermäßigen Alkoholkonsum zu lösen sucht. Wenn er ständig alles und jeden für sein Elend verantwortlich macht, wird es seinen Nächsten schwer fallen, sich in ihn hineinzuversetzen und ihm zu helfen. Wenn dagegen die Depression klar und deutlich erlebt wird und wenn der depressive Mensch begreift, warum es ihm schlecht geht, dann ist es viel leichter, ihm behilflich zu sein. R. May schreibt in seinem Buch ‹Paulus› über die Depressionen, die ein Mann wie Paul Tillich durchmachte: «Seine Depressionen machten uns andere nie deprimiert, denn sie waren offen ... Wenn wir unsere Depression offen und frei eingestehen, dann beziehen die anderen Menschen daraus eher ein Erlebnis der Freiheit denn Depressionen.»

Heftigere Formen der Depression können auf den anderen beängstigend wirken. «Mein Mann schlief nachts nur zwei bis drei Stunden», sagte eine vierunddreißigjährige Frau. «Trotzdem ging er jeden Tag zur Arbeit. Wenn er nach Hause kam, war er wie gerädert. Oft ging er ins Schlafzimmer, schloss die Tür ab und weinte. Ich konnte ihn hören. Wenn ich versuchte, mit ihm zu sprechen, akzeptierte er meinen Trost eine Weile, aber irgendwann stand er vom Bett auf und ging rastlos auf und ab. Er las nie Zeitung, sah sich nie das Fernsehprogramm an. Er sprach auch nie von Selbstmord, aber er schien so verzweifelt, dass ich Angst hatte, er könnte sich etwas antun. Er sagte zwar, dies würde er nie tun. So ein Gedanke sei ihm nie in den Sinn gekommen. Aber ich konnte einfach nicht begreifen, warum er so unglücklich war.

Auch mir geht es manchmal schlecht, aber meist weiß ich, warum, und es dauert selten länger als einen Tag. Bei ihm dauerte es Wochen. Ich machte mir immer mehr Sorgen, bis er durch die Therapie eine gewisse Besserung zeigte. Und sogar jetzt noch, sechs Monate später, kriege ich es mit der Angst zu tun, wenn er in der Nacht aufsteht oder einen etwas besorgten Eindruck macht.»

Die Reaktion des anderen auf den depressiven Menschen wird stark beeinflusst durch gewisse Konflikte, die durch die Depression verursacht werden oder zu ihr beitragen. Ein Beispiel sind Abhängigkeitskonflikte. «Beinahe seit Beginn unserer Ehe wollte Hans dauernd mit mir zusammen sein, wenn er nicht im Dienst war», berichtete seine Frau. «Zuerst war das romantisch. Aber jetzt, nach zwei Jahren, ist es erdrückend. Er hatte früher so viele Interessen. Er wirkte unabhängig und entschlossen – ein Mann, wie ich ihn mir wünschte. Aber jetzt ist es, als hätte ich ein zweites Kind daheim. Immer bin ich es, die Pläne machen muss. Er verbringt Stunden vor dem Fernseher. Ich habe das Gefühl, dass er mich auf eine anomale Art braucht – dass er, wenn mir etwas zustieße, zusammenbrechen würde. Das ist eine furchtbare Verantwortung. Es macht mich buchstäblich fertig. Ich liebe und brauche ihn auch, aber nicht so.»

Ein weiteres Beispiel ist der Verlust des sexuellen Verlangens. Nicht selten verliert der depressive Mann, ganz gleich welchen Alters, das sexuelle Interesse und die Potenz. Dies kann von seiner Frau oder Freundin als sexuelle Ablehnung missverstanden werden. «Mein Mann hat seit Monaten nicht mit mir geschlafen. Es klappte immer sehr gut im Bett. Jetzt frage ich mich, ob er eine andere gefunden hat. Einige Zeit habe ich ihn deswegen bedrängt, aber je mehr wir es dann versuchten, desto weniger konnte er. Wenn ich nur wüsste, was wir falsch gemacht haben.»

Wie jemand auf den depressiven Menschen reagiert, wird auch von seiner eigenen Persönlichkeit beeinflusst. Es ist leichter zu verstehen, was der depressive Mensch durchmacht, wenn man selbst schon einmal Depressionen erlebt hat. Wer sich andererseits vor seinen eigenen Gefühlen fürchtet, der wird durch die Depression eines anderen besonders stark beunruhigt. Der Ehemann einer depressiven Frau fürchtete so sehr, selbst depressiv zu werden, dass er sich von seiner Frau trennen wollte, bis sie sich in Behandlung begäbe. «In ihrer Nähe hatte ich Angst, ich weiß nicht, warum. Ich konnte nichts sagen oder tun, um sie zu trösten. Meine Zunge war wie gelähmt. Schließlich musste ich für einige Zeit fort. Ich machte sie nur noch unglücklicher, wenn ich mich vergaß. Sie wusste, dass es nichts mit meiner Liebe zu ihr zu tun hatte. Ich konnte das nur nicht aushalten.»

Jeder Mensch ist irgendwie bereit, sich für das Unglück eines anderen, den er liebt, die Schuld zu geben. Leicht übernimmt er dann für etwas die Verantwortung, wofür er gar nichts kann. Andererseits wird der depressive Mensch, sobald es ihm besser geht, seinem Ärger Luft machen und seine Aggressionen zeigen können. Wenn seine Angehörigen dies nicht hinnehmen wollen, weil sie selbst Schwierigkeiten haben, mit Gefühlen wie Wut und Ärger fertig zu werden, dann können drei Dinge geschehen: Erstens können sie den Betreffenden veranlassen, seine Gefühle wieder zu unterdrücken, zweitens kann ein offener Konflikt eintreten, und drittens können sie selbst depressiv werden.

Der Vater eines sechzehnjährigen Jungen erzählte, wie sein Sohn, als er sich von einer Depression erholte, Wutausbrüche bekam, denen die Familie kaum gewachsen war: «Heinz war immer ein guter Junge … In der Schule ordentlich … Immer guter Dinge. Nie hat er uns Kummer gemacht. Dann, als er fünfzehn war, wurde er plötzlich mürrisch und verdrossen. Irgendetwas plagte ihn, aber er erzählte uns nichts. In der Schule ließ er nach und schwänzte den Unterricht. Er traf sich nicht mehr mit seinen Freunden. Auf den Rat unseres Hausarztes hin gingen wir mit ihm zur psychologischen Beratung. Nach ein paar Wochen bekam er auf einmal Wutausbrüche gegen seine Mutter und mich. Wir waren so was nicht gewohnt. Er beschuldigte uns, wir würden ihm seine Unabhängigkeit nehmen und ihn hindern, erwachsen zu werden. Dann wieder drehte er völlig durch, weil irgendetwas nicht stimmte – wenn das Abendbrot zu spät kam oder wenn eine Reise verschoben werden musste.

Es war, als hätten wir einen Fremden im Haus. Schlimmer noch, es war qualvoll, weil wir nicht wussten, was wir tun sollten. Was er sagte, kränkte uns – besonders mich. Ich bin so erzogen, dass ich nie respektlos gegen meine Eltern gewesen wäre, und manchmal habe ich ihn hart zurechtgewiesen. Heute weiß ich, dass er diese Phase durchmachen musste. Dass er seiner Wut Luft machen musste, gehörte zu seiner inneren Loslösung von uns und zur Überwindung seiner Depression.»

Leitfaden für den richtigen Umgang mit depressiven Mitmenschen

Um dem depressiven Mitmenschen zu helfen, sich durch Einsicht von seiner Depression zu erholen, müssen Angehörige, Freunde und Kollegen ihr Verhalten ihm gegenüber ändern. Hierfür nennen wir im Folgenden einige wichtige grundsätzliche Regeln:

Begreife, dass der depressive Mensch wirklich leidet. Ganz gleich, ob die Umstände das Ausmaß seiner Reaktion zu rechtfertigen scheinen oder nicht, sein Schmerz ist real und nicht geheuchelt. Man sagt, die Depression sei eine Taktik, um andere zu manipulieren und zu kontrollieren. Das ist sie nicht. Es trifft zwar zu, dass Menschen, die dazu neigen, andere zu manipulieren, zu diesem Zweck mitunter auch Depressionen einsetzen. Doch die Depression an und für sich ist keine List, falls nicht die Persönlichkeit des depressiven Menschen bereits so konstruiert ist. Selbst wenn die Depression ein Ausdruck von Wut oder eine Bitte um Verständnis ist, tut sie doch weh. Jeder Versuch, dem depressiven Menschen einzureden, seine Stimmung sei unbegründet, wird unbedingt sein Gefühl verstärken, verlassen und zurückgewiesen zu sein.

Bemitleide den depressiven Menschen nicht, sondern versetze dich in ihn hinein. Bemitleidet man ihn, so verstärkt dies nur seine Hoffnungslosigkeit und bestätigt seine geringe Selbstachtung. Es kann ihn auch noch hilfloser und abhängiger machen.

Konfrontiere den depressiven Menschen nicht mit unerträglichen Wahrheiten. Ein zweiundvierzigjähriger Mann beschloss, in seiner Ehe reinen Tisch zu machen, indem er seiner Frau eingestand, dass er ein Verhältnis hatte. Seine Frau war im Anschluss an den Tod ihres Vaters einige Monate etwas depressiv gewesen. Ohne auf ihre Stimmung zu achten, erleichterte er durch dieses Geständnis seine eigenen Schuldgefühle – unter allen Umständen eine höchst zweifelhafte Taktik – und löste dadurch bei ihr einen Selbstmordversuch aus. Wenn strittige Fragen wirklich diskutiert werden müssen, dann ist es meist besser zu warten, bis der Betreffende nicht mehr depressiv ist.

Biete realistische Hoffnung. Es ist wichtig, den depressiven Menschen zu beschwichtigen – ihm zu sagen, dass alles gut werden wird. Aber dies muss wohl überlegt geschehen. Er glaubt in diesem Augenblick einfach nicht, dass irgendetwas gut werden könnte. Auch wenn er Ermutigung braucht, wird er ihr wahrscheinlich nicht trauen. Wenn wirkliche Gefahren – finanzielle Schwierigkeiten, eine Scheidungsdrohung, die Krankheit eines Kindes – vorliegen, so wird er sie gar nicht leugnen wollen. Tut man so, als sei alles in Ordnung, während in Wirklichkeit etwas gar nicht in Ordnung ist, so ist dies kaum das rechte Mittel, um jemanden zu beruhigen. Eine Frau erzählte ihrem depressiven Mann immer wieder, um ihm zu helfen, dass sie ihn liebte und «immer bei ihm bleiben würde», obgleich sie seit Monaten regelmäßig einen psychologischen Berater aufsuchte, um ihre, wie sie meinte, verfahrene Ehe ertragen zu können. Diese Beschwichtigung wirkte nicht, weil er durch nichtverbale Botschaften von ihr erfuhr, dass sie nicht die Wahrheit sagte.

Jede Beschwichtigung muss auf Tatsachen beruhen. Der depressive Mensch – ob seine Stimmung nun einen Tag, eine Woche oder einen Monat andauert – hat den Abstand zu den Dingen verloren. Wenn er depressiv ist, dann will er eben alles schwarz sehen, auch wenn er weiß, dass dies nicht den Tatsachen entspricht.

Ein Mann, der ein guter Vater, ein guter Ehemann und ein erfolgreicher Geschäftsmann war, glaubte während seiner Depression, er habe auf allen diesen drei Gebieten versagt. Als seine Frau erkannte, dass er sich unrecht tat, fand sie Mittel und Wege, um ihn behutsam daran zu erinnern, wie viel er ihr und den Kindern bedeutete. Instinktiv tat sie dies mit ruhiger Stimme, immer wieder, ohne zu übertreiben. Auch ließ sie öfter eine beruhigende Bemerkung fallen, die er sehr wohl hörte, auch wenn er nicht antwortete. Der Therapeut weiß, dass die Zähigkeit der Depression häufig solcher Beschwichtigung entgegenarbeitet und dass eine zu starke Betonung der positiven Aspekte der Persönlichkeit und der Lebenssituation des Betreffenden ihn nur noch tiefer in seine Depression hineintreiben wird, da er sich selbst beweisen muss, dass alles hoffnungslos und er selbst verloren ist.

Wie weit ein Angehöriger oder Freund sich engagiert, um dem depressiven Menschen zu helfen, hängt von der Art ihrer Beziehung ab. Es ist nicht ratsam, dass ein weitläufiger Bekannter diese Verantwortung übernimmt. Er kann zu verstehen geben, dass er stets für ihn da ist. Er kann ihn auch unterstützen. Aber er sollte nicht die Grenzen ihrer Beziehung überschreiten.

Doch der nahe Freund oder Verwandte hat dafür eine umso größere Verantwortung. «Ich brenne nicht gerade darauf, etwas für ihn zu tun – aber ich muss», sagte die Frau eines Mannes, der seit beinahe drei Jahren unter depressiven Stimmungen litt. Schließlich konsultierte sie auf den Rat eines Freundes den Psychiater. «Ich komme mir hier albern vor», bemerkte sie. «Ich weiß wirklich nicht, was Sie für ihn tun können.» Der Psychiater zeigte ihr, wie sie ihren Mann überreden konnte, eine Behandlung aufzunehmen. Auch half er ihr, sich ein neues Bild von der Depression ihres Mannes zu machen. «Ich hatte langsam geglaubt, dass er sich nichts mehr aus mir machte. Ich konnte nicht anders, als seine Mutlosigkeit als eine Art Schwäche aufzufassen. Ich glaubte, unsere Ehe sei zerstört. Jetzt erkenne ich, dass all dies die Folge und nicht die tiefere Ursache seiner Depression war. Sie haben mir wieder Hoffnung gegeben, Herr Doktor!»

Die Familie des depressiven Menschen kann entscheidend dazu beitragen, seine Heilung zu beschleunigen. Indem sie das Wesen der Depression versteht und für ihn da ist, wenn er sie braucht, kann sie ihm helfen, seine Depression zu verarbeiten – um gemeinsam neue und bessere Beziehungen aufzubauen.

Kapitel 17

Die Anatomie der Melancholie
oder: Gehirne in der Mangel

Nicht alle Menschen, die Depressionen durchmachen, werden schwer depressiv. Einige aber sehr wohl. Dann ist die Depression eindeutig ein medizinisches Problem und rechtfertigt das Eingreifen eines Arztes. Die manisch-depressive Reaktion, die agitierte Depression, die paranoide Form der Depression, der schwere Panikzustand, der den depressiven Menschen überwältigen kann – alle diese Zustände verlangen ganz spezifische psychotherapeutische und biologische Behandlungsmethoden, wozu mitunter auch die Einweisung in die Klinik gehört.

Es gibt innerhalb der Psychiatrie eine umstrittene Bewegung, die das traditionelle diagnostische Denken aufgeben und durch die Vorstellung ersetzen will, dass der depressive Mensch Teil eines Interaktionssystems ist, das noch andere Menschen seiner Umgebung einbezieht. Diese Einstellung, die dazu führt, dass man den Patienten nicht als «krank» definiert, hat einiges für sich. Die Diagnose kann tatsächlich leicht zu einer irreführenden und kompromittierenden Etikettierung werden. Da der mit diagnostischen Begriffen verbundene Ausdruck «geisteskrank» so abstoßend klingt, fürchten sich viele Menschen davor, ihre eigene Depression als solche zu akzeptieren, und unternehmen daher auch nichts dagegen.

Die traditionelle Auffassung, die den Patienten als «krank» abstempelt, kann dazu führen, dass wir unterschätzen, in welchem Maß er tatsächlich ein Opfer anderer ist, die vielleicht eine Unmündigkeit gebrauchen, um ihr eigenes Gleichgewicht zu bewahren. Seine Heilung kann eine Veränderung seiner Umwelt erzwingen. Außerdem haben solche Etikette einen schlechten Einfluss auf die Besserungsaussichten. Ausdrücke wie «schizoaffektive Störung» und «manisch-depressive Psychose» vermitteln einen ungerechtfertigten Eindruck der Unheilbarkeit, selbst wenn viele Patienten mit einer solchen Diagnose vorzügliche Heilungschancen haben, besonders seit es die Therapie mit Präparaten aus der Gruppe der Phenothiazine sowie Lithium gibt. Auch ist die Diagnose oft von kulturellen Vorurteilen abhängig. In England zum Beispiel wird die Diagnose «manisch-depressive Reaktion» häufig auf Patienten angewandt, die in den USA als «schizophren» diagnostiziert werden würden.

Diagnostische Begriffe können auch dann irreführend sein, wenn sie so missverstanden werden, als wären Menschen, die sich nicht in bestimmte Kategorien emotionaler Störungen einfügen lassen, die keine Halluzinationen, Wahnvorstellungen oder schwere Stimmungsschwankungen zeigen, notwendig heil und gesund. Nichts wäre weiter von der Wahrheit entfernt. Persönlichkeitsstörungen mit einer narzisstischen, hysterischen, passiv-aggressiven oder zwanghaften Symptomatik sind ebenso verheerend wie tief gehende Denk-, Gemüts- und Wahrnehmungsstörungen. Weil die davon Betroffenen sich oft für vollkommen normal halten, leidet ihre Umgebung meist stärker unter solchen Störungen als sie selbst. Das starke Bedürfnis, andere zu kontrollieren, die Neigung, bei anderen Schuldgefühle und Abhängigkeit zu erzeugen, die ausgeprägte Ich-Bezogenheit und Unempfindlichkeit usw. sind nicht weniger problematisch als eine Depression. Manchmal sind sie sogar gefährlicher.

Wollte man aber leugnen, dass es überhaupt so etwas wie Geisteskrankheit gibt, dann wäre dies mehr als nur medizinische Unvernunft. Eine solche Einstellung kann nämlich die Familie eines Patienten um jede Möglichkeit bringen, wirklich zu verstehen, was dieser durchmacht. Der Vater eines Jungen, der drei Jahre lang wegen einer Schizophrenie in klinischer Behandlung war, berichtete über seine Erfahrung: «Als mein Sohn erstmals erkrankte, war er dreizehn. Er war depressiv und machte einen Selbstmordversuch. Sein Verhalten wirkte auf uns sehr befremdlich, zum Beispiel murmelte er unzusammenhängende Sätze vor sich hin. Als er ins Krankenhaus kam, dachte ich, er würde nur ein paar Monate dort bleiben. Ich tat alles, um mit den Ärzten zusammenzuarbeiten. Ich lieferte den Sozialarbeitern eine vollständige Geschichte unserer Familie.

Wenn ich meinen Sohn besuchte, dann versuchte ich alles zu tun, was sie mir gesagt hatten ... Ließ ihn wütend auf mich werden, wenn er wollte ... vermied, über Dinge zu sprechen, die ihn hätten aufregen können. Meine Frau und ich wurden von Schuldgefühlen gepeinigt. Je länger die Krankheit dauerte, desto schuldiger fühlten wir uns. Ich versuchte von den Ärzten zu erfahren, was ihm fehlte, aber sie sprachen mit mir nur über die Theorie der Familienbeziehungen. Ich nahm an, sie meinten, die Krankheit meines Sohnes sei das Ergebnis von Problemen zwischen mir und meiner Frau und wir hätten ihm in seiner Kindheit etwas Schreckliches angetan. Erst zwei Jahre später erfuhr ich von einem Arzt, der hinzugezogen wurde, dass er unter einer Form von Schizophrenie litt. Er erklärte mir, was das bedeutet. Zum ersten Mal erkannte ich, dass bei der Krankheit meines Sohnes eine Menge Dinge mitspielten – Chemie, Genetik, Sachen, die vielleicht während der Schwangerschaft passiert waren und die unmöglich in unserer Macht standen. Da waren wir zum ersten Mal von den furchtbaren Schuldgefühlen befreit.»

Ein vorsichtiger Umgang mit der Diagnose ist auch die beste Voraussetzung für die medizinische Behandlung. Depression – das ist nicht nur eine Stimmung, sondern auch eine Diagnose. Bei einer ausgewählten Gruppe von Patienten – die schwer depressiven Patienten und Patienten mit *manisch-depressiven Reaktionen* (die man heute als *bipolare Störungen* bezeichnet) – ist die Diagnose von entscheidender Bedeutung für die Aufklärung der Ursachen und für die Wahl der richtigen Therapie. *Hat man es zum Beispiel nur mit einer Depression zu tun – einer unipolaren Depression oder einer Dysthymie –, bietet sich die Behandlung mit trizyklischen Antidepressiva oder SSR-Hemmern an. Tritt die Depression jedoch in Verbindung mit einer bipolaren Störung auf, empfiehlt es sich, Lithium oder ein krampflösendes Mittel wie Carbamazepin oder Valproinsäure zu verabreichen.*

Die Behauptung, es gäbe überhaupt keine Geisteskrankheiten, wird auch durch die Tatsache widerlegt, dass seit jeher über besondere Gruppen von Menschen berichtet worden ist, deren Symptome den heutigen Vorstellungen von den schweren mentalen Störungen und Schizophrenien entsprechen, wie immer sie auch zu ihrer Zeit bezeichnet wurden. Im Jahre 1620 veröffentlichte zum Beispiel Fridericus Flacht, der spätere Stadtmedicus zu Worms, an der Universität Basel seinen ‹ Traktat über die Melancholie› (‹De melancholia et idiopathica et sympathica›). Es heißt darin: «Depression ist die Entfernung der Vernunft … solche Menschen (vergießen) oft Tränen ohne jeden Grund; andere (lachen) dröhnend. Der eine glaubt, der Himmel stürzt herab; der andere hält sich für ein Tongefäß und vermeidet daher sorgfältig die Berührung mit Menschen, um nicht zerbrochen zu werden … Angst und Kummer dauern lange, ohne ersichtlichen Grund … es gibt andere Formen der Verrücktheit wie die Manie … besonders jene, die bei größter Kühnheit und Wut von Manie ergriffen sind, zögern nicht, sich gegen jede Gefahr zu stürzen … Ein anderer (Mann) stellte sich vor, seine Hinterbacken seien aus Kristall, und verrichtete daher alles, was er tat, in stehender Haltung, da er fürchtete, dass, wenn er sich setzen würde, das Gefüge seiner Hinterbacken sich in tausend Splitter auflösen würde.»

Die Ärzte früherer Zeiten unterschieden nicht zwischen einzelnen Formen geistiger Störungen, sondern fassten sie alle unter einer Bezeichnung zusammen: Melancholie. Erst in der zweiten Hälfte des 19. Jahrhunderts begannen die Kliniker, sorgfältiger zu differenzieren. Aus den Störungen, die unter dem Namen Melancholie zusammengefasst wurden, isolierte der Schweizer Neurologe Bleuler eine Gruppe, die er als *Schizophrenien* bezeichnete. Seine Definition der Schizophrenie beruht auf gewissen Anzeichen und Symptomen, so unter anderem: eine schwere Störung der logischen Denkprozesse, die Trennung der intellektuellen von den emotionalen Prozessen, sodass der Betreffende traurige und beunruhigende Gedanken denken und dabei den äußeren Anschein der Gleichgültigkeit bieten kann, die autistische Vertiefung des Menschen in seine eigene Wahrnehmung der Realität, die ihm die Möglichkeit bietet, seine Welt gemäß seinen Wahnvorstellungen zu definieren, sowie eine tiefe Ambivalenz in der Erfahrung seiner selbst und der äußeren Welt.

Bei den schweren Zuständen von Euphorie und Depression, bekannt als manisch-depressive Reaktion, besteht eine enge Verbindung zwischen der Stimmung und den Denkprozessen des Patienten, die bei den schizophrenen Patienten fehlt. 1899 erstellte der deutsche Psychiater E. Kraepelin die Diagnose der manisch-depressiven Psychose. Danach ist bei dieser Störung eine Veränderung der Stimmung ausschlaggebend, das heißt, die Denkprozesse des Patienten sind intakt, und der Inhalt seines Denkens ergibt sich logisch aus seiner Grundstimmung. Im Zustand der Euphorie ist das Denken des Patienten von seinem Überschwang beeinflusst, und sein extravagantes Verhalten resultiert aus seiner Gemütsverfassung. Im Zustand der Depression spiegelt sein krankhaftes Grübeln seine Hoffnungslosigkeit wider.

Kraepelin beschrieb die klinischen Anzeichen der manisch-depressiven Reaktion, zu der auch die Vorhersagbarkeit ihres periodischen Auftretens gehört. Zu gewissen Jahreszeiten, besonders im Frühling und im Herbst, werden solche Menschen ohne ersichtlichen Grund von Phasen der Euphorie oder der Depression befallen. Der rhythmische Charakter der Stimmungsschwankungen zeigt an, dass eine biologische Uhr im Patienten bestimmt, wann und für welchen Zeitraum seine Stimmung sich verändert. Kraepelins Beschreibung des manisch-depressiven Patienten ist immer noch gültig, wenngleich man heute stärker zwischen verschiedenen Formen der Gemütsstörungen differenziert und von *bipolaren* statt von *manisch-depressiven Störungen* spricht. Die spätere Forschung hat gezeigt, dass bei solchen Zuständen sowohl ein genetischer Faktor mitwirkt als auch Stoffwechselveränderungen stattfinden. Zu Letzteren gehört, dass während der gestörten Episoden Natrium in den Zellen des Nervensystems zurückgehalten wird.

Johannes T. war siebenundvierzig Jahre alt, als sein Vater starb. Etwa eine Woche nach dem Begräbnis wirkte er ruhiger, mehr in sich gekehrt als sonst. Dann kaufte er ohne Vorankündigung ein wertvolles Gemälde für hunderttausend Mark – ein Preis, den er sich kaum leisten konnte. Ein paar Wochen später fing er an, seine Freunde und Nachbarn anzurufen und ihnen vorzuschlagen, sie sollten eine Bürgerinitiative gründen, um mehrere Millionen Mark aufzubringen. Der Zweck: Der Stadtkern sollte in historischem Gewande wieder

aufgebaut werden. Auch zeichnete er eine Bürgschaft über fünfzig-
tausend Mark für einen entfernten Bekannten.

Weder seine Frau noch sein Anwalt konnten ihn von seinem hy-
peraktiven Verhalten abbringen. Sobald sie mit ihm sprechen wollten, wurde er wütend und drohte, sich von seiner Frau scheiden zu
lassen und sich einen anderen Anwalt zu suchen. Als seine Frau eines
Nachmittags nach Hause kam und ihn in seinem Arbeitszimmer dabei überraschte, wie er gerade das Telefon aus der Steckdose riss und
schrie, jemand habe eine Abhöranlage eingebaut, rief sie in ihrer Panik den Hausarzt an, und sie vereinbarten seine Überweisung in eine
psychiatrische Klinik.

Statt nach dem Tod seines Vaters eine Trauerreaktion durchzumachen, war Johannes T. euphorisch, schwungvoll und ausgelassen
geworden, er war stark von sich überzeugt und steckte voller großer
Pläne und Ideen. Er zeigte einen scharfen Humor und wurde leicht
wütend. Auf dem Gipfel seiner Euphorie verfiel er in Wahnvorstellungen. Die Ärzte diagnostizierten, dass er an einer manisch-depressiven Reaktion litt – ein Zustand, der drei oder vier Menschen unter
tausend befällt.

In der Klinik wurde er mit Phenothiazin behandelt. Binnen weniger Tage legte sich seine manische Erregung. Gegen Ende der zweiten
Woche aber war er tief deprimiert, saß in seinem Zimmer und weigerte sich herauszukommen. Er sprach mit niemandem, weder mit
den Ärzten noch den Schwestern. Einmal versuchte er, sich mit Hilfe
eines Handtuchs an der Toilettentür zu erhängen. Nachdem er eine
Serie von acht Elektroschockbehandlungen erhalten hatte, besserte
sich sein Zustand rasch, und bald danach zeigte er weder Anzeichen
von Euphorie noch von Depression

Vier Jahre blieb er in guter Verfassung. Manchmal erschien er etwas niedergeschlagen, dann wieder war er energischer und aktiver
als sonst. Diese Schwankungen schienen nach einem Rhythmus zu
verlaufen, wobei sie immer dann stärker hervortraten, wenn der
Zeitpunkt seines ersten Anfalls sich jährte. Dann wurde er plötzlich
und ohne Vorwarnung akut depressiv, obwohl in seinen äußeren Le-
bensumständen keine Veränderung ersichtlich war. Einmal machte

er spontan einen schweren Selbstmordversuch, wobei er sich einen Stein um den Hals band und in den Swimmingpool sprang. Wieder wurde er sofort in die Klinik eingewiesen.

Diesmal erhielt er trizyklische Antidepressiva, die in den Jahren seit seiner ersten Erkrankung entdeckt worden waren. Seine Depression ließ allmählich nach. Er blieb noch einige Wochen in ziemlich ausgeglichener Gemütsverfassung, doch allmählich wurde er euphorisch, redete viel und trumpfte auf: «Ich wollte mich nicht umbringen. Warum sollte ich denn, wo ich alles habe, wofür sich zu leben lohnt? Es gibt so viel Schönes auf der Welt, und ich habe eine Möglichkeit gefunden, all das Schöne auf einmal zu erleben. Wie? Das werde ich euch nicht verraten. Es ist ein Geheimnis. Ihr könntet einen Weg finden, es mir wieder wegzunehmen.»

Nunmehr war er sehr euphorisch und hatte eindeutig Wahnvorstellungen. Die Ärzte gaben ihm Lithiumsalz, und während der darauf folgenden zwei Wochen ging seine Euphorie zurück. Binnen zwei Monaten war er wieder so weit hergestellt, dass er aus der Klinik entlassen werden konnte. Inzwischen nimmt Johannes T. nunmehr seit acht Jahren regelmäßig Lithium und hatte seitdem nie wieder unter euphorischen oder depressiven Zuständen zu leiden.

Johannes T. ist ein Beispiel dafür, wie wichtig die Diagnose für die Wahl des richtigen Medikaments ist. In einem Fall wie dem seinen, also bei einer bipolaren Störung, sind Lithiumsalz und krampflösende Mittel wie Carbamazepin und Valproinsäure angezeigt, das heißt Medikamente, die geeignet sind, die manische Phase der manisch-depressiven Reaktion abzuschwächen. Außerdem verhindern sie wahrscheinlich, dass solche Patienten in ständig wiederkehrende Phasen von Euphorie oder Depression verfallen. Bei Patienten mit einer unipolaren Depression erreicht man mit diesen Mitteln jedoch keine nachhaltige Besserung ihrer Beschwerden, und auch bei einer bipolaren Störung kann es oft erforderlich sein, zur Linderung der Beschwerden in der depressiven Phase Antidepressiva (natürlich in Kombination mit Lithium) einzusetzen.

Man hat immer wieder versucht, verschiedene Formen der unipolaren Depression zu klassifizieren. Einige unterteilten die Gemütsstörungen in den exogenen Typ, bei dem äußere Ereignisse im Leben des Patienten als Auslöser der Reaktion festgestellt werden können, und den endogenen Typ, bei dem keine solchen äußeren Veränderungen feststellbar sind. Erstere sind, wie man glaubt, psychogenen Ursprungs, letztere seien biochemisch bedingt. Eine so starre Abgrenzung konnte empirisch nicht bestätigt werden, sie wäre in der klinischen Praxis auch nur von begrenztem Nutzen. Neuere Untersuchungen sprechen im Gegenteil dafür, dass bei der überwiegenden Zahl der Patienten, die unter schweren Depressionen des unipolaren Typs leiden, äußere Stressfaktoren den Anstoß für ihr Leiden gegeben haben.

Eine weitere Form der Depression ist die *Dysthymie*, die früher als *neurotische Depression* bezeichnet wurde. Von einer Dysthymie spricht man, wenn jemand bereits seit Jahren ein bestimmtes Persönlichkeitsbild aufweist, das durch ein geringes Selbstwertgefühl, Ängste, Antriebsschwäche, Pessimismus, depressive Stimmungen und negative Denkmuster geprägt ist. Der Betreffende sagt sich oft: «So bin ich nun einmal, so sind die Leute eben» – und wird in dieser Sichtweise meist von anderen bestätigt. Patienten, die an einer Dysthymie leiden, sprechen in der Regel gut auf eine Psychotherapie sowie auf Antidepressiva an, insbesondere auf die neueren SSR-Hemmer. Verschlimmert sich ihre Depression im Sinne der Kriterien des *Diagnostic Standard Manual* der Amerikanischen Gesellschaft für Psychiatrie und geht sie in eine schwere depressive Störung, eine so genannte *major depression*, über, wird diese Entwicklung in Fachkreisen gewöhnlich als «doppelte Depression» bezeichnet.

Andere Versuche der Klassifikation haben das Ziel, die Depression je nach Lebensphase zu bestimmen, in der sie zusammen mit gewissen Veränderungen der Lebensumstände auftritt. Daher wurden Ausdrücke wie «involutive Melancholie» und «Altersdepression» geprägt. Doch auch diese Unterscheidungen erwiesen sich als von geringem praktischem Nutzen. Sie führten leicht zu der irrigen Annahme, dass die Depression vor allem eine Reaktion von Menschen in mittleren und älteren Jahren sei, verbunden mit der Menopause, dem männlichen Klimakterium und den Vorgängen des Alterns.

Gewisse Untergruppierungen waren andererseits durchaus wichtig, da sie Hinweise für die Behandlung liefern konnten – zum Beispiel die paranoide Form der Depression. Jeder depressive Mensch ist überempfindlich und fühlt sich leicht zurückgewiesen. Wenn diese mit mangelndem Vertrauen verbundene Empfindlichkeit hinlänglich stark wird, dann kann der Betreffende paranoid werden und sogar paranoide Wahnvorstellungen entwickeln.

Dieser paranoide Charakter der Depression kann, bei leichteren Formen, für Freunde und Verwandte oft recht beunruhigend sein. «Meine Frau beschuldigt mich, ich hätte ein Verhältnis», sagte der Ehemann einer depressiven Frau. «Ich kann es ihr nicht ausreden. Natürlich habe ich keines. Ich habe in zwanzig Ehejahren nie einen Seitensprung gemacht. Aber ganz plötzlich hält sie mich für einen Schwerenöter. Als ich in diesem Sommer unseren Urlaub um eine Woche verkürzen musste, da bekam sie einen Anfall. Sie sagte, ich täte es nur, um sie zu kränken; ich würde sie nicht mehr lieben, oder falls doch, wisse ich wohl nicht, wie sehr ich mich ausschließlich um mich selbst kümmerte.»

Bei schwereren Fällen tritt die paranoide Komponente offen zutage. Ein dreißigjähriger Ingenieur hatte eines Abends eine Auseinandersetzung mit einem seiner besten Freunde. Am nächsten Tag war er ziemlich deprimiert und ging nicht zur Arbeit. Am Abend begann er sich einzubilden, seine Post würde abgefangen und die Leute würden ihm aus einem benachbarten Haus nachspionieren. In dieser Nacht fand er keinen Schlaf. Am Tag darauf war er so verängstigt und aufgewühlt, dass seine Frau den Hausarzt rufen musste, der ihn in die Klinik einweisen ließ. Dank der Therapie, bei der Phenothiazin und Antidepressiva gegeben wurden, ließen seine paranoiden Wahnvorstellungen binnen weniger Tage nach. Doch seine tiefer liegende Depression trat stärker hervor und dauerte noch weitere vier Wochen an, bevor sie schließlich nachließ.

Die Diagnose «Depression mit paranoiden Zügen» wies den Arzt in diesem Fall darauf hin, dass die Behandlung mit Antidepressiva durch Gaben von Phenothiazin-Beruhigungsmitteln zu ergänzen sei, um die Angst und Erregung zu lindern, durch die seine paranoiden Wahnvorstellungen entstanden waren. Seit der raschen Entwicklung biochemischer Behandlungsmethoden gebührt der Diagnose zusammen mit einer sorgfältigen Beurteilung der Emotionen und Symptome der Depression ein wichtiger Platz in der Psychiatrie. Sie erlaubt es dem Arzt, exakter die richtige Therapie für den richtigen Patienten und zur richtigen Zeit zu wählen, besonders wenn es ihm darum geht, die Psychotherapie durch antidepressive Mittel zu beschleunigen oder tiefe Depressionszustände durch Elektroschockbehandlung zu heilen.

Die Elektroschockbehandlung wurde ursprünglich durch Zufall entdeckt, als der ungarische Psychiater L. J. von Meduna 1935 versuchte, epileptische Krampfanfälle für die Behandlung schizophrener Patienten nutzbar zu machen. Er hatte beobachtet, dass die Epilepsie bei schizophrenen Patienten selten vorkam und dass epileptische Patienten selten schizophrene Symptome entwickelten. Diese zwar später widerlegte Annahme führte ihn zu der Hypothese, dass die Auslösung einer Reihe von epileptischen Krämpfen – wie sie beim «großen Anfall» auftreten – eine wohltuende Wirkung auf schizophrene Patienten haben könne. Zwar wurde eine gewisse Besserung des Allgemeinzustands festgestellt, doch die wichtigste Veränderung, welche die Krämpfe bewirkten, schien die Stimmung – Depression wie Euphorie gleichermaßen – zu betreffen. Spätere Untersuchungen an depressiven Patienten erhärteten den Befund, dass eine Serie von etwa sechs Schockbehandlungen die Gemütsstörung drastisch eliminieren kann.

Die Verabreichung der Elektroschockbehandlung ist ein relativ einfaches Verfahren. In einem besonderen Behandlungszimmer erhält der Patient eine Narkose und Medikamente zur Entspannung der Muskulatur. Sobald er schläft, bekommt er über zwei Elektroden, die an beiden Schläfen angesetzt werden, einen ausreichend starken elektrischen Stromstoß, der, wie man technisch sagt, einen «großen Anfall», ähnlich einem epileptischen Krampf, auslöst. Damit sind jedoch kaum Körperbewegungen verbunden, da diese durch die mit der Narkose verabreichten Muskelentspanner blockiert sind. Nach dem Krampf, der weniger als eine Minute anhält,

246

schläft der Patient eine Stunde oder länger, und wenn er erwacht, kann er sich an die Behandlung selbst in der Regel nicht erinnern.

Seltsamerweise scheint die therapeutische Wirkung der Elektroschockbehandlung nicht von den eigentlichen körperlichen Manifestationen des Krampfes abhängig zu sein. Auch die Elektrizität ist nicht entscheidend. Die Inhalation von krampferzeugenden Gasen hat zum Beispiel denselben therapeutischen Effekt. Man nimmt an, dass bei der Schocktherapie die Krampfschwelle des zentralen Nervensystems herabgesetzt wird und eine damit verbundene Verschiebung des Stoffwechselgleichgewichts von Mineralen und biogenen Aminen in den Zellen und an den Zellwänden eingeleitet wird.

Obgleich Phenothiazin, Lithium, Carbamazepin, Valproinsäure und die verschiedenen Antidepressiva die Notwendigkeit der Elektroschockbehandlung merklich verringert haben, sprechen doch eine Reihe von Patienten besser darauf an als auf Medikamente, und zwar besonders Patienten, die sowohl schizophren als auch depressiv sind. Außerdem wirkt die Elektroschockbehandlung schneller und sicherer. Daher wird sie immer noch bei schwer gestörten Patienten eingesetzt, zum Beispiel, wenn unmittelbar Selbstmordgefahr besteht.

Die rasche Linderung der Symptome durch die Elektroschockbehandlung kann aber Patient wie Arzt gleichermaßen davon abhalten, die mit der Depression verbundenen psychologischen Faktoren und Milieu-Faktoren zu untersuchen. Dadurch bleibt der Patient ungeschützt gegen eine künftige Wiederkehr seiner Gemütsstörung. Vielen kommt das Verfahren selbst als «brutal» vor, obgleich die medizinischen Komplikationen der Schocktherapie geringer und harmloser sind als etwa die Risiken einer Blinddarmoperation.

Den meisten Menschen widerstrebt es verständlicherweise, sich hilflos auf einer Bahre in ein Behandlungszimmer rollen zu lassen, wo sie durch Narkose bewusstlos gemacht werden und wo Ärzte und Schwestern an ihnen einen Eingriff vornehmen, der das chemische und elektrische Gleichgewicht in ihrem Gehirn verändert. Aufgrund der Abneigung aufseiten der Ärzte, die Schockbehandlung zu verabreichen, wie aufseiten der Patienten, sie zu erhalten, gibt es zweifellos viele Fälle, wo sie, obwohl angebracht, nicht eingesetzt wird. Andererseits förderte das Dogma der therapeutischen Exklusivität einen Missbrauch dieser Methode. Manche Ärzte waren der Meinung, alle emotionalen Probleme hätten biologische Ursachen, und manche Kliniken entwickelten sich nachgerade zu «Schock»-Fließbändern, wo jeder Patient, ganz gleich wie sein Zustand und welches Problem dessen Ursachen waren, zwischen den Elektroden landete.

Jede Darstellung der Depression bliebe unvollständig ohne die Thematisierung des Alkohols, der erhebliche Auswirkungen auf das zentrale Nervensystem hat und somit den Verlauf einer Depression stark beeinflussen kann. Alkoholkonsum kann die depressiven Beschwerden sowohl abmildern als auch verstärken. Besonders gefährlich ist es, dass durch Alkoholmissbrauch die Hemmschwelle für einen Selbstmord herabgesetzt wird. Bleibt ein Patient drei bis vier Wochen lang «trocken» und verringern sich während dieser Zeit seine depressiven Symptome, so kann man davon ausgehen, dass der Alkohol wohl die Hauptursache für seine Depression gewesen ist. Ist das nicht der Fall, dann ist der Patient vermutlich im klinischen Sinne depressiv und bedarf der Behandlung, zum Beispiel durch eine Psychotherapie, die mit oder ohne die zusätzliche Gabe eines Antidepressivums – vorzugsweise SSR-Hemmer – durchgeführt werden kann. Depressive Patienten mit einem Alkoholproblem können jedoch nur dann nennenswerte therapeutische Fortschritte erzielen, wenn sie das Trinken vollständig aufgeben – zum Beispiel mit Hilfe eines Zwölf-Punkte-Programms, wie es die Anonymen Alkoholiker empfehlen.

Die unbestreitbaren Erfolge von biologischen Behandlungsmethoden bei Patienten mit Gemütsstörungen unterstreichen, wie wichtig es ist, nach einer wissenschaftlichen Erklärung jener biochemischen Veränderungen in der Hirnfunktion zu suchen, die in manchen Fällen mit der Depression einhergehen und sie in anderen sogar verursachen können.

Kapitel 18

Biologische Grundlagen
oder: Der depressive Körper

Wesentlich zum Verständnis der Depression beigetragen haben in den achtziger und neunziger Jahren Forschungen, die sich vorwiegend mit den biochemischen Aspekten dieses Problems beschäftigten. Einer dieser Aspekte ist zum Beispiel der Hormonstoffwechsel. Hormone sind chemische Substanzen, die unter anderem in der Schilddrüse oder in den Nebennieren produziert werden und auf dem Blutweg lebenswichtige Botschaften an die Körperorgane weitergeben. Ein solches Hormon ist das *Kortison*, das in der Rinde der über den Nieren liegenden Nebennieren erzeugt wird. Die Nebennieren treten bei Stress in Aktion und versetzen den Körper in die Lage, schnell und angemessen zu reagieren.

Gesteuert wird dieser Vorgang durch den Hypothalamus, die übergeordnete Schaltstelle für die meisten Hormondrüsen im Gehirn. Er ist durch einen Stiel mit der Hypophyse (Hirnanhangdrüse) verbunden, die auf seinen Befehl hin das Hormon ACTH in den Blutkreislauf ausschüttet und damit in den Nebennieren die Produktion des Stresshormons Kortison auslöst. Um die Funktionstüchtigkeit dieses Zusammenspiels zu überprüfen, hat sich in der klinischen Praxis ein einfaches Verfahren bewährt: der Dexamethason-Suppressionstest (DMST). Steht ein Mensch unter Stress, lässt sich in seinem Blut ein vorübergehender, leichter Anstieg der Kortisonmenge messen; sobald die belastende Situation vorbei ist, sinkt der Hormonspiegel wieder auf sein Ausgangsniveau.

Es gibt aber offenbar depressive Patienten, bei denen der Kortisonspiegel weit über dem normalen Niveau liegt. Verabreicht man ihnen Dexamethason, eine chemische Verbindung, die normalerweise eine Absenkung der Kortisonwerte im Blut bewirkt, so bleibt bei ihnen der erwartete Effekt aus.

Für den DMST wird zunächst der Grundspiegel des Kortisons im Blut bestimmt, dazu werden dem Patienten am Tag vor dem eigentlichen Test zwei bis drei Blutproben entnommen. In der darauf folgenden Nacht erhält er eine geringe Menge Dexamethason, und am nächsten Tag wird erneut die Kortisonkonzentration in seinem Blut gemessen. Bei Menschen ohne Depressionen zeigt der Kortisonspiegel in dieser zweiten Blutprobe einen sehr niedrigen Wert an. Bei depressiven Patienten hingegen, vor allem wenn sie körperliche Symptome aufweisen, wie Appetitlosigkeit, erheblichen Gewichtsverlust, schwere Schlafstörungen mit frühmorgendlichem Erwachen, und insgesamt einen stark depressiven Eindruck vermitteln, lässt sich keine vergleichbare Verminderung des Kortisons nachweisen.

Dieses Ergebnis lässt natürlich viele Fragen offen. Ist ein solcher abweichender Befund in erster Linie auf die Depression selbst zurückzuführen, oder rührt er von der Belastung her, die sie bedeutet? Möglicherweise hängt er auch mit einer biologischen Kraft zusammen (beziehungsweise mit deren Fehlen), die zwar nicht erklärt, warum jemand depressiv wird, wohl aber, warum seine Beschwerden so hartnäckig sind und es dem Betreffenden nicht gelingt, wieder Tritt zu fassen und seinen Zustand in angemessener Zeit zu überwinden. Bei einigen depressiven Patienten funktioniert offenbar der Mechanismus nicht, der normalerweise die Stärke der psychobiologischen Reaktion auf Stress bestimmt und sie anschließend wieder drosselt. Das führt dazu, dass eine akute Depression sich verschlimmern und chronisch werden kann.

In der Praxis ist der DMST nur von begrenztem diagnostischem Wert. Patienten, bei denen dieser Test positiv ist und somit die Diagnose «Depression» bestätigt, sind in der Regel auch solche, deren Krankheitsbild bereits überdeutlich in diese Richtung weist. Ob ein Arzt zusätzlich zu einer Psychotherapie auch Antidepressiva verordnet, entscheidet er in den meisten Fällen auf der Grundlage des klinischen Eindrucks, den er gewonnen hat. Der DMST kann seine Entscheidung höchstens untermauern, wenn er eine härtere Gangart in Erwägung zieht, zum Beispiel die Behandlung mit Elektroschocks, was jedoch eher selten der Fall ist.

Andere Wissenschaftler machen das *Schilddrüsenhormon* für die Entstehung einer chronischen Depression verantwortlich. Die mit dem Gehirn in Verbindung stehende Hypophyse schüttet ein Hormon aus, das thyreotropinstimulierende Hormon (TRH), das seinerseits das thyreoideastimulierende Hormon (TSH) freisetzt. Das TSH wiederum löst in der Schilddrüse die Produktion von Thyroxin aus, eines Hormons, das bei der Reaktion des Körpers auf Stress eine zentrale Rolle spielt: Es beschleunigt die physiologischen Prozesse auf mehreren Ebenen und sorgt für einen Zustand erhöhter Wachsamkeit. Zur Überprüfung dieser Reaktionskette wurde ein einfaches Verfahren entwickelt: Man injiziert eine bestimmte Menge TRH und entnimmt dann dreimal hintereinander jede Viertelstunde eine Blutprobe. Bei einem gesunden Menschen müsste das TRH in dieser Zeitspanne von fünfundvierzig Minuten die Produktion von TSH angeregt haben, was sich an einem erhöhten TSH-Spiegel im Blut ablesen lässt.

In bestimmten Fällen, zu denen auch die chronische Depression gehört (insbesondere schwere chronische Depressionen mit Suizidgefahr), fällt diese Reaktion sehr schwach aus oder lässt sich überhaupt nicht nachweisen – die erwartete Stimulation des TSH durch das TRH hat nicht stattgefunden. Ungefähr fünfundzwanzig Prozent der chronisch depressiven Patienten zeigen eine solche Fehlreaktion.

Auch hier stellt sich die Frage nach dem diagnostischen Wert dieses Tests. In der alltäglichen Praxis des Arztes wird er wohl wenig sinnvoll sein. Indessen lenkt er ebenso wie der Dexamethason-Suppressionstest die Aufmerksamkeit auf einen biologischen Faktor, der bei chronischen Depressionen vermutlich von hoher Bedeutung ist: ein gestörtes Feedback. Stellen wir uns also vor: Eine Stresssituation tritt ein, sie wird im Gehirn registriert, führt zu erhöhter Wachsamkeit und hat eine angemessene, manchmal lebensrettende Reaktion zur Folge. Der Körper reagiert mit der vermehrten Produktion von Kortison und Thyroxin, wodurch die Aufmerksamkeit und die Bereitschaft zu handeln gesteigert werden. Bei chronisch depressiven Patienten kann man nun beobachten, dass ihr Körper zu viel Kortison ausschüttet und diese vermehrte Produktion nicht wieder auf das Normalmaß zurückschrauben kann. Außerdem reagieren ihre Schilddrüsenhormone nicht auf die Warnsignale aus dem Gehirn.

Auf irgendeine Weise müssen diese physiologischen Abläufe wieder ins Lot gebracht werden, und vermutlich setzt hier die Wirkung der antidepressiven Medikamente an. Das würde erklären, warum eine geringe Gabe des Schilddrüsenhormons, zusätzlich zu einem Antidepressivum verabreicht, manchmal den Ausschlag dafür geben kann, ob die Behandlung eines depressiven Patienten zum Erfolg führt oder ein Fehlschlag wird. Interessant ist, dass man eine stark abgeschwächte TSH-Reaktion auf die Stimulierung durch das TRH auch noch feststellt, *nachdem* sich das Befinden eines depressiven Patienten gebessert hat. Das legt die Vermutung nahe, dass eine solche Dysfunktion der Schilddrüse nicht unmittelbar an den Verlauf der Depression selbst gebunden ist, sondern eine Schwäche des Hormonsystems anzeigt, durch die insgesamt die Fähigkeit eines Menschen, angemessen auf Stress zu reagieren, beeinträchtigt wird.

Der Psychiater Peter Whybrow hat die Untersuchung der hormonellen Aspekte der Depression auf ein breiteres Verhaltensspektrum ausgedehnt. Ihn interessierte besonders die Beziehung zwischen dem Sexualtrieb – der während einer Depression meist sehr schwach ausgeprägt ist – und dem Stress, der die Depression ausgelöst hat und durch diese noch verstärkt wird. Die als *Stresshormone* bezeichneten Kortikosteroide, zu denen das Kortison gehört, werden in der Nebennierenrinde erzeugt. Wenn das Auto außer Kontrolle zu geraten droht, der Ehepartner plötzlich die Scheidung will oder ein Kind schwer verletzt wird – all dies sind Anlässe für den Körper, mit einer erhöhten Kortisonausschüttung zu reagieren, damit wir uns auf die Situation einstellen können und den Anforderungen gewachsen sind.

Die Produktion von Kortison folgt wie viele andere Körperfunktionen einem bestimmten Tagesrhythmus. Solche von der Natur vorgegebenen, so genannten zirkadianen (täglichen) Rhythmen sorgen dafür, dass die komplexen Körperfunktionen sinnvoll und aufeinander abgestimmt ablaufen und der gesamte Organismus in die Lage versetzt wird, sich den regelmäßig wiederkehrenden Veränderungen der Außenwelt anzupassen. Wir sind daran gewöhnt, dass ein Tag vierundzwanzig Stunden hat, und haben uns fast alle auf diesen Zyklus eingestellt. Experimente, bei denen die periodischen Signale aus der Außenwelt systematisch ausgeschaltet wurden, haben jedoch gezeigt, dass unser innerer zirkadianer Rhythmus in Wirklichkeit etwas länger dauert und sich zwischen 24 1/2 und 25 1/2 Stunden bewegt.

Diesem Rhythmus entsprechend, erreicht der Kortisonspiegel bei jemandem, der nicht depressiv ist, in den frühen Morgenstunden sein höchstes und gegen Mitternacht sein niedrigstes Niveau. Bei manchen depressiven Patienten ist hingegen der Kortisonwert während des gesamten Zyklus generell erhöht, sodass sich der normale zirkadiane Rhythmus kaum noch ausmachen lässt.

Neben dem Einfluss der Hormone auf die Depression muss also auch die Frage der natürlichen Rhythmen geklärt werden. *Eine besonders augenfällige Form des zirkadianen Rhythmus ist der tägliche Schlaf- und Wachrhythmus.* Ist dieser durch Schlaflosigkeit gestört, so hat man es mit einem besonders deutlichen Anzeichen für eine Depression zu tun, noch dazu einem der unangenehmsten, weil der depressive Mensch nicht einmal im Schlaf von seinem Leiden Erholung findet.

Die Erforschung des Schlafs bildete einen der Schwerpunkte in der wissenschaftlichen Auseinandersetzung mit der Depression. Mit Hilfe der Schlaf-Enzephalographie, bei der die Gehirnströme von Schlafenden aufgezeichnet werden, konnte man bei depressiven Menschen zwei Formen von Schlafstörungen nachweisen. Zum einen haben sie Schwierigkeiten einzuschlafen, vermutlich weil sie zu unruhig und zu angespannt sind, zum anderen können sie nicht durchschlafen, wachen in aller Frühe auf, und ihre REM-Schlafphasen (REM = Rapid Eye Movement) zeigen ein verändertes Bild.

Der REM-Schlaf zeichnet sich durch eine lebhafte Gehirntätigkeit aus, während gleichzeitig die willkürliche Muskulatur ruhig gestellt ist. Der Atem geht unregelmäßig, und die zerebrale Durchblutung wie auch die Temperatur des Gehirns steigen dramatisch an. Während der Schläfer träumt, bewegen sich seine Augen rasch hin und her, als würde er ein Tennismatch verfolgen. Die Veränderung des REM-Schlafs bei depressiven Patienten besteht nun darin, dass sie eine verkürzte REM-Latenz aufweisen, das heißt, die erste REM-Phase setzt bei ihnen früher ein als bei einem nichtdepressiven Menschen. Darüber hinaus beobachtete man bei ihnen auch häufigere REM-Schlafphasen, vor allem im ersten Drittel der Nacht, während sie normalerweise erst gegen Morgen vermehrt auftreten.

Ein derart veränderter Schlafablauf legt die Vermutung nahe, dass bei bestimmten chronisch depressiven Menschen die Synchronisation ihres zirkadianen Rhythmus gestört ist. Für diese Interpretation spricht, dass auch der Rhythmus, in dem ihr Körper Kortison produziert und seine Temperatur reguliert, ähnlich beschleunigt ist. Eine experimentelle Methode, mit deren Hilfe die Synchronisation der Körperfunktionen wiederhergestellt werden soll, besteht in einem gezielten Entzug des Nachtschlafs. In klinikeigenen Schlaflabors wurden depressive Patienten systematisch im Schlaf gestört, indem man sie die ganze Nacht hindurch oder während einiger Nachtstunden jedes Mal weckte, sobald sie in die REM-Phase kamen. Ein solcher Schlafentzug führte offenbar zu einer zeitweiligen Besserung des depressiven Zustands. Übrigens werden die REM-Schlafphasen auch durch die (in Kapitel 7 ausführlich behandelten) trizyklischen Antidepressiva unterdrückt, worin eine Erklärung für ihre Wirksamkeit liegen könnte. Patienten, die diese Mittel nehmen, berichten häufig, dass sie weniger träumen, als sie es gewohnt sind. Nachdem sie das Medikament abgesetzt haben, kehren ihre Träume innerhalb kurzer Zeit und mit besonderer Intensität wieder zurück.

Auch der Mineralstoffwechsel unterliegt einem zirkadianen Rhythmus. In Untersuchungen zur Frage des *Kalziumstoffwechsels*, die ich während der fünfziger und sechziger Jahre durchgeführt habe, konnte ich nachweisen, dass depressive Patienten vermehrt Kalzium ausscheiden, das sich in ihrem Körper wieder anreichert, sobald ihr Befinden sich gebessert hat. Offen blieb, ob diese Kalziumverschiebungen von zentraler Bedeutung für die Depression waren oder ob sie in erster Linie andere biochemische Veränderungen im Körper widerspiegelten. Theoretisch konnten die Kalziumveränderungen bedeutsam sein, denn Kalzium ist ein wichtiger Regulator der Aktivität des Zentralnervensystems. Schwankungen der Kalziummenge in den Zellmembranen beeinflussen den Fluss von Substanzen in die Zelle und aus ihr heraus – zum Beispiel das Ein- und Austreten von Natrium-Ionen. Außerdem ist Kalzium ein Sedativum des Nervensystems: Es reduziert die Erregbarkeit des Gehirns. Der Kalziumstoffwechsel wird zu einem Teil durch Botschaften gesteuert, die von Hormonen weitergeleitet werden. Dazu gehört das Parathormon der Nebenschilddrüsen. Wird zu wenig davon produziert, sinkt der Kalziumspiegel im Blut, was eine erhöhte Erregbarkeit des Nervensystems zur Folge haben und ab einem gewissen Grad sogar Krämpfe auslösen kann. Schütten die Nebenschilddrüsen dagegen zu viel Parathormon aus, kann die Kalziummenge ein Ausmaß erreichen, das zu geistiger Verwirrung, zum Koma und schließlich zum Tod führen kann.

Der Kalziumstoffwechsel wird auch durch Stresshormone wie das Kortison beeinflusst. Der Physiologe H. Selye hat in seinem Buch ‹Stress› auf die Bedeutung von Kalzium hingewiesen, wenn er feststellt, dass Stress den Prozess des Alterns beschleunigt, indem er den Abbau von Kalzium in dem Knochengewebe und seine Ablagerung in den Weichteilen – wohin es nicht gehört – aktiviert.

Tatsächlich kam ich in einer Reihe von Untersuchungen zu dem Ergebnis, dass das im Körper von depressiven Patienten zurückgehaltene Kalzium nach deren Gesundung in ihre Knochen wanderte. Mit Hilfe des radioaktiven Isotops Kalzium-47, das den Patienten injiziert wurde, konnten wir den Weg des Kalziums im Körper verfolgen. Bei dem dauernden Austausch von Kalzium, der innerhalb des Knochengewebes sowie zwischen dem Knochengewebe und dem übrigen Körper stattfindet, zeigten die sich erholenden Patienten eine Abnahme der das Knochengewebe verlassenden Kalziummenge und eine Zunahme der im Knochengewebe eingelagerten Kalziummenge. Gleichzeitig schien die im Blut zirkulierende Kalziummenge leicht abzunehmen.

Seit einiger Zeit bekommt man häufig die Ansicht zu hören, Vitamine und Mineralien hätten einen positiven Einfluss auf die Fähigkeit des Körpers, mit Stress fertig zu werden. Eine solche Wirkung wird vor allem den Vitaminen des B-Komplexes, insbesondere dem Vitamin B_6, und den Mineralien Kalzium, Magnesium und Zink nachgesagt. Marathonläufer, aber auch Leute, die nur ihre täglichen Joggingrunden drehen, schwärmen von dem Stimmungshoch, in das die körperliche Anstrengung sie versetzt – manchmal bis hin zu einer Euphorie. Körperliche Aktivität bewirkt die Retention (Zurückhaltung) von Kalzium, während der Mangel an Bewegung zu einer vermehrten Ausscheidung von Kalzium führt. Sonnenlicht begünstigt ebenfalls die Kalziumretention, indem es das Vitamin D im Körper aktiviert – ein interessanter Zusammenhang, wenn man bedenkt, dass manche Menschen depressiv werden, weil sie nicht genügend Sonne abbekommen. In solchen Fällen spricht man von einer *saisonal abhängigen Depression*, die nur zu bestimmten Jahreszeiten auftritt.

Manche Menschen werden vor allem in der sonnenarmen Jahreszeit, im Herbst und im Winter, depressiv, während ihre Stimmung sich in den hellen Frühjahrs- und Sommermonaten deutlich bessert, ja sogar in ein ausgesprochenes Hochgefühl übergehen kann. In ihrer depressiven Zeit haben sie ein übergroßes Schlafbedürfnis, sie essen zu viel, nehmen zu und fühlen sich träge und lustlos. Diesen Menschen kann, wie die beiden Mediziner Frederick M. Jacobsen und Norman E. Rosenthal gezeigt haben, mit einer Lichttherapie geholfen werden. Die Behandlung besteht darin, die Patienten regelmäßig zwischen zwei und sechs Stunden am Tag einem künstlichen Breitspektrum-Licht von 2500 Lux auszusetzen. Schon innerhalb weniger Tage soll sich eine Besserung ihres Befindens einstellen. Um einem möglichen Rückfall vorzubeugen, sollte die Lichttherapie während der ganzen dunkleren Jahreszeit durchgeführt werden.

Die beachtlichen Fortschritte auf dem Gebiet der Genforschung haben die Hoffnung auf neue, bahnbrechende Heilungschancen für eine Reihe von Krankheiten genährt, bei denen eine *genetische Komponente* vermutet wird. Dadurch erhielt auch die Suche nach einem genetischen Faktor in der Depressionsforschung neuen Auftrieb. Man fand heraus, dass das Risiko, depressiv zu werden, für Verwandte ersten Grades (Kinder und Geschwister) von Patienten mit einer majoren beziehungsweise schweren Depression dreimal so hoch ist wie das der übrigen Bevölkerung, bei bipolaren (manisch-depressiven) Störungen ist es zwei- bis sechsmal so groß. Ein Rätsel bleibt jedoch, ob dieser genetische Faktor mit der Depression selbst zusammenhängt oder ob er nicht vielmehr auf einen biologischen Mangel an physischer Flexibilität hinweist, die benötigt wird, um den durch Stress ausgelösten Zyklus von Zusammenbruch und Reintegration bewältigen zu können.

Bei der Erforschung der biologischen Grundlagen der Depression fand besonders die Annahme einer Beziehung zwischen der Depression und dem Stoffwechsel der *biogenen Amine* größere Beachtung. Das Gehirn besteht aus Millionen von Nervenzellen, die über den so genannten synaptischen Spalt, den Übergang von einer Nervenzelle zur anderen, miteinander kommunizieren. Für die Weiterleitung der Informationen an diesen Verbindungsstellen sorgen die biogenen Amine, zu denen unter anderen *Serotonin* und *Noradrenalin* gehören. Einige Wissenschaftler vertreten nun die Hypothese, dass bei depressiven Patienten nicht ausreichend Serotonin und/oder Norepinephrin in den synaptischen Spalten des zentralen Nervensystems vorhanden sind. Sie führen die Wirksamkeit bestimmter Antidepressiva darauf zurück, dass diese die normale Konzentration der biogenen Amine wiederherstellen. Das ist durchaus möglich, es spricht jedoch einiges dafür, dass die Veränderungen im Stoffwechsel der biogenen Amine nur die Spitze eines Eisbergs bilden. Sie sind der Reflex zahlreicher komplexer Interaktionen, die in dem zentralen Nervensystem eines Menschen, der unter Stress steht, ablaufen. Vermutlich haben sie ebenso viel mit dessen Reaktion auf Stress zu tun wie mit der Depression selbst.

Einen weiteren Beitrag zum Verständnis des Zusammenhangs zwischen den Gehirnfunktionen und dem Verhalten eines Menschen leistet die Positronen-Emissions-Tomographie, PET abgekürzt. Dabei handelt es sich um ein neues bildgebendes Verfahren, mit dessen Hilfe es zum ersten Mal möglich ist, dreidimensionale Bildsequenzen des Gehirns aufzuzeichnen. Auf diese Weise können biochemische Vorgänge im Gehirn lokalisiert und gemessen werden. Die Positronen-Emissions-Tomographie ist bisher vorwiegend für die Untersuchung des Glukosestoffwechsels eingesetzt worden, der mittels radioaktiver Markierung sichtbar gemacht wird. Die mit dem PET-Verfahren gewonnenen Bilder zeichnen sich durch kräftige Farben aus, sie reichen von Gelb und Orange bei einem normal funktionierenden Gehirn bis zu Dunkelgrün bei einem Gehirn, das nur schwach aktiv ist. Bei einigen depressiven Patienten überwiegt die dunkelgrüne Farbe, woraus sich schließen lässt, dass ihr Glukosestoffwechsel insgesamt herabgesetzt ist.

Darüber hinaus fällt bei depressiven Patienten eine Rechts-links-Asymmetrie ihrer Gehirntätigkeit auf. Das legt die Vermutung nahe, dass die Aktivität ihrer linken Gehirnhälfte, die vor allem für kognitive Prozesse zuständig ist, stärker ausgeprägt ist als die der rechten Gehirnhälfte, die gewöhnlich für die Phantasie- und Bildproduktion verantwortlich gemacht wird. Sobald die depressive Episode abgeklungen ist, scheint sich das Gleichgewicht zwischen den beiden Gehirnhälften von selbst wiederherzustellen.

Ein weiterer interessanter Befund, der mittels des PET-Verfahrens gewonnen wurde, ist die Beobachtung, dass die Aktivität des Gehirns bei geschlossenen Augen zunimmt, und zwar in einem stärkeren Maß, als wenn das Hören oder beide Sinne zusammen, das Hören und das Sehen, ausgeschaltet werden. Da die visuellen Reize auf komplexere Weise verarbeitet werden, lässt sich außerdem eine erhöhte Aktivität des Glukosestoffwechsels im okzipitalen Kortex nachweisen, wo das fokale Sehen registriert wird, also die Unterscheidung der Gegenstände von ihrer räumlichen Umgebung.

Der größte Teil der Informationen über die Außenwelt erreicht unser Gehirn über das Auge. Kann jemand, der an einer Gemütsstörung leidet, visuelle Informationen ebenso adäquat verarbeiten wie Menschen mit einer normalen Gefühlslage? In einer Reihe von Untersuchungen, die ich zu dieser Frage durchgeführt habe, stellte ich bei chronisch depressiven Patienten eine ausgeprägte Dysfunktion ihrer Wahrnehmung fest. So fallen bei ihnen die Augenbewegungen, die für eine Konvergenz notwendig sind (eine Einengung des Blickwinkels, um Dinge näher heranzuholen, zum Beispiel beim Lesen) beziehungsweise für eine Divergenz (eine Öffnung des Blickwinkels, um Gegenstände der weiteren Umgebung zu erkennen), entweder zu groß oder zu klein aus.

Hinzu kommt, dass die Fähigkeit dieser Patienten, die Wahrnehmungseindrücke beider Augen zu einem einzigen Bild im Gehirn zu verschmelzen, offensichtlich eingeschränkt ist. Ein Verlust an Tiefenwahrnehmung führt dazu, dass sich ihre Umgebung für sie auf ein zweidimensionales Bild reduziert. Interessant in diesem Zusammenhang ist, dass die Teilnehmer eines Experiments, denen man durch Hypnose den Verlust ihrer Tiefenwahrnehmung suggerierte, mit Gereiztheit, Anspannung und depressiver Verstimmung auf das Fehlen der dritten Dimension reagierten. Suggerierte man ihnen anschließend – immer noch in der Hypnose –, dass sie die Dinge wieder dreidimensional sahen, fühlten sie sich gleich wieder wohler, ja gerieten zuweilen sogar in eine euphorische Stimmung.

Mit Hilfe besonderer Brillengläser und bestimmter Augenübungen ist es möglich, nicht nur die Tiefenwahrnehmung wiederherzustellen, sondern auch die Fähigkeit zur Fusion der beiden Netzhautbilder zu verbessern sowie mehr Kontrolle über die konvergenten und divergenten Augenbewegungen zu erlangen. Ob mit oder ohne Brillengläser, die den Sehraum vergrößern oder verkleinern, ein spezielles Augentraining sollte in jedem Fall die Behandlung chronisch depressiver Menschen ergänzen.

Der Laie braucht sich nicht für jedes einzelne Ergebnis zu interessieren, das in den zahlreichen Untersuchungen über die Depression und die biologischen Bestimmungsgrößen der Flexibilität zutage gefördert wurde. Wichtig zu wissen ist, dass auf diesem Gebiet weitergeforscht wird und dass eine Fülle von wissenschaftlich geführten Beweisen für eine biologische Grundlage der Depression wie auch der Flexibilität spricht. Wie gewichtig diese biologischen Faktoren auch sein mögen, sie schließen die Bedeutung des Einflusses von Umwelt und Mitmensch keineswegs aus. Es bleibt, den Menschen als ein Ganzes von Seele und Körper, innerer und äußerer Welt, von Agieren, Reagieren, Interagieren und Gestalten aufzufassen.

Kapitel 19

Ein Anti-Depressions-Programm oder: Vorbeugen ist besser als heilen

Die beste Heilung wäre», schrieb der Stadtmedicus von Worms im Jahre 1620 in seinem ‹ *Traktat über die Melancholie*›, «auf Vorsorge hinzuarbeiten.» Die Vorbeugung von Depressionen ist jedoch weitaus schwieriger als die Verhütung anderer menschlicher Leiden. Sie bedeutet nicht die Austilgung von Trauer, denn jeder Mensch macht irgendwann in seinem Leben eine Zeit der Mutlosigkeit durch.

Die medizinische Vorbeugung findet auf zweierlei Weise statt. Im einfachsten Sinne wird sie durch ein Gesundheitssystem gefördert, das den Einzelnen ermutigt, sich rechtzeitig um die Hilfe eines Arztes oder Psychotherapeuten zu bemühen – mit der relativen Gewissheit, kompetent und seinen Bedürfnissen entsprechend behandelt zu werden. Darüber hinaus besteht die Vorbeugung in einer Reihe von wissenschaftlichen Strategien und Verhaltensmaßregeln, die dem von seiner Krankheit genesenen Patienten helfen sollen, auch weiterhin gesund zu bleiben. Dazu gehört, die übrige Bevölkerung über das Wesen der Depression aufzuklären und Möglichkeiten aufzuzeigen, wie man sich vor ihr schützen kann.

Die vorbeugenden Maßnahmen zielen nicht darauf ab, Depressionen ganz und gar zu vermeiden, sondern den Einzelnen vor einer chronischen Depression mit all ihren Fallen zu bewahren, die der chronisch depressive Mensch sich immer wieder selber stellt. Vorbeugung heißt auch, dass jemand seine Depression auslebt, statt sie zu leugnen und in andere physische oder psychische Kanäle des Verhaltens umzuleiten. Das bedeutet, dass beim Betroffenen selbst und in seiner Umgebung Konflikte gelöst werden, die ihn depressiv machen, wo er es nicht sein müsste. Diese Ziele sollten durch die Einrichtung von Kursen und Ausbildungsprogrammen gefördert werden, die unsere

Fähigkeit stärken, die Belastungen des Lebens erfolgreich zu bewältigen. Es ist in Zukunft nicht mehr vertretbar, ein solches Lernen dem Zufall zu überlassen.

Im Interesse einer frühzeitigen Diagnose und einer wirksamen Therapie sollte durch vorbeugende Maßnahmen ein gesellschaftliches Klima geschaffen werden, das es depressiven Menschen erleichtert, sich über das professionelle Angebot an Rat und Hilfe zu informieren und dieses bei Bedarf auch in Anspruch zu nehmen, ohne sich zu genieren und die Entscheidung immer wieder aufzuschieben. *Eines der größten Hindernisse, das viele davon abhält, einen Therapeuten aufzusuchen, ist leider immer noch die Angst vor den sozialen und beruflichen Folgen, sollte bekannt werden, dass sie bei einem Psychiater in Behandlung sind.*

«Ich würde mir eher die Zunge abbeißen, als meinem Chef erzählen, dass ich depressiv bin», teilte ein leitender Angestellter seinem Psychiater mit. «Deshalb möchte ich, dass Sie mich als Privatpatienten behandeln und die Rechnung auf den Namen meiner Frau ausstellen. Ich bin zwar versichert, will aber die Krankenkasse nicht dafür in Anspruch nehmen – ich trau den Brüdern in der Personalabteilung nicht. Gar nicht auszudenken, dass etwas durchsickern könnte! Ich bin für den Posten des stellvertretenden Direktors vorgeschlagen. Wenn sich herumspricht, dass ich Depressionen habe, kann ich die Beförderung vergessen.

Ich muss sagen, mir wäre fast lieber, ich hätte irgendeine Herzgeschichte, auch wenn die womöglich nicht heilbar ist und Sie mir versichern, dass dies hier vorübergeht und ich mich danach besser fühlen werde als zuvor. Wenn ich meinem Chef erklären würde, ich hätte Herzrasen und wollte mir ein paar Wochen freinehmen, um die Sache auszukurieren, würde er sagen: ‹In Ordnung, Herr R., so etwas soll man nicht auf die leichte Schulter nehmen. Haben Sie einen guten Arzt? Ich wüsste da einen tüchtigen Spezialisten ...› Und dann würde er mir versichern, meine Beförderung sei so gut wie unter Dach und Fach. Erzählte ich ihm aber, ich sei depressiv, würde er, kaum dass ich sein Büro verlassen hätte, den Boss anrufen und ihm alles haarklein berichten – um anschließend Kollege S. oder B.

für den Posten des stellvertretenden Direktors vorzuschlagen. Für mich fände sich sicher irgendein Abstellgleis, wenn ich zurückkäme – *falls* ich zurückkäme, denn man weiß ja, ganz in Ordnung würde ich hinterher nie wieder sein.»

Auch wenn jemand zu der Einsicht gelangt ist, dass er Hilfe braucht, bleibt immer noch die Frage zu klären: *Wo finde ich einen guten Therapeuten?* Sehr oft ist es der Hausarzt, der als Erster mit dem depressiven Patienten in Berührung kommt, vor allem dann, wenn die Depression von körperlichen Symptomen begleitet wird. Eine Hürde auf dem Weg zu einer angemessenen Versorgung depressiver Patienten bildete viele Jahre lang die unzureichende psychiatrische Ausbildung der Ärzte, die keine Psychiater sind. Im Medizinstudium wurde es versäumt, das notwendige psychiatrische Wissen für die alltägliche Praxis zu vermitteln, sodass der angehende Arzt oft mit der Vorstellung die Universität verließ, die Psychiatrie sei entweder ein Samariterdienst an hoffnungslos Verrückten oder ein von Freud und einer kleinen Schar auserwählter Anhänger begründetes theoretisches Sammelsurium. In den letzten Jahren wurden jedoch größere Anstrengungen unternommen, um praktische Ärzte darin zu schulen, Depressionen zu erkennen und zu behandeln, sodass viele depressive Patienten durch ihren Hausarzt von ihren Symptomen geheilt werden konnten.

Die Ironie an der Geschichte ist, dass solche Fortbildungsmaßnahmen möglicherweise zu erfolgreich waren. *So kommt es immer häufiger vor, dass der behandelnde Arzt ein ernstes körperliches Leiden übersieht, mit dem die Depression bei einigen Patienten einhergeht.* Krankheiten wie Krebs, Diabetes, Herzleiden, Schilddrüsenleiden, Virusinfektionen und Hepatitis, um nur einige zu nennen, werden oft von mehr oder minder schweren depressiven Verstimmungen begleitet. Einer amerikanischen Studie zufolge neigen praktische Ärzte dazu, sich auf die Behandlung der manifesten Depression zu konzentrieren und dabei in dreiunddreißig Prozent der Fälle ein ebenfalls vorhandenes körperliches Leiden zu übersehen. Psychiater erkannten bei der Hälfte ihrer depressiven Patienten nicht, dass diese auch körperlich erkrankt waren.

Seitdem immer mehr Psychologen und Sozialabeiter in privaten Praxen wie in institutionellen Zusammenhängen für die Behandlung von depressiven Patienten zuständig sind, ist das Risiko noch größer geworden, dass ein der Depression zugrunde liegendes körperliches Leiden nicht entdeckt wird. In der erwähnten Studie heißt es, dass Therapeuten, die über keine medizinische Ausbildung verfügen, bei fast vierundachtzig Prozent der depressiven Patienten eine somatische Erkrankung übersahen.

Eine ganze Armada von Leuten steht heutzutage bereit, um sich um Menschen mit psychischen Problemen zu kümmern, sodass bei der Auswahl des Therapeuten eine gewisse Vorsicht angeraten ist. Meist fehlt es den Hilfesuchenden jedoch an der nötigen Information, um beurteilen zu können, ob ein professioneller Helfer wirklich qualifiziert genug ist, eine Therapie durchzuführen, die dem jeweiligen Problem auch angemessen ist. Es gibt begnadetere und weniger begnadete, erfahrenere und weniger erfahrene Therapeuten, und auf ähnliche Weise unterscheiden sich auch die theoretischen Grundlagen, auf die sich jeder von ihnen beruft. Wie ein Therapeut in einem speziellen Fall vorgeht, hängt sowohl von seinem persönlichen Stil ab als auch von seiner Ausbildung und seiner Begabung.

Wie man der Gefahr eines Rückfalls vorbeugt

Die zweite, mehr in die Tiefe reichende Form der Vorbeugung umfasst Maßnahmen, die verhindern sollen, dass jemand, der eine chronische Depression überwunden hat, einen Rückfall erleidet. Es sind dieselben Grundsätze, die jeder beherzigen sollte, der vor einer entscheidenden Wende in seinem Leben steht. Und wer bereits akut depressiv ist, den bewahren sie davor, immer tiefer in diesen Zustand hineinzugeraten.

Zwar werden einige Patienten zur Vermeidung eines Rückfalls noch für längere Zeit Antidepressiva einnehmen müssen, genau so wichtig ist es jedoch, Werthaltungen und Verhaltensmuster zu verändern, von denen man weiß, dass sie die psychische Gesundheit gefährden. Besonders anfällig für chronische Depressionen sind zum Beispiel Menschen, die eine jahrelange Praxis des Zauderns und Verleugnens ausgebildet haben, die dazu neigen, Entscheidungen immer wieder aufzuschieben und unangenehmen oder schwierigen Situationen aus dem Weg zu gehen. Ein solcher Mensch setzt sich nicht einfach mit seinem Ehepartner zusammen, um ihre gemeinsamen sexuellen Probleme zu besprechen; er geht nicht auf einen Kollegen zu, um mit ihm über eine Verbesserung ihrer Zusammenarbeit zu reden. Statt die Probleme direkt anzugehen, sobald sie auftauchen, zieht er es vor, sie zu ignorieren und zu verdrängen.

Insbesondere zwei Arten von Persönlichkeitsmerkmalen scheinen mit einer erhöhten Anfälligkeit für eine chronische Depression verbunden zu sein. Das erste ist die Schwierigkeit, sich selbst und anderen Menschen Grenzen zu setzen, das heißt, nicht nein sagen zu können. Ein Beispiel dafür ist die vierundvierzigjährige Ärztin, die wegen ihrer schweren Depressionen kurz davor stand, ihren Beruf als Internistin aufzugeben. Mit Hilfe eines Therapeuten erkannte sie, auf welche Weise sie sich in ihre Depression hineinmanövriert hatte und dass sie in Zukunft ihr Verhalten würde ändern müssen, um nicht wieder in die gleiche Situation zu geraten. Eines ihrer größten Probleme war, dass sie nicht nein sagen konnte. Sie ließ es sich gefallen, dass sie immer mehr Patienten aufgehalst bekam; als sie gebeten wurde, mehr Verwaltungsarbeit für das Krankenhaus zu übernehmen, mit dem sie zusammenarbeitete, stimmte sie, ohne zu überlegen, zu. Sie sagte nie nein, wenn ein Patient, der durchaus in ihre reguläre Sprechstunde hätte kommen können, sie um einen Termin am späten Abend oder am Wochenende ersuchte. Als ihr Bruder in Geldschwierigkeiten war und sich 50 000 Mark von ihr borgen wollte, lieh sie ihm das Geld, obwohl sie es sich mit zwei schulpflichtigen Kindern gar nicht leisten konnte. Auch ihrem Mann konnte sie nie etwas abschlagen, sie hielt jedoch ihre Versprechungen meist nicht ein, weil ihr die Zeit und die Kraft dafür fehlten. Das hatte zur Folge, dass ihr Mann immer ärgerlicher und enttäuschter reagierte und schließlich selbst depressiv wurde. Nachdem er sich wieder etwas erholt hatte, brachte er das Thema Trennung zur Sprache.

Eigentlich wollte er sich nicht wirklich von ihr trennen, aber die bloße Andeutung genügte, um den Druck, unter dem die Ärztin stand, noch mehr zu verstärken und somit zum Auslöser für ihre Depression zu werden.

Das zweite Persönlichkeitsmerkmal, das die Gefahr einer chronischen Depression begünstigen kann, ist ein Mangel an Selbstachtung, der kompensiert wird durch eine übergroße Abhängigkeit von der Meinung und den Einstellungen anderer. Sicher erlebt jeder einmal – sofern er nicht zu den unerschütterlichen Egoisten gehört – vorübergehend einen Einbruch seiner Selbstachtung, nachdem er in einer Situation versagt oder eine Niederlage erlitten hat. Auch jemand, der depressiv ist, hat in der Regel ein vermindertes Selbstwertgefühl. Es gibt jedoch Menschen, die zur Aufrechterhaltung ihrer Selbstachtung in einem so hohen Maß auf die Bestätigung anderer angewiesen sind, dass sie sehr schnell in depressive Stimmung verfallen, wenn die Anerkennung einmal ausbleibt oder sie aus neutralen Bemerkungen oder konstruktiv gemeinter Kritik ständig eine persönliche Kränkung heraushören. Letzteres kommt recht häufig vor, und man begegnet dem negativen Einfluss solcher sich aufdrängenden, das Selbst herabsetzenden Gedanken am besten, indem man sich systematisch angewöhnt, sie auf der Stelle zurückzuweisen und durch positive Gedanken zu ersetzen.

Gegen ein angeschlagenes Selbstwertgefühl hilft es sehr, wenn man sein bisheriges Leben Revue passieren lässt und sich all die guten Dinge vor Augen führt, die man getan hat, mögen sie einem auch noch so gering erscheinen. Ein schönes Beispiel für eine solche Neubewertung der eigenen Lebensgeschichte zeigt Frank Capra in seinem Film ‹*Ist das Leben nicht schön?*›. George Bailey (gespielt von James Stewart) hat seine Heimatstadt Bedford Falls nie verlassen, weil er sich für die Weiterführung der Spar- und Darlehenskasse verantwortlich fühlte, die sein Vater gegen die Machenschaften von Mr. Potter (Lionel Barrymore), dem Direktor der Bank von Bedford Falls, gegründet hatte. Georges Lebenswerk droht nun jedoch das Aus. Auf einer Brücke vor den Toren der Stadt denkt er über seine Situation nach und wünscht sich, nie geboren worden zu sein. Als er gerade den Vorsatz fasst, von der Brücke zu springen, tritt zwar kein Psychiater, aber ein Engel namens Clarence auf den Plan. Dieser demonstriert George auf einfühlsame Weise, was aus Bedford Falls und seinen Bewohnern geworden wäre, hätte es ihn wirklich nie gegeben.

In dem Szenario, das der Engel ihm vorführt, ist Georges Frau unverheiratet geblieben – eine unglückliche, von tausend Ängsten geplagte alte Jungfer. Sein Bruder, der aus dem Zweiten Weltkrieg als Held nach Hause kam, ertrinkt im Alter von acht Jahren, weil es keinen George gab, der ihn gerettet hätte. Sein Onkel Bill, dem George zu einer Anstellung verholfen hat, ist Alkoholiker geworden und beschließt sein Leben als Insasse einer Nervenheilanstalt. Bedford Falls ist in Pottersville umbenannt worden. All diese Bilder geben George sein Selbstwertgefühl zurück, und sein Lebenswille erwacht aufs Neue. Er eilt nach Hause, wo ihn seine Familie und seine Freunde bereits freudig erwarten: Sie haben genug Geld gesammelt, um ihm aus seiner misslichen Lage herauszuhelfen.

Wer noch zu jung ist, um auf eine solche Vergangenheit zurückblicken zu können – oder dazu aus irgendwelchen anderen Gründen nicht in der Lage ist –, kann sich immer noch an das Morgen halten. Auch wenn es Menschen gibt, die sich von einer Aktivität in die andere stürzen, um nicht mit ihrer Depression konfrontiert zu werden, ist doch das Gefühl, etwas geleistet zu haben, ein nicht zu unterschätzendes probates Mittel um ein gesundes Selbstwertgefühl zu erlangen.

Um möglichst rasch aus einem normalen Stimmungstief wieder herauszukommen, sollte man auch versuchen, sich von seinen Sorgen abzulenken, wie es der gesunde Menschenverstand einem rät. Es ist ein verbreiteter Irrtum zu glauben, man müsse sich so lange mit einem Problem beschäftigen, bis man es gelöst hat. Gerade jemand, der nur leicht depressiv ist, neigt dazu, ständig über den Anlass seiner niedergedrückten Stimmung nachzugrübeln, seien es Geldsorgen, das kränkende Verhalten einer Freundin oder familiäre Probleme. Wenn man sich allzu sehr auf seine Sorgen konzentriert, wird das Gefühl von Ohnmacht und Sinnlosigkeit lediglich stärker. Lenkt man seine Aufmerksamkeit jedoch auf andere Dinge – die Arbeit, ein Fußballspiel oder einen Kinofilm –, gelingt es oft, den depressiven Anflug zu überwinden, der sich sonst vielleicht vertieft und verfestigt hätte.

Ein zeitgemäßes und tragfähiges Konzept der Depression

Wirksame Vorbeugung kann nur dann geleistet werden, wenn es ein Konzept der Depression gibt, das den Anforderungen der Zeit entspricht und sich in der Praxis als tragfähig erweist. Wer die Hoffnung nährt, emotionale Krisen seien grundsätzlich vermeidbar, der bereitet den Boden für bittere Enttäuschungen. Genau diese optimistische Haltung kennzeichnet jedoch die Lebensphilosophie, die sich vor allem die reicheren Länder dieser Erde zu Eigen gemacht haben. Sie werden in ihrem Irrtum noch bestärkt durch ein medizinisches Modell, das die Depression pauschal zu einer Krankheit erklärt und psychische Gesundheit mit der Abwesenheit von seelischem Schmerz gleichsetzt.

Das Leben eines jeden Menschen besteht aus Zeiten relativer Stabilität, die durch Phasen unterbrochen werden, in denen alles infrage gestellt zu sein scheint. Um diese Höhen und Tiefen unbeschadet zu überstehen, bedarf es einer besonderen Anpassungsfähigkeit, die ich die psychobiologische Flexibilität genannt habe. Dazu muss man über eine gewisse Ich-Stärke verfügen, man muss psychische Belastungen eine Zeit lang aushalten können und in der Lage sein, überholte Realitätsvorstellungen der veränderten Situation anzupassen, um auf diese Weise zu einem neuen seelischen Gleichgewicht zu finden. Das setzt voraus, dass die biologischen Systeme, die an der Bewältigung von Stresssituationen beteiligt sind, ihrer Bestimmung gemäß funktionieren. So darf zum Beispiel die erhöhte Kortikosteroid-Ausschüttung, mit der die Nebennierenrinde auf Stress reagiert, ein bestimmtes Maß nicht überschreiten, und die Mechanismen, die das System der physiologischen Reaktionen automatisch wieder herunterfahren, wenn der Stress vorüber ist, müssen einwandfrei arbeiten. Ob jemand über genügend Flexibilität verfügt, hängt nicht zuletzt auch von seiner sozialen Umgebung ab. In Umbruch- und Krisenzeiten sollte sie ihm genügend Rückhalt bieten können, damit seine Depression nicht in Hoffnungslosigkeit, seine Desorientierung nicht in Panik umschlagen. Gleichzeitig sollte die Umwelt flexibel genug reagieren können, um die Bildung neuer Einstellungen und den Erwerb konstruktiver Verhaltensweisen zu unterstützen.

Ivor Browne und Vincent Kenny haben dieses Problem in der Sprache und mit den Vorstellungen der modernen Physik beschrieben: «Nach neueren wissenschaftlichen Erkenntnissen findet auf allen Ebenen, angefangen bei den Elementarteilchen bis hinauf zur Biologie und Ökologie … mit ihren offenen Systemen [einschließlich des Menschen], ein symmetriebrechender Prozess statt. Dabei handelt es sich offenbar um ein aktives Prinzip, das wirksam wird, wenn es in einem System zu Veränderung, Instabilität und ständiger Fluktuation kommt.

Ein Gabelungspunkt wird erreicht, wenn durch diese Schwankungen die bestehende Organisation des Systems destabilisiert wird. An diesem Punkt ist die ‹Wahl› der Richtung, die das System einschlagen wird, noch nicht vorhersagbar, hier geht es um Fragen des ‹Seins› und des ‹Werdens›. Das System kann sich in Chaos auflösen [chronische Depression und Unvermögen] oder sich plötzlich auf einem höheren und differenzierteren Niveau neu organisieren.»

Jeder, der eine akute Depression durchmacht, befindet sich an einem solchen Gabelungspunkt. Vor ihm liegen unvermeidliche und unwägbare Risiken, und es lässt sich nicht vorhersagen, in welcher Form beziehungsweise ob überhaupt eine Neuorganisation stattfinden wird. «Diese Prozesse», fahren Browne und Kenny in ihren Ausführungen fort, «lassen sich ohne weiteres auf Veränderungssituationen im menschlichen Leben übertragen und können mit Hilfe der Krisentheorie veranschaulicht werden.»

Die Krisenintervention ist heute ein weit verbreitetes Instrument, von dem Psychiater und Psychotherapeuten Gebrauch machen, um Menschen zu helfen, die gerade einen Anfall akuter Depression erleiden. Dabei kommt es darauf an, den Betroffenen unmittelbar Erleichterung von ihren Ängsten und Befürchtungen zu verschaffen, gleichzeitig sollen sie jedoch auch die Chance erhalten, die Krise zu nutzen, um sich selbst und ihre Lebenssituation besser zu verstehen.

Natürlich variieren die psychobiologischen Systeme von Mensch zu Mensch. Jeder erlebt solche Umbruchphasen auf seine Weise. Ihre subjektive Verarbeitung muss nicht immer die Form einer Depression annehmen, sondern kann sich ebenso in Panikgefühlen oder Verwirrtheit äußern. Am schlechtesten geht es jenen Menschen, die mit sich selbst so wenig in Kontakt stehen, dass sie die Anzeichen für ein gestörtes psychobiologisches Gleichgewicht einfach nicht wahrnehmen.

Zu diesen Menschen gehören zum Beispiel die so genannten Alexithymiker. Von *Alexithymie* spricht man in der Psychiatrie, um einen extremen Mangel an Einsicht zu kennzeichnen. Jemand, der als Alexithymiker gilt, hat die größten Schwierigkeiten, seine Gefühle wahrzunehmen und in Worte zu kleiden. Stimmungen und Emotionen spielen in seiner Phantasie so gut wie gar keine Rolle, und er kann sie auch nicht zum Ausdruck bringen. Alexithymiker interessieren sich nahezu ausschließlich für Dinge und Ereignisse außerhalb ihrer selbst, und sie geben wenig bis gar nichts von ihrem Innenleben preis. Es ist kein Zufall, dass Alexithymiker häufig an stressbedingten organischen Krankheiten leiden und zu Alkoholismus und Drogenabhängigkeit neigen, da sie außerstande sind, Stresssituationen richtig einzuschätzen und angemessen auf sie zu reagieren.

Große Ähnlichkeit mit dem Alexithymiker weist die so genannte Typ-A-Persönlichkeit auf, von der angenommen wird, dass sie besonders anfällig für Herzkrankheiten ist. Die Typ-A-Persönlichkeit verschanzt sich ebenfalls hinter einem Schutzwall, indem sie ihre Gefühle leugnet und jede Einsicht vermissen lässt. Menschen, die sich diesem Persönlichkeitsbild zuordnen lassen, stehen ständig unter Druck, sie sind hyperaktiv, angespannt und ungeduldig und immer darauf aus, in kürzester Zeit größtmöglichen Gewinn aus ihrem Leben zu ziehen. Eine Typ-A-Persönlichkeit bricht eher beim Tennisspielen mit einem Herzinfarkt tot zusammen, als dass sie sich wegen irgendeiner Unannehmlichkeit so etwas Inakzeptables wie eine akute Depression nachsagen lassen würde.

Flexibilität kann man lernen

Kann man Menschen die Fähigkeit zur Einsicht in die eigenen Gefühle und den erfolgreichen Umgang mit Stress beibringen? Dass dies möglich ist, zeigen die Ergebnisse zahlreicher Experimente, unter anderem auch eines Projekts, das wir vor einigen Jahren mit Medizinstudenten des Cornell University Medical College durchgeführt haben und in dem es darum ging, Methoden der Selbsteinsicht und des Stress-Managements zu vermitteln. Den Studenten des ersten Studienjahres wurde die Möglichkeit geboten, in Gruppen zu je acht Personen unter der Supervision eines Psychiaters die Belastungen des Medizinstudiums und die Ausbildung zum Arzt zu diskutieren. Dabei konnten sie sich nicht nur mit der durch die hohen Leistungsanforderungen bedingten Angst auseinander setzen, sondern sie hatten auch die Chance, Einsicht in emotionale Konflikte zu gewinnen, die der Arztberuf später mit sich bringen würde – zum Beispiel die Bewältigung von Wut- und Schuldgefühlen. Medizinstudenten haben in der Regel sehr hohe Ideale, die nur schwer, wenn überhaupt zu verwirklichen sind. Sie haben ein stark ausgeprägtes Verantwortungsgefühl, das sie in der ärztlichen Praxis besonders anfällig für unerkannte Schuldgefühle und Depressionen machen kann, denn sie sind Jahr für Jahr mit den Problemen oft chronisch und unheilbar Kranker konfrontiert. Wie sehr solche ungelösten Konflikte dem Arzt zu schaffen machen können, das zeigt sich sogar schon zu dem Zeitpunkt, da er sein Examen macht. Als aufgeweckter und human gesinnter junger Mensch kommt er an die Universität – und vier Jahre später hat er bereits einen guten Teil seines Gefühls für menschliche Beziehungen wie auch seine Flexibilität und Kreativität verloren! Dieser Gefahr kann nur entgegengewirkt werden, indem die Diskussion solcher Probleme in den Lehrplan aufgenommen wird.

Eine akute Depression oder irgendein anderes Anzeichen für eine Störung treten häufig in Zeiten auf, in denen sich die Lebensumstände eines Menschen entscheidend verändern. Seine Heilung verlangt von ihm nicht selten eine allgemeine Umorientierung und eine neue Lebensweise, wie etwa nach einer Scheidung oder dem Tod eines Ehepartners, dem Verlust des Arbeitsplatzes oder dem Bankrott eines Unternehmens. Der Betreffende ist dann gezwungen, sich auf ein ungewohntes, unsicheres und noch unbestimmtes neues Leben einzustellen. Eine solche Situation bedeutet immer ein erhöhtes Risiko für das seelische Gleichgewicht. Nun hängt es von der Kreativität des Einzelnen ab, ob er Pläne für sein künftiges Leben entwerfen kann und auch imstande ist, die Schritte zu benennen, die für ihre Umsetzung erforderlich sind.

Kreativität bedeutet nicht mehr und nicht weniger als die Fähigkeit, Lösungen für Probleme zu finden, die unlösbar zu sein scheinen. Der Psychiater Anthony Storr hat darauf hingewiesen, dass Kreativität ein lebenswichtiger Bestandteil der persönlichen Identität ist und dass zwischen ihr und den «psychischen Heilungsprozessen» eines Menschen ein Zusammenhang besteht. Seine These konnte inzwischen durch entsprechende Ergebnisse in Persönlichkeitstests empirisch bestätigt werden. So erzielen kreative Menschen im Minnesota-Persönlichkeitsfragebogentest (MMPI) höhere Werte bei Items, mit denen sich die Wahrscheinlichkeit einer Genesung von Angstzuständen oder Depressionen vorhersagen lässt. Auch bei Tests, mit denen die Ich-Stärke gemessen wird – also ein ganz zentrales Moment der Flexibilität –, schneiden kreative Menschen besser ab als nicht kreative, etwa im California Psychological Inventory, bei dem es auf Persönlichkeitseigenschaften wie Dominanz, Statusfähigkeit, Selbstakzeptanz, Verantwortung, Selbstkontrolle, Toleranz und intellektuelle Leistungsfähigkeit ankommt.

Wissenschaftler der Creative Education Foundation in Buffalo, New York, befassten sich über dreißig Jahre lang mit der Erforschung des kreativen Denkens. Sie suchten nach Wegen, wie man es verbessern könnte, und gelangten zu dem Ergebnis, dass man Kreativität lernen beziehungsweise optimieren kann, indem man bestimmte

Grundregeln beachtet. Eine davon ist die Regel, dass *Quantität* zu *Qualität* führt.

Wenn man nach Lösungen für ein Problem sucht, sind es gewöhnlich die am wenigsten originellen Ideen, die einem zuerst einfallen. Vermutlich hat man sie schon des Öfteren in Gedanken erwogen und als nicht durchführbar oder ungeeignet verworfen. Lässt man dann seinen Ideen jedoch freien Lauf – auch wenn sie einem noch so dumm, albern oder abwegig erscheinen –, ist man überrascht von der Vielfalt der Möglichkeiten, sodass am Ende dieses Brainstormings Lösungswege sichtbar werden, auf die man sonst nie gekommen wäre. Es müssen gar keine ausgefallenen Lösungen sein, oft sind es im Gegenteil besonders nahe liegende, die einem vorher nur nicht eingefallen sind.

Eine weitere Regel verlangt, dass man mit der Bewertung der Einfälle bis zum Ende des Suchprozesses warten soll. Sie bewahrt einen davor, den Ideenfluss zu unterbrechen und jede neu auftauchende Vorstellung kritisch zu begutachten. Sonst würde das Ganze rasch in Langeweile münden und die Entdeckerfreude, die den kreativen Prozess stimuliert, würde sich verflüchtigen.

Auch das «Gärenlassen» ist eine Grundregel des kreativen Denkens. Manchmal hat man trotz ausgiebigen Brainstormings keine überzeugende Lösung gefunden und ist am Ende seines Lateins. Dann legt man das Ganze am besten eine Weile aus der Hand und überlässt alles Weitere seinem Unterbewusstsein – der Quelle unserer Einbildungskraft. Im Unterbewusstsein wird das Denken nicht durch die prosaischen und buchstabengetreuen Regeln der bewussten Sprache eingeschränkt. Es übertrifft jeden Computer in der sekundenschnellen Durchforstung großer Datenmengen, und was anfangs unvereinbar erschien, ordnet sich zu neuen Wahrnehmungs- und Denkmustern. Wie aus dem Nichts steht plötzlich eine Lösung vor uns, und das Denken kann eine neue Richtung nehmen.

Die Fähigkeiten der kreativen Problemlösung sollte man nicht gerade dann einüben, wenn man sich mitten in einer Krise befindet. Wer sie beherrscht, ist besser gewappnet für die Bewältigung der unausweichlichen Veränderungen, die noch auf ihn zukommen.

Unterstützung durch andere Menschen

Welchen Beitrag kann die Umgebung eines Menschen leisten, damit er seine Depression überwinden kann und auch in Zukunft frei von depressiven Störungen bleibt? Wissenschaftliche Untersuchungen, die sich in den letzten Jahren mit dieser Frage befasst haben, konnten nachweisen, wie wichtig die Unterstützung der Umwelt für die Erreichung dieser beiden Ziele ist. Das gilt ganz besonders für die engsten Familienangehörigen, genauso unentbehrlich sind aber auch gute Freunde, besonders solche, die über Einfühlsamkeit verfügen und das Vertrauen des Betroffenen besitzen. Es mag zwar romantischen Vorstellungen widersprechen, aber ein Mensch allein kann niemals alle Bedürfnisse eines anderen erfüllen. Jedem, der sich in einer Lebenskrise befindet, bietet eine kleine Gruppe nahe stehender Menschen die bestmögliche psychologische Unterstützung. Ist das Ärgste überstanden, sollte man sich wieder einem größeren und breiter gefächerten Kreis von Freunden und Bekannten öffnen, um Anregungen und Anstöße für neue Perspektiven zu gewinnen.

«Nach der Scheidung», sagte ein Mann, «wurde ich so depressiv, dass ich mehrere Monate in einer psychiatrischen Klinik bleiben musste. Es gab Augenblicke, da wollte ich mich umbringen. Ich war verängstigt und einsam. Das Schlimmste war nach ein paar Wochen überstanden, aber die schreckliche Einsamkeit, die Sehnsucht nach einem nahen Menschen, nach einem Zuhause! Das dauerte noch Monate. Ich erinnere mich, wie ich manchmal nachts wach im Bett lag und gegen die Versuchung kämpfte, zum Fenster zu rennen und hinauszuspringen.

Als ich mich langsam wieder etwas besser fühlte, erkannte ich, dass die ganze Sache auch deshalb so aus dem Ruder laufen konnte, weil ich es immer meiner Frau überlassen hatte, sich um unseren Bekannten- und Freundeskreis zu kümmern. Von meinen alten Freunden aus der Zeit vor meiner Ehe habe ich die meisten aus den Augen verloren. Meine Eltern leben nicht mehr, und mit meinem einzigen Bruder habe ich mich nie besonders gut verstanden. Als dann dieser Albtraum losging, hatte ich buchstäblich niemanden, mit dem ich darüber reden konnte. Die Freunde meiner Frau – denn das waren sie, auch wenn ich immer geglaubt hatte, sie wären auch meine Freunde – verschwanden mit ihr aus meinem Leben. Ich bin sicher, wäre jemand da gewesen, dem ich mich hätte anvertrauen können, wäre es nie so weit bergab mit mir gegangen. Eins können Sie mir glauben: Als Erstes werde ich mich um Freunde bemühen – und sie nicht wieder so vernachlässigen wie früher.»

Die Bereitschaft der Familienmitglieder, das Ihrige zur Therapie des Patienten beizutragen, ist beinahe ausschlaggebend für die Prognose, wie die Depression schließlich ausgeht und die Wechselbeziehungen innerhalb der Familie sich gestalten werden. Der Ehemann, der sich weigert, den Psychiater seiner Frau zu besuchen, auch wenn dieser es verlangt, verheimlicht vielleicht etwas, zum Beispiel ein außereheliches Verhältnis, oder er befürchtet, seine Macht über sie zu verlieren, wenn ihre Behandlung Erfolg hat. Die Ehefrau, die es nicht über sich bringt, mit dem Therapeuten zusammenzuarbeiten, fühlt sich vielleicht – mit oder ohne Grund – befangen und schuldig, an der Entstehung der Depression mitgewirkt zu haben. Auch fehlt es ihr vielleicht an Einsicht und Flexibilität, um eine seit langem bestehende Gewohnheit der psychologischen Sabotage zu bekämpfen. Allgemein gilt, dass der depressive Patient sich umso leichter erholen und von Depressionen frei bleiben kann, je aufrichtiger die Familienmitglieder bei der Therapie mitarbeiten. Andernfalls müsste er sich, auch wenn dies schwer fällt, zu einer tief greifenden Änderung seiner Lebensform entschließen.

Die richtige Umgebung kann die Flexibilität fördern

Das weitere gesellschaftliche Umfeld kann sich ebenfalls mehr oder weniger günstig auf die Stabilität und Flexibilität auswirken, die der Einzelne benötigt, um Krisen in seinem Leben erfolgreich zu meistern. Es wäre viel getan für die Verminderung der depressionsfördernden Aspekte unserer Kultur, wenn wir uns wieder auf ein Sinn stiftendes und positives Wertsystem besinnen würden. Aber auch veränderte Umgebungsbedingungen in den privaten und öffentlichen Organisationen können bereits dazu beitragen. Viele Unternehmen führen zum Beispiel Schulungen durch, in denen die Angestellten lernen, mit Stress verbundene Veränderungen, etwa eine Beförderung, eine geographische Veränderung oder die Pensionierung, reibungslos zu bewältigen – Veränderungen, die chronische Depressionen hervorrufen können, wenn der Einzelne nicht in geeigneter Form auf sie reagiert. Doch Firmen sollten nicht nur die Bedürfnisse des Einzelnen besser berücksichtigen, sondern auch nach Möglichkeiten zur Veränderung depressogener Milieus suchen.

Dies kann jedoch nicht so planlos geschehen wie noch vor einigen Jahren, als viele Unternehmen psychologische Methoden zur Verbesserung der menschlichen Beziehungen und der Kommunikation – wie etwa das Sensitivitäts-Training oder Awareness-Übungen – erprobten. Nachdem sie beträchtliche Geldsummen und viele Stunden Arbeitszeit investiert hatten, mussten sie am Ende enttäuscht feststellen, dass sich der ganze Aufwand nicht gelohnt hatte. Das lag vorwiegend daran, dass man versäumt hatte, vorher den Charakter, den Zweck, die Bedürfnisse und die Konflikte des Betriebes zu definieren und dann nach dem Prioritätsprinzip die geeigneten Methoden anzuwenden, um die wichtigsten Probleme zu lösen – also wie ein Arzt eine Diagnose zu erstellen.

Die meisten Menschen sind nicht in der Lage, von sich aus die allgemeinen Bedingungen der Organisation zu verändern, in der sie arbeiten. Für viele, deren Depressionen durch ein bestimmtes Milieu bedingt sind, gibt es vielleicht keinen anderen Ausweg, als zu kündigen und zu gehen. Viele Männer und Frauen, die ihren Arbeitsplatz wechseln und dafür die verschiedensten Gründe angeben, versuchen in Wirklichkeit, einer depressogenen Situation zu entfliehen.

Einen Ort gibt es jedoch, wo der Einzelne sehr viel tun kann, um sein Milieu zu verändern, und dies ist sein eigenes Zuhause. Die Grundprinzipien, um die es dabei geht, liegen klar auf der Hand. Wenn jemand depressiv ist, dann sollte er überlegen, was er tun kann, um jene Elemente seines Familienlebens zu verändern, die zu seiner Depression beitragen. Wenn ein anderes Familienmitglied de-

275

pressiv ist, sollte man fragen, was die übrigen vielleicht tun oder lassen, um sein Leiden zu vermehren. Stellt man sich solche Fragen, dann sollte man nicht von der Vorstellung ausgehen, bei irgendjemandem die Schuld zu suchen, sondern von der Hoffnung, eine unbefriedigende Situation in eine befriedigende zu verwandeln und einen an sich schon beglückenden Zustand noch glücklicher zu gestalten.

Eine Chance zur Veränderung

Wenn du versuchst, dein Leben zu ändern, dann können Depressionen nicht ausbleiben. Bist du ohnehin schon depressiv, dann hast du nun die Möglichkeit, in drei wichtigen Bereichen Fortschritte zu machen: in deinem Urteil über dich selbst, in deinen Beziehungen zu anderen und in deiner Fähigkeit, schwierige Lebensumstände zu bewältigen.

Dein Urteil über dich selbst

Ein Computerfachmann berichtet: «Bevor meine Depression ausbrach, strebte ich immer danach, von anderen gelobt zu werden. Ich machte mir Sorgen, was meine Frau von mir halten mochte, was mein Chef von mir halten mochte, wie die anderen Kollegen in meiner Abteilung über mich dachten. Ich hätte fast alles gegeben, um Kritik an mir zu vermeiden. Ich brauchte dauernd die Bestätigung, dass meine Arbeit etwas taugte.

Solange ich depressiv war, machte all dies mir nichts mehr aus. Zum ersten Mal erkannte ich meine Sucht nach Lob und Beifall als eine eingefahrene Angewohnheit, die mein ganzes Leben beherrschte. Das war so unvernünftig! Konnte ich mir nicht selbst meine Meinung über mich bilden? Wusste und spürte ich denn nicht, was für ein Mensch ich bin? Solange ich versuchte, mein Urteil über mich selbst auf die Meinung anderer zu stützen, hatte ich keine eigene Identität.

Aber heute, wo ich nicht mehr depressiv bin, bin ich ein anderer

276

Mensch. Ich kenne meine Fähigkeiten, und ich kenne meine Grenzen. Ich möchte immer noch den anderen gefallen, aber ich bin jetzt wählerischer geworden.»

Deine Beziehungen zu anderen

Eine Frau schildert die Veränderung, die in ihrer Ehe eintrat: «Bevor ich depressiv wurde, wussten weder mein Mann noch ich, wie sehr wir auf allen Gebieten miteinander rivalisierten, um die Liebe unserer Kinder, um den Erfolg im Beruf. Ich war so neidisch auf seine Erfolge, dass ich ihm überhaupt verbot, mir von seiner Arbeit zu erzählen. Und ich glaubte, dass er mich für meine Arbeit im Haushalt nicht anerkannte. Es war so schlimm, dass wir manchmal um die Liebe seiner und meiner Eltern wetteiferten.

Aber dies bemerkten wir nicht, bis unsere Ehe beinah zerstört war. Als ich depressiv wurde, mussten wir unser Verhältnis gründlich überprüfen. Es war ein Schock, als wir erkannten, dass unsere Rivalität Liebe und Achtung zwischen uns zerstört hatte. Sie hatte sogar unser Liebesleben vergiftet.

Heute ist dieser sinnlose Kampf vorbei. Natürlich ging das nicht von heute auf morgen. Aber wir merken immer rechtzeitig, wann es losgeht, und wir können aufhören. Als ich depressiv war, da war mir alles gleichgültig. Heute, wo es mir gut geht, bin ich wie nie zuvor bereit zur Gemeinsamkeit.»

Und der Ehemann berichtet: «Heute kehren wir nicht mehr jedes Problem unter den Teppich. Ich habe gelernt, aufrichtiger zu sein, zu sagen, was ich denke und fühle, und es so zu sagen, dass ich verstanden werde. Ich war nicht so deprimiert wie meine Frau, aber natürlich war ich sehr unglücklich. Ich erkannte damals, dass es so nicht weitergehen könnte. Es war höchste Zeit, dass ich es lernte, mich mit Problemen, besonders mit strittigen Problemen, auseinander zu setzen, statt sie immer wieder vor mir herzuschieben.»

Deine Fähigkeit, schwierige Lebensumstände zu bewältigen

Das Alter, der Lebensabschnitt über sechzig, ist für viele Menschen eine Zeit der Einsamkeit, in der sie sich unglücklich fühlen. Mit der Pensionierung ist all das zu Ende, was eine produktive Arbeit dem Menschen bedeuten kann. Nun fühlt er sich nutzlos, und wenn zur Untätigkeit noch gesundheitliche und finanzielle Probleme hinzutreten, kann die Depression nicht ausbleiben. «Ich habe ein sehr aktives Leben geführt», erzählt der ältere Herr. «Ich war selbständig, hatte meine eigene Firma. Ich hatte nicht den Erfolg, von dem ich mal geträumt habe, aber ich habe gute Arbeit geleistet. Vor zwei Jahren bestanden meine Partner darauf, ich solle in den Ruhestand treten, und gaben mir eine Frist von sechs Monaten. Zuerst wehrte ich mich, aber dann gab ich nach.

Meine Frau und ich zogen ins Allgäu. Dort kannten wir anfangs keine Menschenseele. Ganz plötzlich, nach Jahren voller Schaffensfreude, Reisen, Konferenzen, gab es für mich nichts mehr zu tun. Der Vormittag war das Schlimmste. Der aufregendste Augenblick des Tages war, wenn ich die Frankfurter Allgemeine kaufen ging. Ich hatte keine Lust mehr, unter Menschen zu gehen. Meistens hatte ich auch keinen Appetit. Ich wurde mürrisch, ja sogar ein schwieriger Charakter. Ich glaubte schon, ich sei körperlich krank.

Unser Hausarzt versicherte mir, dass ich kerngesund sei. Er machte mir einen Vorschlag, der sich als unschätzbar erwies. Er fragte mich nämlich, wofür ich mich in meiner Schulzeit interessiert hätte. Ich erinnerte mich, dass ich an Fotowettbewerben teilgenommen hatte und dass ich damals Kristalle sammelte. Irgendwann hatte ich sogar vorgehabt, Geologe zu werden. Statt nun herumzusitzen, mich mit Sachen zu befassen, die mir schnurz waren, vielleicht die Mitarbeit im Tierschutzverein – warum sollte ich nicht diese alten Interessen wieder aufgreifen, jetzt, wo ich endlich die Zeit dafür hatte? Noch während wir darüber sprachen, spürte ich, wie das Leben in mich zurückkehrte.»

Was du über die Depression denkst, hängt davon ab, wie du sie erlebst. Es liegt in der Natur der Sache, dass sie ein Ende bedeutet. Und weil nach jedem Ende wieder ein Anfang kommt, soll auch deine Depression ein neues Beginnen sein!

Literaturverzeichnis

ACADEMY OF RELIGION AND MENTAL HEALTH: Moral values in psychoanalysis: Proceedings of the sixth academy symposium (1963). New York: Author

AFFINSON, T. J., und ROBINSON, R. G. (1992): Mood disorders following brain injury. In: Directions in Psychiatry, 12 (3)

AMERICAN PSYCHIATRIC ASSOCIATION (1994): Diagnostic and statistical manual of mental disorders. 4. Aufl. Washington DC: Author

ANDERSEN, A. E. (1989): Anorexia nervosa, bulimia, and depression: Multiple interactions. In: F. F. Flach (Hg.): Diagnostics and psychopathology (S. 131–139). New York: W. W. Norton & Company

BACH, G. R., UND WYDEN, P. (1969): The intimate enemy: How to fight fair in love and marriage. New York: William Morrow

BAN, T. A., UND EBERT, M. H. (1988a): The diagnosis of depression in the elderly. In: F. F. Flach (Hg.): Affective disorders (S. 77–78). New York: W. W. Norton & Company

BAN, T. A., und EBERT, M. H. (1988b): The treatment of depression in the elderly. In: F. F. Flach (Hg.): Affective disorders (S. 89–101). New York: W. W. Norton & Company

BECK, A. T., RUSH, A. J., SHAW, B. F., und EMERY, G. (1986): Kognitive Therapie der Depressionen. 2. Aufl. München: Urban und Schwarzenberg

BEITMAN, B. D. (1989): Combining pharmacotherapy and psychotherapy: process considerations. In: F. F. Flach (Hg.): Psychobiology and psychopharmacology (S. 75–89). New York: W. W. Norton & Company

BINSWANGER, L. (1962): Grundformen und Erkenntnis menschlichen Daseins. 3. Aufl. München: E. Reinhardt

BRADSHAW, J. (1994): Creating love. New York: Bantam

BRAIKER, H. B. (1988): Getting up when you're feeling down. New York: Pocket Books

BRANDEN, N. (1992): Working with self-esteem in psychotherapy. In: Directions in Clinical Psychology, 4 (8)

BRANDEN, N. (1995): Die sechs Säulen des Selbstwertgefühls. Hamburg: Kabel

BROWN, J. C. (1994): Adolescent suicide. In: Directions in Child and Adolescent Therapy, 5 (1)

BROWNE, I. W., und KENNY, V. (1989): How does psychotherapy work? Teil I:

The new science paradigm for psychotherapy theory. In: F. F. Flach (Hg.): Psychotherapy (S. 1–15). New York: W. W. Norton & Company

BURNS, D. D. (1992): Feeling good: The new mood therapy. New York: Avon

BURTON, R. (1977): The Anatomy of melancholia. New York: Vintage (Zuerst 1621)

CARR, J. E., und VITALIANO, P. P. (1985): The theoretical implications of converging research on depression and the culture-bound symptoms. In: A. Klienman und B. Good (Hg.): Culture and depression: studies in anthropology and cross-cultural psychiatry of affect and disorder. Berkeley, CA: University of California Press

CHOPRA, D. (1994): Die Körperzeit. Bergisch Gladbach: Lübbe

CIBOROWSKI, P. J. (1993): Counseling children of divorce. In: Directions in Marriage and Family Therapy, 1 (1)

COHN, H. W. (1989): Man as process: Existential aspects of psychotherapy. In: F. F. Flach (Hg.): Psychotherapy (S. 170–182). New York: W. W. Norton & Company

COLE, T. R., und WINKLER, M. G. (Hg.) (1994): The Oxford book of aging. New York: Oxford University Press

COLGROVE, M., BLOOMFIELD, H., und MCWILLIAMS, P. (1991): How to survive the loss of a love. Los Angeles: Prelude Press

COPELAND, M. E., und MCKAY, M. (1992): The depression workbook. Oakland, CA: New Harbinger

COTTON, N. S. (1989): A developmental model of self-esteem regulation. In: F. F. Flach (Hg.): Stress and its management (S. 37–57). New York: W. W. Norton

DEAKIN, J. F. W. (Hg.) (1986): Biology of depression. Washington DC: American Psychiatric Press

DELGADO, P. L., und GELENBERG, A. (1994): Decision making in the use of antidepressants. In: Directions in Psychiatry, 14 (21)

DEMITRACK, M. A. (1992): Chronic fatigue syndrome. In: Directions in Psychiatry, 12 (15)

DEPAULO, J., JR., RAYMOND, A., und KEITHER, R. (1989): How to cope with depression. New York: Ballantine

DOWNS, H. (1994): Fifty to forever. Nashville: Thomas Nelson

DUBOVSKY, S. I. (1993): Diagnosis and management of psychotic depression. In: Directions in Psychiatry, 13 (18)

DUGUAY, R., und FLACH, F. (1964): An experimental study of weight changes in depression. In: Acta Psychiatrica Scandinavica, 40, S. 1–9

DUNNER, D. L. (1995): Diagnosing and treating bipolar II disorder. In: Directions in Psychiatric Nursing, 1 (10)

DUPONT, R. L. (1994): Facing and preventing teenage use of alcohol and other drugs. In: Directions in Substance Abuse Counseling, 2 (3)

DUPONT, R. L., und MCGOVERN, J. P. (1991): Co-Dependence. In: Directions in Clinical Psychology, 2 (7)

EISENBERG, L. (1989): The meaning of illness. In: F. F. Flach (Hg.): Diagnostic and psychopathology (S. 3–13). New York: W. W. Norton & Company

ERIKSON, ERIK H. (1957): Kindheit und Gesellschaft. Zürich: Pan

FARGELLA, F., und FLACH, F. (1970): Studies of mineral metabolism in mental depression. In: Journal of Nervous and Mental Disease, 151 (2), S. 120–129

FIEVE, R. R. (1981): Depression? Erfolgreiche Behandlung mit Lithium. München: Droemer Knaur

FLACH, F. F. (1964): Calcium metabolism in states of depression. In: British Journal of Psychiatry, 110 (467), S. 588–593

FLACH, F. F. (1971): Group approaches in medical education. In: H. I. Kaplan und B. J. Sadock (Hg.): Comprehensive group psychotherapy. Baltimore: Williams & Wilkins

FLACH, F. F., und DRAGHI, SUZANNE (Hg.) (1975): The nature and treatment of depression. New York: John Wiley and Sons, Inc.

FLACH, F. F., et al. (1992): Visual perceptual dysfunction in patients with schizophrenic and affective disorders versus control subjects. In: Journal of Neuropsychiatry, 4 (4), S. 422–427

FLACHT, F. (1620): De melancholia et idiopathica et sympathica. Basel

FREEMAN, H. L. (1989): Mental health and the environment. In: F. F. Flach (Hg.): Stress and its management (S. 127–142). New York: W. W. Norton & Company

GARBUTT, J. C. (1989): L-Triiodothyronine and lithium in the treatment of tricyclic antidepressant nonresponders. In: F. F. Flach (Hg.): Psychobiology and psychopharmacology (S. 109–120). New York: W. W. Norton & Company

GAYLIN, W. (Hg.) (1994): Psychdynamic understanding of depression. New York: Jason Aronson

GOLD, J. H. (1989): Premenstrual syndrome. In: F. F. Flach (Hg.): Diagnostics and psychopathology (S. 110–120). New York: W. W. Norton & Company

GOLD, M. S., und HERRIDGE, P. (1988): The risk of misdiagnosing physical illness as depression. In: F. F. Flach (Hg.): Affective Disorders (S. 64–76). New York: W. W. Norton & Company

GOLD, M. S., und MORRIS, L. B. (1988): The good news about depression. New York: Bantam Books

GOODWIN, F. K., und JAMISON, K. R. (1990): Manic depressive illness. New York: Oxford University Press

GREENBLATT, M., BECERRA, R. M., und SERAFETINIDES, E. S. (1989): Social networks, adaptibility to stress, and recovery from psychiatric illness. In: F. F. Flach (Hg.): Stress and its management (S. 117–126). New York: W. W. Norton & Company

GRUEN, P. H. (1991): Clinical use of fluoxetine hydrochloride (Prozac). In: Directions in Psychiatry, 11 (25)

HALES, D., und HALES, R. E. (1995): Caring for the mind. New York: Bantam Books

HALL, M. H., DAHL, R. E., DEW, M. A., und REYNOLDS, C. F. III. (1995): Sleep patterns following major negative life events. In: Directions in Psychiatry, 15 (9)

HALPERN, J. K., und ROOSE, S. P. (1990): The cardiovascular effects of tricyclic antidepressants. In: Directions in Psychiatry, 10 (14)

HAMMEN, C. L. (1995): Stress and depression. In: Directions in Psychiatry, 15 (22)

HOWLAND, R. H. (1993): Psychotherapy of dysthymia. In: Directions in Psychiatry, 13 (19)

JENIKE, M. A. (1990): Depression in the elderly. In: Directions in Psychiatry, 10 (1)

JACOBSEN, F. M., und ROSENTHAL, N. E. (1988): Seasonal affective disorder and the use of light as an antidepressant. In: F. F. Flach (Hg.): Affective disorders (S. 215–310). New York: W. W. Norton & Company

JARRETT, R. B., und RUSH, A. J. (1992): Cognitive therapy for depression. In: Directions in Clinical Psychology, 2 (3)

KEUTZER, C. S. (1989): Synchronicity awareness in psychotherapy. How does psychotherapy work? In: F. F. Flach (Hg.): Psychotherapy (S. 159–169). New York: W. W. Norton & Company

KIPFER, B. A. (1990): 14,000 things to be happy about. New York: Workman

KRAEPELIN, E. (1909 ff.): Psychiatrie. Ein Lehrbuch für Studierende und Ärzte. 8. Aufl. Leipzig: Barth

KRAMER, P. D. (1995): Glück auf Rezept. Der unheimliche Erfolg der Glückspille Fluctin. München: Kösel

LEVY, E. M., und KRUEGER, R. (1988): Depression and the immune system. In:

F. F. Flach (Hg.): Affective disorders (S. 186–198). New York: W. W. Norton & Company

MALMQUIST, C. P. (1995): Depression and violence. In: Directions in Psychiatry, 15 (21)

MANNING, M. (1996): Am eigenen Leibe. München: Droemer Knaur

MARSELLA, A. J., SARTORIUS, N., JABLENSKY, A., und FENTON, F. R. (1985): Cross-cultural studies of depressive disorders: an overview. In: A. Klienman und B. Good (Hg.): Culture and depression: Studies in anthropology and cross-cultural psychiatry of affect and disorder. Berkeley, CA: University of California Press

MCALLISTER, R. J. (1988): Forgiveness. In: Directions in Mental Health Counseling, 1 (7)

MCCULLY, R. S. (1989): The almost forgotten dimension: Religion and the psyche. In: F. F. Flach (Hg.): Stress and its management (S. 91–102). New York: W. W. Norton & Company

MCGRATH, E. (1994): Danke – es geht mir schlecht! München: Goldmann

MEISSNER, W. W. (1989): The dynamics of hope. In: F. F. Flach (Hg.): Stress and its management. New York: W. W. Norton & Company

MEISSNER, W. W. (1993): The psychodynamics of guilt and its management. In: Directions in Psychiatry, 13 (8)

MEISSNER, W. W. (1995): The nature of trust and its management in therapy. In: Directions in Psychiatry, 15 (6)

MENNINGER, K. (1968): Das Leben als Balance. München: Piper

MEYERS, J. E. (1994): Employment, retirement, and life career counseling for older workers. In: Directions in Rehabilitation Counseling. 1 (6)

MILLER, N. S. (1993): Pharmacotherapy in alcoholics. In: Directions in Psychiatry, 13 (20)

MINTZ, J., et al. (1994): Treatment of depression and the restoration of work capacity. In: Directions in Rehabilitation Counseling, 5 (6)

MONK, T. H. (1988): Circadian rhythms in human performance. In: F. F. Flach (Hg.): Affective disorders (S. 199–214). New York: W. W. Norton & Company

MOORE, T. (1995): Die Seele lieben. München: Droemer Knaur

NATHANSON, D. I. (1989): Understanding shame. In: Directions in Mental Health Counseling, 1 (9)

NEMIAH, J. C. (1989): Alexithymia and psychosomatic illness. In: F. F. Flach (Hg.): Stress and its management (S. 154–169). New York: W. W. Norton

O'CONNELL, R. A. (1988): Depression: Bipolar or unipolar? In: F. F. Flach (Hg.): Affective disorders (S. 29–37). New York: W. W. Norton & Company

PAPOLOS, D., und PAPOLOS, J. (1992): Overcoming depression. New York: Harper Collins

PAPOLOS, F., und LACHMANN, H. M. (Hg.) (1994): Genetic studies in affective disorders. New York: John Wiley & Sons

PAYKEL, E. S., MYERS, J. K., DIENELT, M. N., KLERMAN, G. L., LINDENTHAL, J. J., und PEPPER, M. P. (1969): Life events and depression. In: Archives of General Psychiatry, 21 (6), S. 753–760

PEALE, N. V. (1996): Die Kraft des positiven Denkens. 2. Aufl. München: dtv

PECK, M. S. (1978): The road less travelled. New York: Touchstone

POTTER, W. Z., RUDORFER, M. V., und MANJI, H. (1991): The pharmacological treatment of depression. In: New England Journal of Medicine, 325, S. 633–642

RABKIN, R., und RABKIN, J. G. (1995): Management of depression in patients with HIV infection. In: W. Odets and M. Shernoff (Hg.): The second decade of AIDS. New York: Hatherleigh Press

RAINER, J. D. (1991): Genetics and psychiatric illness. In: Directions in Psychiatry, 11 (25)

REDLICH, F. C., und AUGUST B. HOLLINGSHEAD (1975): Der Sozialcharakter psychischer Störungen. Eine sozialpsychiatrische Untersuchung. Frankfurt a. M.: S. Fischer

SALZMAN, L. (1989): Terminating psychotherapy. In: F. F. Flach (Hg.): Psychotherapy (S. 223–230). New York: W. W. Norton & Company

SELIGMAN, M. E. P. (1995): Erlernte Hilflosigkeit. 5. korr. Aufl. Weinheim: Beltz

SHEEHY, G. (1996): Die neuen Lebensphasen. München, Leipzig: List

SHERLOCK, R. K. (1989): Values in psychotherapy. In: F. F. Flach (Hg.): Psychotherapy (S. 43–56). New York: W. W. Norton & Company

SIEGAL, B. S. (1986): Love, medicine, and miracles. New York: Harper Collins

SIEGAL, B. S. (1989): Peace, love, and healing. New York: Harper Collins

SMITH, H. (1991): Depressed? Here's a way out. New York: Harper Collins

SPITZ, H. I. (1988): Family and marital therapy in the treatment of depression. In: F. F. Flach (Hg.): Affective disorders (S. 128–139). New York: W. W. Norton & Company

STORR, A. (1972): The dynamics of creation. New York: Atheneum

STORR, A. (1988): Principles of psychotherapy with depressed patients. In: F. F. Flach (Hg.): Affective disorders (S. 102–113). New York: W. W. Norton

STORR, A. (1990): The art of psychotherapy. New York: Routledge

STYRON, W. (1990): Darkness visible: A memoir of madness. New York: Random House

WEINBERG, W. A., HARPER, C. R., und EMSLIE, G. J. (1992): The effect of depression and learning disabilities on school behavior problems. In: Directions in Clinical Psychology, 4 (14)

WEST, L. J. (1994): Principles in the psychotherapy of depression. In: Directions in Clinical Psychology, 4 (1)

WHYBROW, P. C. (1988): Affective styles in the etiology of depression. In: F. F. Flach (Hg.): Affective disorders (S. 1–9). New York: W. W. Norton & Company

WILLIAMS, M. E. (1995): American geriatric society's guide to aging & health. New York: Harmony Books / Random House

WINOKUR, G. (1995): Distinctions between manic-depressive illness and primary unipolar depressive disorder. In: Directions in Psychiatry, 15 (8)

WURTZEL, E. (1994): Prozac nation. New York: Houghton Mifflin

Nachdrucke einzelner Hefte der Bildungsreihen *Directions in Psychiatry, Directions in Clinical Psychology, Directions in Psychiatric Nursing, Directions in Mental Health Counseling, Directions in Rehabilitation Counseling, Directions in Substance Abuse Counseling, Directions in Child and Adolescent Therapy* und *Directions in Marriage and Family Therapy* können bestellt werden beim Verlag The Hatherleigh Company, Ltd., 420 East 51 Street, New York, NY 10022, Tel. 001-800-367-2550.

Quellennachweis

Das Zitat von T. S. Eliot auf Seite 211 stammt aus: Vier Quartette: Little Gidding, Teil 5. In : T. S. Eliot: Ausgewählte Gedichte. Frankfurt a. M. (Suhrkamp) 1951, S. 149

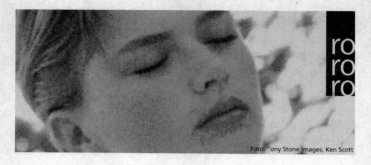

Foto: Tony Stone Images, Ken Scott

Lebenshilfe bei rororo

Stress, Depression, seelische Problemzonen – und die Kunst, sie zu überwinden

Wayne W. Dyer
Der wunde Punkt
Die Kunst, nicht unglücklich zu sein. Zwölf Schritte zur Überwindung unserer seelischen Problemzonen
3-499-17384-0

Eugene T. Gendlin
Focusing
Selbsthilfe bei der Lösung persönlicher Probleme
3-499-60521-X

Edward M. Hallowell/ John Ratey
Zwanghaft zerstreut oder Die Unfähigkeit, aufmerksam zu sein
3-499-60773-5

Frederic F. Flach
Depression als Lebenschance
Seelische Krisen und wie man sie nutzt
3-499-61111-2

Reinhard Tausch
Hilfen bei Streß und Belastung
Was wir für unsere Gesundheit tun können
3-499-60124-9

Laura Epstein Rosen/ Xavier F. Amador
Wenn der Mensch, den du liebst, depressiv ist
Wie man Angehörigen oder Freunden hilft

3-499-61331-X

S 30/1